Göttinnen, Dakinis und ganz normale Frauen

JUNE CAMPBELL

Göttinnen, Dakinis und ganz normale Frauen

WEIBLICHE IDENTITÄT IM TIBETISCHEN TANTRA

Aus dem Englischen
von Theo Kierdorf und
Hildegard Höhr

THESEUS VERLAG

Die Deutsche Bibliothek – CIP-Einheitsaufnahme
Campbell, June:
Göttinnen, Dakinis und ganz normale Frauen : weibliche Identität
im tibetischen Tantra / June Campbell. Aus dem Engl. von Theo Kierdorf und
Hildegard Höhr. – Berlin : Theseus Verl., 1997
Einheitssacht.: Traveller in space <dt.>
ISBN 3-89620-117-4

ISBN 3-89620-117-4

Titel der englischen Originalausgabe:
Traveller in Space
erschienen bei The Athlone Press, London, GB

© 1996 by June Campbell
© des Interviews *Des Kaisers tantrische Roben* 1996 by June Campbell,
erschienen in Tricycle, The Buddhist Review 4/96, The Buddhist Ray,
Inc., Denville, NJ

© der deutschen Ausgabe 1997 by Theseus Verlag, Berlin

Die Verwertung der Texte und Bilder, auch auszugsweise, ist ohne
Zustimmung des Verlages urheberrechtswidrig und strafbar. Dies gilt auch für
Vervielfältigungen, Übersetzungen, Mikroverfilmungen und für die
Verarbeitung mit elektronischen Systemen.

Umschlaggestaltung: Morian & Bayer-Eynck, Coesfeld
unter Verwendung eines Titelbildes: © June Campbell
Lektorat: Ursula Richard
Gestaltung und Satz: Typografik & Design – Ingeburg Zoschke
Druck: Wiener Verlag, Himberg
Printed in Austria

Gedruckt auf alterungsbeständigem Papier
mit chlorfrei gebleichtem Zellstoff

Inhalt

Danksagung 7

Vorwort zur deutschen Ausgabe 9

Des Kaisers tantrische Roben 13
Interview mit June Campbell 13

Einleitung 27

1. Wenn Eisenvögel erscheinen 57

2. Archaische Bilder des Weiblichen und die
   tibetische Kultur 73

3. Die Lotos-Gottheit – Eine verschollene Göttin 97

4. Monastizismus und die Entstehung der Linie der
   Selbst-Geborenen 119

5. »Frei von den Unreinheiten des Schoßes« –
   Göttliche Geburt und die abwesende Mutter 136

6. Vereint mit dem geheimen Anderen 158

7. Eine »Reisende im Raum« – Die Bedeutung der Dakini
   und ihres heiligen Bereichs 194

8. Zur Frage der »Andersheit« in der weiblichen
   Repräsentation 224

9. Perspektiven zu Kultur und Geschlechtsidentität . . . 248

Zum Abschluß 266

Anmerkungen und Quellenangaben 280

Glossar 305

Bibliographie 309

Danksagung

Ich möchte den folgenden Personen danken, die mir geholfen haben, dieses Projekt zu verwirklichen. Zu allererst gilt mein Dank Benedetta Gaetani, die entscheidend dazu beigetragen hat, daß ich überhaupt die Zeit zum Schreiben fand; ich möchte ihr auch für die Freundschaft, Ermutigung und finanzielle Unterstützung danken, die sie mir während der Jahre, in denen ich an diesem Buch gearbeitet habe, hat zukommen lassen. Ich danke weiterhin Frances, Alastair und Elison Campbell für ihre langjährige Unterstützung und Sophie Bentinck, Joaquin Canizares und Jennifer Batty für ihre äußerst hilfreichen Beiträge. Valerie Allen und Angela Smith vom English Department der Stirling University möchte ich dafür danken, daß sie meine schriftstellerische Tätigkeit gewürdigt haben, und Mary Daly dafür, daß sie mich ermutigt hat, mit meinen Bemühungen fortzufahren. Mein Dank gilt außerdem auch Maria Phylactou, die mir sehr konstruktive Kommentare zum Text sowie Ratschläge zur Bearbeitung desselben gegeben hat, und Brian Southam von The Athlone Press, der erkannt hat, wie wichtig es ist, dieses Buch zu veröffentlichen.

Zur deutschen Ausgabe

Seit der Veröffentlichung der englischen Ausgabe dieses Buches im Jahre 1996 habe ich viele Zuschriften von Menschen erhalten, die mir für meine Bemühungen danken wollten, eine so wichtige Thematik in der Öffentlichkeit bekannt zu machen. Ich möchte nun meinerseits diesen Menschen danken, daß sie mir ihre sehr persönlichen und manchmal äußerst traumatischen Erlebnisse anvertraut haben. Die Schlußfolgerungen, zu denen ich in meinem Buch gelangt bin, wurden durch ihre Schilderungen in überwältigendem Maße erhärtet. Außerdem möchte ich der Lektorin des Theseus Verlages, Ursula Richard, und den Übersetzern Theo Kierdorf und Hildegard Höhr für ihre einfühlsame Arbeit danken.

Vorwort zur deutschen Ausgabe

Im November 1996 veröffentlichte die größte buddhistische Zeitschrift der USA, Tricycle, ein Interview mit June Campbell. Dieses Interview sorgte für beträchtliches Aufsehen, denn June Campbell sprach darin unter anderem über ihre Motivation, sich mit der Thematik – weibliche Identität im tantrischen Buddhismus – zu beschäftigen: Sie war jahrelang eine Anhängerin des tibetischen Buddhismus, lernte in Indien die tibetische Sprache – und sie war über Jahre die »geheime sexuelle Gefährtin« ihres Lehrers Kalu Rinpoche, eines noch heute weltweit hoch verehrten Mönch-Lama. Durch dieses Interview und das, was es »enthüllte«, ist June Campbell in westlichen buddhistischen Kreisen plötzlich in aller Munde.

Gerüchte oder Berichte über sexuelle Beziehungen zwischen spirituellen Lehrern und ihren Schülerinnen haben in den letzten Jahren buddhistische Kreise immer wieder erschüttert.

Während die Problematik von Macht, Sexualität, Vertrauen und Abhängigkeit inzwischen in einigen gesellschaftlichen Bereichen relativ offen diskutiert oder zumindest als drängendes Problem und nicht gerade seltenes Phänomen begriffen wird (sexueller Mißbrauch von Kindern, Mißbrauch in Beziehungen zwischen Therapeuten und ihren Klientinnen), tun sich buddhistische Gruppen noch recht schwer damit einzugestehen, daß es bei ihnen »so etwas« auch gibt.

Der Buddhismus stellt für immer mehr Menschen des Westens eine attraktive Alternative zu unserer materialistischen Kultur und zu den christlichen Kirchen dar. Diese wachsende Reputation nicht aufs Spiel setzen zu wollen ist sicherlich einer der Gründe für die Zurückhaltung von Buddhisten, sich mit der Thematik des Machtmißbrauchs innerhalb des Buddhismus wirklich offen auseinanderzusetzen. Abgesehen davon hätte eine solche Auseinandersetzung unvermeidbar auch den Verlust vieler Illusionen und Idealisierungen zur Folge. Die Alternative allerdings – Verdrängen, Verleugnen, Vertuschen – ist langfristig gesehen sicher die schlechtere Wahl; sie führt notwendigerweise zu einer Abschottung, die niemand wollen kann, dem ernsthaft an der Integration des Buddhismus in die westliche Welt gelegen ist.

June Campbell geht es in ihrem Buch um das Sichtbarmachen des Verdrängten und Verleugneten, und zwar in doppeltem Sinne: Sie legt dar, daß den sozio-kulturellen Strukturen des tantrischen Buddhismus ein weitgehender Ausschluß des Weiblichen zugrunde liegt, daß der Symbolismus dieser Tradition Frauen in der Rolle eines Objekts, einer »Helferin des Mannes auf dem Weg der Erleuchtung«, festschreibt *und* daß gerade diese Aspekte in der westlichen Rezeption des tibetischen Buddhismus verdrängt und ignoriert werden. Der Wunsch westlicher Menschen, im Buddhismus »das ganz andere« zu finden, führt dazu, daß jene patriarchalen Implikationen verdrängt werden, die in der westlich-philosophischen Tradition und im Christentum durchaus ihre Entsprechung finden.

Strikt geheimgehaltene sexuelle Beziehungen zwischen Lehrer und Schülerin sind, so June Campbell, nicht als »persönliches Fehlverhalten« eines einzelnen zu begreifen – was eine Distanzierung oder Leugnung noch einfach machte –, sondern als Spitze des Eisbergs spiritueller Traditionen, in denen Herrschaftsstrukturen, Geheimhaltung und Ausschluß eine wichtige Rolle spielen. Mit diesem Ansatz hat June Campbell einen neuen

Standard für die Auseinandersetzung über Macht, Mißbrauch, Sexualität und Religion geschaffen, der über den konkreten Gegenstand ihres Buches hinausweist. Solange Machtmißbrauch im sexuellen wie im nicht-sexuellen Bereich in spirituellen Gruppen wie auch in anderen gesellschaftlichen Institutionen lediglich als Fehlverhalten einzelner verstanden wird, werden die Strukturen verdrängt, die diesen Mißbrauch abstützen und legitimieren. Diese Kurzsichtigkeit und deren Konsequenzen am Beispiel des tantrischen Buddhismus aufzuzeigen ist ein weiteres großes Verdienst dieses Buches.

Der Theseus Verlag trägt seit mehr als 20 Jahren durch Publikation wichtiger buddhistischer Bücher dazu bei, dem Buddhismus im deutschsprachigen Raum in allen seinen Ausdrucksformen zu Bekanntheit und Anerkennung zu verhelfen. Es scheint uns nun an der Zeit, auch differenzierten, kritischen Stimmen Gehör zu verschaffen und dadurch zu offenen, ehrlichen Auseinandersetzungen im Umgang mit den buddhistischen Traditionen anzuregen. Um sie wird der Buddhismus im Westen und werden diejenigen, die sich ihm zugehörig fühlen, nicht herumkommen, denn nur durch solch kritische Auseinandersetzungen mit den Inhalten und Strukturen der Traditionen *und* den Projektionen und Idealisierungen westlicher Anhängerinnen und Anhänger kann es dem Buddhismus gelingen, sich wirklich in der westlichen Welt zu verankern.

– Ursula Richard –

Des Kaisers tantrische Roben

INTERVIEW MIT JUNE CAMPBELL
ÜBER GEHEIMHALTUNG UND VERSCHWEIGEN
IM TIBETISCHEN BUDDHISMUS

Tricycle: Was hat Sie dazu motiviert, das Buch *Göttinnen, Dakinis und ganz normale Frauen* zu schreiben?

June Campbell: Die Arbeit daran hat mir die Möglichkeit gegeben, mich mit der Konfusion auseinanderzusetzen, die das, was ich persönlich erlebt habe, bei mir hinterlassen hat. Ein weiteres Motiv war für mich, daß der tibetische Buddhismus heute in der westlichen Welt immer populärer wird und daß viele über ihn schreiben, die wesentlich weniger über das tibetische System wissen als ich. Ich hatte das Gefühl, daß meine Ansichten zu dieser Thematik anderen von Nutzen sein könnten.

Tricycle: Spielen Sie damit auf das Tibet-Bild der Orientalisten an, auf die Shangrila-Mythen, die immer noch die populären Vorstellungen über Tibet dominieren?

June Campbell: Ja, aber auch auf die immer noch ziemlich starren Ansichten der Tibetologen zu bestimmten Themen und auf ihre Tendenz, Ansichten, die von ihren orthodoxen Positionen abweichen, möglichst gar nicht zu Wort kommen lassen. Das gilt zum Beispiel für die Rolle der Frau im tibetischen *Tantra*.

Tricycle: In der Ikonographie sind die männlichen und weiblichen Formen komplementär, und in den Schriften ist von einem Austausch gleichwertiger Energien die Rede. Nach Ihrer Darstellung basieren die Institutionen des tibetischen Buddhismus jedoch auf der Unterwerfung und Unterdrückung von Frauen. Hingegen spricht Miranda Shaw in ihrem Buch *Passionate Enlightenment* (deutscher Titel: *Erleuchtung durch Ekstase*) von tantrischen Meisterinnen.

June Campbell: Die Frauen, die sie erwähnt, haben alle vor mehr als tausend Jahren gelebt. Seit fünfhundert Jahren sind im tantrischen Buddhismus praktisch keine neuen Frauengestalten mehr aufgetaucht.

Tricycle: Wie erklären Sie sich das?

June Campbell: Meiner Meinung nach liegt es teilweise an der äußerst ungewöhnlichen sozialen Struktur, die sich in Tibet entwickelt hat. In anderen Gesellschaften sind Monarchien oder Erbfolgelinien entstanden, deren Fortbestand auf Verwandtschaftsbeziehungen und später auf Reichtum basierte oder auf anderen Kräften, die die Kohärenz eines Sozialsystems garantieren.

Die Tibeter hingegen machten die Wiedergeburt oder Reinkarnation zur wichtigsten Grundlage ihres Sozialsystems. Dadurch erhielten die sogenannten *Tulkus* (»Inkarnationen des Göttlichen«), jene kleinen Jungen eine so große Bedeutung, die als Reinkarnationen früherer Lamas »erkannt« werden und von denen behauptet wird, sie würden mit Fähigkeiten geboren, die sie in besonderem Maße dazu prädestinierten, Erleuchtung zu erlangen. Die Weitergabe der Macht basierte in Tibet auf diesem Inkarnationssystem. Die kleinen Jungen wurden und werden ihren Müttern weggenommen, sie müssen sehr früh ihre Ursprungsfamilie verlassen, und sie wachsen in der ausschließlich von Männern geprägten Atmosphäre der Klöster auf. Um diese jungen Männer zur spirituellen Praxis anzuspornen, ging man sogar so weit, ihnen Frauenhaß einzuimpfen. Der Fortbestand des Patriarchats in Tibet erforderte die Unterwerfung der Frauen.

Tricycle: Wie konnte der Frauenhaß die klösterliche Praxis der männlichen Mönche unterstützen?

June Campbell: In der in Tibet sehr populären Lebensgeschichte Milarepas – die alle Laien und Mönche lesen – kommt die Ambivalenz Frauen gegenüber an vielen Stellen zum Ausdruck. Es heißt darin, Frauen würden die Mönche in ihrer spirituellen Praxis behindern; sie könnten im besten Fall anderen dienen und seien ungünstigstenfalls schlicht eine Plage. Andererseits werden die Frauen im tibetischen System zu Göttinnen und Dakinis erhoben, zu transzendenten weiblichen Aspekten des Seins, zu denen Männer in Beziehung treten müssen, um Erleuchtung zu erlangen. Die kleinen Jungen, die in die Klöster aufgenommen wurden, wurden der mütterlichen Fürsorge entzogen, und es wurde ihnen generell jeder physische Kontakt zu Frauen unmöglich gemacht. Sie wurden aus ihrem normalen Alltag in der Familie herausgerissen, und die reine Männergesellschaft des Klosters stellte ihr ursprüngliches Leben in der Familie auch noch als minderwertig hin. Trotzdem benötigten diese Jungen später im Rahmen ihrer spirituellen Übung Frauen – entweder in symbolischer Form oder real, als spirituelle Gefährtinnen –, denn dies wurde als unverzichtbar für den Abschluß ihrer spirituellen Reise angesehen. Aufgrund dieser Situation entwickelten sie natürlich eine sehr ambivalente Einstellung Frauen gegenüber. Und um die tantrische Tradition in der uns bekannten Form zu erhalten, mußte die reale Rolle der Frauen darin geheim bleiben.

Tricycle: Meinen Sie, die realen Beziehungen zu Frauen mußten geheimgehalten werden, oder meinen Sie die sexuellen Praktiken?

June Campbell: Beides. Es gab durchaus Lamas, die ganz offen Frauen hatten, und das wurde akzeptiert. Aber viele hatten außerdem geheime Gefährtinnen. Und dann gab es die sogenannten zölibatären Yogis, die ebenfalls geheime sexuelle Gefährtinnen hatten. Die Schriften, die sich mit den sexuellen Praktiken beschäftigten, wurden allgemein als »geheim« akzeptiert. Gewöhnliche Menschen hatten keinen Zugang zu ihnen, sie waren vielmehr einer kleinen selbsternannten Elite vorbehalten.

Tricycle: Ist der Grund für das Schweigen der Frauen im tibetischen Buddhismus das Tulku-System?

June Campbell: Falls Frauen tatsächlich einmal eine wichtigere Rolle im tibetischen Tantra gespielt haben, so ist das mit Sicherheit seit der Einführung des Tulku-Systems nicht mehr der Fall gewesen. Ich vertrete in meinem Buch die These, daß der Buddhismus die Verehrung der Mutter-Gottheit in Tibet schon von seiner Anfangszeit an weitgehend unterbunden hat und daß die gesamte weibliche Symbolik der Lotus-Göttin auf den Bodhisattva des Mitgefühls, Chenrezig, übertragen wurde. Das Tulku-System hat den Frauen jede Möglichkeit streitig gemacht, im religiösen Bereich zu Resultaten zu gelangen, die denjenigen der Männer gleichwertig sind, und dadurch hatten sie auch keine Möglichkeit mehr, ihre Stimme zu erheben und sich zu äußern. Das Tulku-System sicherte die Macht des göttlichen Mannes. Frauen wurde der Zutritt zum geheiligten Bereich verwehrt, es sei denn unter Bedingungen, die Männer festlegen. Deshalb mußten die Frauen und ihre Rolle innerhalb des Systems verborgen bleiben.

Tricycle: Werden die positiven Auswirkungen der tantrischen Visualisationspraktiken und das tatsächliche sexuelle Engagement als gleichwertig angesehen?

June Campbell: Nein. So werden sie zwar in den Schriften dargestellt, aber innerhalb des Systems gilt die Ausführung tantrischer Sexualpraktiken mit einer realen Frau eindeutig als die höchste Form der Praxis. Bei dieser gesamten Thematik sind viel Verwirrung und Ambivalenz und auch Frauenfeindlichkeit im Spiel, denn einerseits müssen Mönche zu sexueller Enthaltsamkeit angespornt werden, weil das für die Aufrechterhaltung der klösterlichen Gemeinschaft und ihrer Macht unverzichtbar ist, und andererseits muß die reale wichtige Rolle der Frau bei den tantrischen Sexualpraktiken verheimlicht werden. Die Geheimhaltung der sexuellen Beziehungen gewisser Angehöriger der klösterlichen Hierarchie ist von zentraler Bedeutung für das gesamte System.

Tricycle: In Ihrem Buch berichten Sie über Ihre eigene sexuelle Beziehung zum mittlerweile verstorbenen Kalu Rinpoche (1904–1989) – eine Enthüllung, die wohl alle, die diesen Lama persönlich kennengelernt haben, schockiert haben muß, denn Kalu Rinpoche wurde allgemein als überragender tibetischer Lehrer anerkannt, und er hat sich immer als sexuell enthaltsam lebender Mönch dargestellt. Wohl nur seine engsten Schüler wußten wahrscheinlich, daß er sexuelle Gefährtinnen hatte. Er hat seine geheimen sexuellen Aktivitäten zu seinen Lebzeiten gut verborgen.
Sind Sie der Ansicht, daß Kalu Rinpoche seine Gelübde gebrochen hat?

June Campbell: Ich weiß nicht, welche Gelübde er abgelegt hatte. Darüber haben wir nie gesprochen. Mit Sicherheit war unsere Beziehung keine zwischen gleichgestellten Partnern. Nach meinem Verständnis beinhalten die tantrischen Ideale, daß zwei Menschen zum Austausch gleichwertiger, jedoch unterschiedlicher Energien zusammentreffen. Im Idealfall sollten in einer tantrischen Beziehung beide Partner einander als ebenbürtig und gleichberechtigt ansehen.

Meine Beziehung zu Kalu Rinpoche war eindeutig *keine* Partnerschaft zwischen Gleichgestellten. Als sie begann, war ich Ende zwanzig und er fast siebzig. Er allein entschied darüber, was in der Beziehung geschah. Ich mußte schwören, Stillschweigen darüber zu wahren. Es handelte sich also nicht um eine »tantrische« Beziehung von der Art, wie manche Leute es sich vielleicht vorstellen mögen.

Tricycle: Fühlten Sie sich sexuell ausgebeutet? Hatten Sie das Gefühl, dem persönlichen Vergnügen des Lama zu dienen?

June Campbell: Zum Zeitpunkt des Geschehens und auch noch einige Jahre danach habe ich das ganz sicher nicht gedacht. Wie hätte ich es auch denken können? Es wäre viel zu schmerzhaft für mich gewesen, es so zu sehen. Es hat viele Jahre gedauert, bis ich alles, was damals geschehen ist, kritisch sehen und bis ich anfangen konnte, über meine Erfahrungen zu sprechen. Das war alles andere als leicht. Ich habe versucht, mit Hilfe einer theoretischen Auseinandersetzung herauszufinden, warum Menschen solche Vorgänge als positiv rationalisieren, und dadurch habe ich angefangen, vieles zu hinterfragen. Daß es sexuelle Ausbeutung und Machtmißbrauch ist, wenn ein männlicher Lehrer eine Schülerin zu einer geheimen sexuellen Beziehung auffordert und wenn er zu Drohungen und Täuschungen greift, um seine Ziele zu erreichen, ist für mich heute völlig klar. Man muß in solchen Fällen fragen: »Welches Motiv liegt der Geheimhaltung der sexuellen Aktivitäten zugrunde?« Diese Frage ist besonders wichtig, wenn solche Dinge innerhalb eines Systems geschehen, das der sexuellen Beziehung angeblich einen so hohen Wert beimißt. Natürlich wird immer wieder behauptet, der Lama habe in beidseitigem Einvernehmen geheime »tantrische« Riten ausgeführt, um den betreffenden Schülerinnen auf ihrem Weg zur »Erleuchtung« zu helfen – was immer dies bedeuten mag. Wenn beide Beteiligten übereinstimmend eine solche Aussage machen, so ist nichts dagegen einzuwenden, und es ist Sache der Beteiligten, was sie tun. Doch wenn Frauen unter Drohungen dazu verpflichtet werden, generell nicht darüber zu sprechen, daß sie eine sexuelle Beziehung zu einem Lama eingegangen sind, dann ist das alles andere als akzeptabel. Welchem anderen Zweck könnte dies dienen als dem zu verhindern, daß über die sexuelle Beziehung etwas an die Öffentlichkeit dringt? Und was wäre so schrecklich daran, daß es bekannt würde? Was verbirgt sich hinter dieser Furcht? Das sind die Fragen, die ich stellen mußte.

Tricycle: Sie mußten ihm gegenüber schwören, die Beziehung geheimzuhalten?

June Campbell: Ja, und auch gegenüber der einzigen anderen Person, die davon wußte, jemand aus seiner nächsten Umgebung.

Tricycle: Was hätte passieren können, wenn Sie sich nicht an das Schweigegebot gehalten hätten?

June Campbell: Es wurde einfach angenommen, daß ich das

nicht tun würde. Doch erzählte man mir, Kalu Rinpoche habe in seinem vorigen Leben eine Frau gehabt, die ihm Probleme gemacht hätte. Sie hätte ihm näher sein oder länger mit ihm zusammenbleiben wollen. Sie hat also offenbar ihre eigenen Bedürfnisse zum Ausdruck gebracht und Forderungen gestellt. Er soll sie deshalb verflucht haben, woraufhin sie starb.

Tricycle: Genau so gehen auch Kinderschänder mit ihren Opfern um. Sie drohen ihnen: »Wenn du etwas verrätst, wird etwas Schreckliches passieren.«

June Campbell: Es gibt tatsächlich viele Ähnlichkeiten zwischen sexuellem Mißbrauch, wie wir ihn im Westen definieren, und dieser Art von Abhängigkeit. Die Einschüchterung basiert darauf, daß mit Hilfe religiöser Motive – beispielsweise Höllenangst – Gehorsam erzwungen wird. Versetzen Sie sich einmal in meine Lage. Wenn ich mich geweigert hätte zu kooperieren, hätte ich etwas gewußt, das für den Lama und seine Gefolgschaft bedrohlich gewesen wäre. Was hätte ich in jener Situation tun können? Wenn ich versucht hätte, mit jemandem darüber zu reden, so hätte mir niemand geglaubt. Es gibt Leute, die mir noch heute nicht glauben. Und wenn ich öffentlich über meine Beziehung geredet und der Lama das Vorgefallene geleugnet hätte, hätte er dann noch mein Lehrer sein können? Ich glaube kaum. Tatsächlich glaubte ich damals, es sei richtig, in die Beziehung einzuwilligen, und dies sei zu meinem eigenen Nutzen. Noch viele Jahre danach habe ich mich gefürchtet, darüber zu sprechen.

Tricycle: Einige westliche Schüler von Kalu Rinpoche, die Sie aus der Zeit kennen, als Sie mit ihm zusammen waren, haben gesagt, was Sie in Ihrem Buch geschrieben haben, überrasche sie überhaupt nicht, obwohl niemand es ihnen gesagt habe. Sie hätten von den Vorgängen »gewußt«, ohne im herkömmlichen Sinne etwas darüber zu wissen, und einmal völlig abgesehen von Ihrer persönlichen Integrität, an der diese Leute keinerlei Zweifel haben, sagten sie, sexuelle Beziehungen von Lamas, ob Mönchen oder nicht, seien so verbreitet, daß sie keinerlei Grund sähen, die Wahrheit Ihrer Angaben anzuzweifeln. Andererseits gibt es westliche Dharma-Schüler, die, obwohl sie Kalu Rinpoche niemals persönlich kennengelernt haben, generell abstreiten, daß Ihre Schilderung der Wahrheit entsprechen könne. Ich habe auch bereits Anrufe von zwei tibetischen Lamas aus der Übermittlungslinie von Kalu Rinpoche erhalten, die mich aufforderten, nichts aus Ihrem Buch zu veröffentlichen, und die Ihnen vorwerfen, Sie hätten sich dies alles ausgedacht. In beiden Fällen hieß es: »June Campbell hat phantasiert, sie hätte eine sexuelle Beziehung zu Kalu Rinpoche.«

June Campbell: Das ist nicht das erste Mal, daß Frauen vorgeworfen wird, sie würden phantasieren. Schon Freud beugte sich schließlich dem gesellschaftlichen Druck seiner Zeit und verschwieg, was er über sexuellen Mißbrauch und über Inzest wußte. Daraufhin entwickelte er seine Theorie über die »weibliche Phantasie«, die mittlerweile völlig in Mißkredit geraten ist. Es ist verständlich, daß diese Lamas so reagieren. Wenn sie tatsächlich nichts über die realen Geschehnisse wußten, dann mußte ihnen schon die bloße Möglichkeit als völlig unglaublich erscheinen, und natürlich war es dann außerdem eine massive Bedrohung ihres überwältigend positiven Bildes von Kalu Rinpoche. Wußten sie hingegen über die Vorgänge Bescheid, dann ist es sowieso nicht verwunderlich, daß sie so aufgebracht darüber sind, daß ich diese Dinge in die Öffentlichkeit gebracht habe. Um sich vor der Anschuldigung zu schützen, sie hätten derartige Geheimnisse mit getragen, müssen sie in diesem Fall natürlich zwangsläufig ableugnen, daß so etwas möglich war, und sich mit dem Gegenangriff, ich würde ihr System durch Lügen und Phantasiegespinste bedrohen, wehren. Doch lasse ich mir lieber Charakterlosigkeit vorwerfen, als daß ich weiterhin die Wahrheit leugnen muß. Abgesehen davon geht es in meinem Buch gar nicht in erster Linie um Kalu Rinpoche, sondern um eine wesentlich umfassendere Problematik als die meiner persönlichen Erfahrungen. Natürlich ist der Impuls, über diese Dinge zu schreiben, durch meine persönlichen Erfahrungen entstanden.

Ich habe mich im Jahre 1983 vom tibetischen Buddhismus gelöst und seither einen großen Teil der Zeit damit verbracht, über die komplexen Implikationen des damaligen Geschehens nachzudenken. In dieser ganzen Zeit habe ich nach einer Möglichkeit gesucht, mir selbst treu zu bleiben und das, was ich persönlich erlebt habe, in einem umfassenderen Sinnzusammenhang zu verstehen. Wenn Buddhisten das, was ich geschrieben habe, als irrelevant oder als Produkt meiner Phantasie abtun wollen, dann kann ich sie nicht daran hindern, aber es macht mir auch nichts aus. Jedenfalls hat die Arbeit an diesem Buch mir geholfen, meine Vergangenheit zu akzeptieren und mit vielen schmerzhaften Empfindungen ins Reine zu kommen. Sie hat mir geholfen, das Geschehene aus eigener Kraft und auf meine Weise zu verstehen. Niemand kann mir einreden, daß es nicht wahr ist.

Tricycle: Welchen Rat würden Sie Frauen geben, die sich zur Zeit in der Situation befinden, in der Sie vor fünfundzwanzig Jahren waren?

June Campbell: Das ist sehr schwer zu sagen. Vor fünfundzwanzig Jahren hätte ich ja auch nur Ratschläge von Männern in rotbraunen Roben angenommen, die von allen »Rinpoche« genannt wurden. Frauen, die heute in der gleichen Situation sind wie ich damals, werden wohl kaum auf die Ratschläge einer Schottin mittleren Alters hören, schon gar nicht, wenn diese Frau von tibetischen Lamas als neurotische Lügnerin verleumdet wird! Doch da Sie mich nun einmal gefragt haben, was ich solchen Frauen raten würde, hier mein Rat an sie: Willigt niemals in eine langfristige *geheime* Beziehung ein, denn das ist eine Last, an der ihr euer ganzes weiteres Leben tragen werdet. Letztendlich müßt ihr euch doch irgendwann eingestehen, warum ihr darauf eingegangen seid. Wenn ihr euch davor fürchtet, was als nächstes geschehen könnte, oder wenn ihr nicht wißt, wie ihr mit der Last der Geheimhaltung fertig werden sollt, dann versucht, euer Leben wieder in die eigenen Hände zu nehmen. Wenn ihr passiv in Dinge eingewilligt habt, die euer Lehrer von euch forderte, dann tut, was auch ich schließlich getan habe: Denkt über das

Geschehene nach, ergreift die Initiative, und beendet das Verhältnis. Laßt euch nicht durch Androhung von »schlechtem Karma« oder von anderen Strafen zu dauerhaftem Schweigen einschüchtern. Durch die Wahrheit ist noch nie »schlechtes Karma« entstanden. Wenn ihr Hilfe und Unterstützung braucht, dann haltet nach Menschen Ausschau, die bereit und in der Lage sind, sie euch zu geben. Wenn ihr das Gefühl habt, in irgendeiner Hinsicht »etwas Besonderes« zu sein – daß ihr beispielsweise auserwählt seid, irgendeine Bestimmung zu erfüllen –, dann denkt noch einmal genau darüber nach. Ganz sicher helfen euch solche Gedanken und Gefühle nicht dabei, eigene innere Stärke zu entwickeln. Letztlich halten sie euch nur davon zurück, euch auf eigene Füße zu stellen.

Tricycle: Was sollte Frauen klar sein, die sich zu Vajrayana-Praktiken hingezogen fühlen?

June Campbell: Sie sollten wissen, daß das Vajrayana eine lange Geschichte hat und in einem gesellschaftlichen Kontext entstanden ist, über den sie sich gut informieren sollten, bevor sie dem Glamour erliegen, der damit verbunden ist. Frauen sollten wissen, daß vielen Praktiken des Vajrayana eine Philosophie zugrunde liegt, die bezüglich der Rolle der Frau sehr ambivalent ist. Frauen, die hoffen, innerhalb dieses Systems Unterstützung bei ihrer Suche nach weiblicher Identität zu finden, möchte ich sagen, daß sie diese vergeblich suchen werden. Im Gegenteil: männliche Hierarchien und Status spielen die entscheidenden Rollen, und das gesamte System des Vajrayana ist von Geheimhaltung und Heimlichtuerei geprägt.

Tricycle: Gibt es Möglichkeiten, sich vor derartigen Auswüchsen zu schützen? Und könnte es sich positiv auswirken, wenn westliche Linienhalter die Rolle der Tibeter übernehmen?

June Campbell: Ich glaube ehrlich gesagt nicht, daß irgendwelche Ratschläge, die Schüler zu einer kritischen Haltung ihren Lehrern gegenüber zu veranlassen versuchen, junge Frauen vom Wunsch nach einer für sie angenehmen sexuellen Beziehung zu ihrem Lehrer abzubringen vermögen. Wenn sie diesen Wunsch haben, wollen sie die Gefahr der sexuellen und psychischen Ausbeutung einfach nicht wahr haben. Zu den Männern, die in solche Beziehungen involviert sind, etwas zu sagen, würde ich mir gleich sparen, denn sie würden die Vorgänge entweder rationalisieren oder leugnen oder anderen Vorwürfe machen. Und es wäre auch unsinnig, allein den Tibetern Vorwürfe zu machen. Auch die Menschen des Westens habe große Probleme mit Guru-Beziehungen, und die Beziehungen zwischen Männern und Frauen bei uns im Westen sind ja auch nicht gerade vorbildlich. Schrecklich erscheint mir jedoch, daß Männer und Frauen bedenkenlos ihre gesamte Verantwortung abgeben, obwohl sie wissen, daß irgend etwas nicht in Ordnung ist, und daß sie nicht handeln, wenn sie dies eigentlich müßten. Schließlich gilt immer noch: Wo kein Schüler ist, da ist auch kein Lehrer. Ich nehme an, daß in der Umgebung westlicher »Dharma-Erben« genau die gleichen Probleme auftreten werden, da einige von ihnen mit Sicherheit darauf aus sein werden, ihre »Träume der Macht« zu realisieren, wie Peter Bishop es bezeichnet hat.

Tricycle: Ist Kalu Rinpoche nach allem, was wir über ihn gehört haben, weniger erleuchtet, als bisher angenommen wurde, oder müssen wir unser Verständnis dessen, was ein erleuchteter Guru ist, verändern?

June Campbell: Die Versuchung, dieser Frage völlig auszuweichen, ist für mich sehr groß, denn ich höre im Geiste schon die Entrüstungsschreie gewisser Kreise darüber, daß eine gewöhnliche Frau es wagt, etwas über die Erleuchtung eines Lama auszusagen. Doch geht es hier nicht um meine Meinung über Kalu Rinpoche, denn die ist so subjektiv wie die jedes anderen Menschen, und sie basiert auf meinen persönlichen Erfahrungen. Es geht vielmehr darum, wie sich die Vorstellung der Vollkommenheit mit zweifelhaftem Verhalten vereinbaren läßt. Eine Art, den »erleuchteten Guru« zu verstehen, besteht darin, sein gesamtes Verhalten, so seltsam oder moralisch verwerflich es auch sein mag, als Manifestation seiner Erleuchtung anzusehen. Diese Sichtweise war vielleicht in der tibetischen Gesellschaft aufrechtzuerhalten – zumindest wurde sie dort propagiert –, aber daß die westliche Gesellschaft sie auf Dauer akzeptieren wird, glaube ich nicht. Wenn wir nicht bald anfangen, uns mit diesen Fragen auseinanderzusetzen, werden gewisse Gruppierungen innerhalb der westlichen Gesellschaft immer engstirniger werden, um sich vor In-Frage-Stellung zu schützen und um sich nicht verändern zu müssen. Die Folge wird sein, daß sie nie über die zu stark vereinfachende Vorstellung von der unanzweifelbaren Vollkommenheit des Guru hinausgelangen und daß die Gurus selbst nie das Bedürfnis, absolute Macht ausüben und angehimmelt werden zu wollen, überwinden werden. Meiner Meinung nach muß diese Engstirnigkeit langfristig entweder zum Untergang des gesamten Systems oder zur Entstehung geschlossener kultähnlicher Gruppen führen, die auf die westliche Gesellschaft keinerlei positiven Einfluß hätten und zwangsläufig zu unbedeutenden Randerscheinungen degenerieren müßten.

Tricycle: Wie bei anderen Kontroversen über buddhistische Lehrer scheint es auch hier letztlich um die Frage der Macht zu gehen. Und nach Ihrer Beschreibung ist diese Macht keineswegs eine vermeidbare Fehlentwicklung innerhalb des tibetischen Systems, sondern ein Grundelement seiner Gesellschaftsstruktur. Was meinen Sie, wie sich dies im Westen auf die Dauer auswirken wird?

June Campbell: Sicherlich haben diejenigen, die stärker darin engagiert sind als ich, eine klarere Vorstellung von den Auswirkungen. Doch wird die Frage der Ausübung von Macht meiner Meinung nach das entscheidende Thema sein – beispielsweise in Form der Beziehungen zwischen Männern und Frauen, bei der Bildung von Eliten, in der Lehrer-Schüler-Beziehung und auch bezüglich des materiellen Besitzes. Doch ist die Verbindung zwischen Macht, Religion und Geschlechterbeziehungen sicherlich nicht nur im tibetischen System problematisch, und der tibetische Buddhismus ist auch nicht das erste religiöse System auf der Welt, das sich mit der Notwendigkeit auseinandersetzen muß, sich angesichts vehementer Kritik zu verändern. Obwohl uns die tibetischen Sitten und Gebräuche oft als sehr exotisch und von den unseren völlig verschieden erscheinen, haben wir im Westen im Grunde die gleichen Probleme mit Machtmißbrauch. Ich habe in meinem Buch herauszuarbeiten versucht, daß es sich um altbekannte Probleme in neuem Gewande handelt.

Tricycle: Unter den westlichen Anhängern der Vajrayana-Traditionen gibt es sowohl Männer als auch Frauen, die Ihre Sicht teilen. Doch im Gegensatz beispielsweise zur japanischen und koreanischen Zen-Tradition oder zur thailändischen Wald-Tradition wird die tibetische Szene im Westen immer noch von tibetischen Männern beherrscht, die natürlich ein großes Interesse daran haben, daß die traditionellen Anschauungen und Verhaltensweisen erhalten bleiben.

June Campbell: Das ist wohl kaum überraschend. Das Problem liegt teilweise gerade in der Isolation des tibetischen klösterlichen Herrschaftssystems. Die Art, wie die kleinen Kinder-Mönche – und insbesondere die Tulkus – aufwuchsen und immer noch aufwachsen, hat nirgendwo sonst auf der Welt Parallelen. Meiner Meinung nach liegt der Ursprung des ungeheuer starken Bedürfnisses dieser Männer, ihre gesamte Umgebung zu kontrollieren, letztlich in dieser extrem unnatürlichen Erziehung. Den kleinen Jungen wurde praktisch jede Möglichkeit genommen, irgend etwas in ihrem Leben selbst zu entscheiden oder zu beeinflussen. Ihre Mütter hatten sie im Stich gelassen, ihre Identität wurde ihnen von einer Institution aufgezwungen, und ihre potentielle Macht war völlig mit der Institution verknüpft. Ihre Sehnsüchte nach Kontakt zu Frauen mußten sie geheim halten. Wenn sie Tulkus waren, wurden sie als göttliche Wesen verehrt. Sie wuchsen also wirklich auf eine höchst unwöhnliche Weise auf. Für uns im Westen besteht mittlerweile kein Zweifel mehr daran, daß es für Kinder nicht gut ist, in Institutionen aufzuwachsen. Wahrscheinlich wird sich früher oder später auch bei den Tibetern die Überzeugung durchsetzen, daß es sich nicht besonders positiv auf das Leben von männlichen Kindern oder jungen Männern auswirkt, wenn sie in Klöstern aufwachsen. Für besonders problematisch halte ich, daß sie keinen Kontakt zu lebendigen, liebevollen Frauen haben, die *innerhalb* des Systems *sichtbar* eine Rolle spielen. Wenn heute Jungen aus dem Westen nach Nepal oder Indien geschickt werden, damit sie dort diese Art von »Erziehung« genießen können, dann kann dabei in keinem Fall etwas anderes herauskommen als eine Wiederholung dessen, was bereits aus der Vergangenheit bekannt ist: Auch diesen westlichen Kindern wird es in ihrem Leben sehr schwerfallen, sich von ihrer Macht zu lösen, und sie werden ambivalente oder sogar völlig verzerrte Gefühle gegenüber Frauen und deren Rolle innerhalb des Systems haben. Nicht nur für Frauen ist es schädlich, wenn Männer sich auf eine Position festlegen, die alles Weibliche ausschließt oder an den Rand drängt, sondern für die Männer selbst hat dies auf Dauer ebenso verheerende Folgen. Davon bin ich überzeugt.

Viele meinen, man könnte sich bei der Analyse eines Systems wie des tibetischen darauf beschränken zu untersuchen, wie dieses System den Bedürfnissen von Frauen nicht gerecht wird. Ich persönlich halte es jedoch für ebenso wichtig, sich detailliert damit zu beschäftigen, inwiefern es auch für Männer seine Funktion nicht erfüllt.

Das Interview führte Helen Tworkov im Juni 1996 in New York für das buddhistische Magazin Tricycle.

Einleitung

DIE BEGEGNUNG DES
TIBETISCHEN BUDDHISMUS
MIT DEM WESTEN

Bevor ich meine Suche nach der weiblichen Identität im tibetischen Buddhismus beginne, möchte ich den Leserinnen und Lesern sowohl den Kontext dieser Arbeit erläutern als auch die theoretischen Ansätze, die ihr zugrunde liegen. So unproblematisch die Durchführung einer Studie über einen bestimmten Aspekt einer Religion bei oberflächlicher Betrachtung erscheinen mag, sind in diesem Fall doch viele komplexe Probleme damit verbunden. Zunächst einmal ist da die Tatsache zu erwähnen, daß der Buddhismus als eine der großen Weltreligionen zwar mittlerweile im Westen ziemlich bekannt geworden ist, die konkreten Lehren der buddhistischen Tradition Tibets jedoch immer noch relativ unbekannt und oft Gegenstand phantastischer Spekulationen und großer Mißverständnisse sind. Diese Situation wurde nicht zuletzt durch den Grundtenor der vielen in der Vergangenheit erschienenen Publikationen erzeugt, die sich mit Tibet, seiner Landschaft, seiner Religion und seinem Volk befassen. Zweitens ist das Hauptthema meines Buches zwar die Suche nach der weiblichen Identität im tibetischen Buddhismus, doch beschäftigt es sich nicht ausschließlich mit spezifisch weiblichen Symbolen oder mit dem Leben bestimmter historischer Frauengestalten. Vielmehr wollte ich den historischen und institutionellen Kontext dieser Religion untersuchen, um zu einer Analyse und zu einem Verständnis der religiösen *Philosophie* des Weiblichen in dieser Tradition zu gelangen. Besonders wichtig erschien mir dabei die große Bedeutung, die die Anhänger dieser Lehre in ihren religiösen ikonographischen Darstellungen und Schriften der sexuellen Bildersprache beimessen. Und ich habe im Rahmen meiner Analyse auch die Begegnung des tibetischen Buddhismus mit der westlichen Welt und die damit verbundenen Implikationen berücksichtigt.

Es gibt wohl nur wenige Menschen in der westlichen Welt, denen beim Gedanken an Tibet nicht Bilder von monumentalen Berglandschaften, geheimnisvollen buddhistischen Klöstern und magischen Ritualen vor Augen stehen. Auch ich habe mich schon in meiner Kindheit an solchen romantischen Vorstellungen begeistert und im Alter von zehn Jahren beschlossen, eines Tages nach Tibet zu reisen und Buddhistin zu werden. Da die chinesische Regierung Tibet im Jahre 1950 besetzte und das Land von diesem Zeitpunkt an für Besucher praktisch nicht mehr zugänglich war, konnte ich nur noch den zweiten meiner beiden Wünsche verwirklichen. An die Stelle der uralten Theokratie trat nach der chinesischen Invasion das kommunistische Regime, das die religiösen Traditionen massiv unterdrückte. Den Oberhäuptern der großen Schulen des tibetischen Buddhismus (der Nyingma-, Kagyü-, Sakya- und Gelug-Schule) gelang es zusammen mit etwa 80.000 Anhängern, gleich zu Beginn der chinesischen Besetzung nach Indien zu fliehen, wo sie neue Klöster gründeten, um die Traditionen ihrer Heimat lebendig zu erhalten. Im Jahre 1967 siedelten zwei junge tibetische Lamas der Kagyü-Schule nach Großbritannien über und gründeten an der schottischen Grenze das erste Zentrum des tibetischen Buddhismus in der westlichen Welt. Dort lernte ich sie im folgenden Jahr kennen und »nahm Zuflucht«[1] – ich wurde Buddhistin. Kurz danach machte ich mich auf den Weg zu den Ausläufern des Himalaya, wo eine kleine Gemeinschaft tibetischer Exilanten ein Nonnenkloster aufgebaut hatte. In dieses trat ich ein und studierte die tibetische Sprache und die buddhistische Philosophie.

In den Siebzigern reiste ich mit meinem Lama-Guru als Übersetzerin durch Europa und Nordamerika und fungierte aufgrund meiner Tibetisch-Kenntnisse als Verbindungsglied zwischen ihm und seinen vielen westlichen Schülern. Zu einem früheren Zeitpunkt, während eines Besuchs in Schottland, hatte mich dieser Lama, ein sehr hochrangiger Yogi der Kagyü-Linie, eines Tages in sein Zimmer kommen lassen und mir den Vorschlag gemacht, ein Stipendium für die Londoner Universität nicht anzunehmen und statt dessen als seine Übersetzerin und sexuelle Gefährtin mit ihm nach Indien zurückzukehren. Ich willigte ein, und es entstand eine sexuelle Beziehung zwischen uns, die strikt geheimgehalten wurde. Allen anderen gegenüber präsentierte er sich weiterhin als Mönch, der an das Gelübde des Zölibats gebunden war. Da er zu jener Zeit einer der ältesten im Exil lebenden Lamas war, vierzehn Jahre in Einzelklausur verbracht hatte und die hochrangigsten Lamas Tibets zu seinen Schülern zählte, war sein Ansehen innerhalb der tibetischen Gemeinschaft über jeden Zweifel erhaben. In Kapitel 6 werde ich die höchst ungewöhnlichen Umstände dieser Beziehung beschreiben, die auf mein weiteres Verhältnis zum tibetischen Buddhismus tiefgreifende Auswirkungen hatte.

Der durch die chinesische Besetzung Tibets in den fünfziger Jahren in Gang gesetzte Prozeß ermöglichte es Menschen auf der ganzen Welt, eine religiöse Tradition kennenzulernen, die aufgrund der geographischen Abgeschiedenheit und Unzugänglichkeit ihres Ursprungslandes über Jahrhunderte weitgehend unbekannt geblieben war. Das Erstaunlichste an dieser Entwicklung war, daß es den höchsten tibetischen Lamas – in krassem Gegensatz zu vielen anderen politischen Flüchtlingen – in relativ kurzer Zeit gelang, sich im Exil neue Einkommensquellen und weltweite Unterstützung zu sichern. Inzwischen gibt es auf der ganzen Welt Hunderte von Dharma-Zentren aller tibetisch-buddhistischen Schulen, die insgesamt über Vermögenswerte in einer Größenordnung von Milliarden von Dollar verfügen.[2] Die Tibeter nutzten das zunehmende westliche Interesse am Buddhismus jedoch nicht nur, um den Menschen des Abendlandes ihre traditionelle buddhistische Lebensweise nahezubringen, und sicherlich auch nicht nur dazu, neue Anhänger für ihre Religion zu gewinnen (wobei an dieser Stelle erwähnt werden sollte, daß die buddhistische Lehre streng genommen *jede* Missionstätigkeit ablehnt), sondern vor allem auch dazu, ihre eigene Kultur und ihre Überzeugungen trotz des Exils am Leben zu erhalten. So kam es, daß die tibetischen Exilanten die ungewöhnlichen Strukturen und Institutionen ihrer Form des Buddhismus nicht nur in vielen Entwicklungsländern Asiens, sondern auch in vielen westlich geprägten Gesellschaften auf der ganzen Welt etablierten. Diese Ausbreitung des tibetischen Volkes und seiner gesamten Kultur und Religion über mehrere Kontinente bewahrte das uralte Erbe Tibets zwar vor der völligen Auslöschung, jedoch um den Preis, daß es sich nicht mehr auf seine Verwurzelung in den gesellschaftlichen und geographischen Besonderheiten des Ursprungslandes stützen konnte.

Die Menschen des Westens, die in großer Zahl die tibetischen Lehren zu studieren begannen, lernten diese in einem völlig anderen kulturellen Milieu kennen als die frühen westlichen Tibetologen und Orientalisten. Natürlich brachte es für die Tibeter die Gefahr ungeheurer interkultureller Mißverständnisse und Probleme mit sich, daß sie ihre Traditionen außerhalb ihres ursprünglichen gesellschaftlichen Kontexts zu vermitteln gezwungen waren.

Als Religion, die sich größtenteils auf mündliche Überlieferung stützt (der Name der Kagyü-Schule [tibet. *ka.rgyud*] bedeutet wörtlich übersetzt »Linie der Übermittlung mit dem Mund«), schwebte der tibetische Buddhismus, nachdem seine Institutionen Tibet verlassen hatten, ständig in der Gefahr der Degeneration. Dieses Schicksal droht allen auf mündlicher Überlieferung basierenden Kulturen, denn, wie John Potter bemerkt hat, sind »mündliche Kulturen [...] zu ungeheurer Differenziertheit fähig, und sie werden gewöhnlich erst sichtbar, wenn sie mit den literarischen Formen in Berührung kommen, deren Bestimmung es ist, sie zu ersetzen.«³ Vielleicht ist die tibetische Kultur nicht völlig »unsichtbar« gewesen – obwohl einige dies meinen –, doch war sie zweifellos sehr isoliert von vielem, was in der restlichen Welt vor sich ging, bis der Angriff der Chinesen auf ihre kulturelle Souveränität sie zwang, sich zu öffnen. Was die westlichen »literarischen Formen« betrifft, mit denen der tibetische Buddhismus durch diese erzwungene Öffnung in Kontakt gekommen ist, so bleibt abzuwarten, ob es zu einer »Ersetzung« oder zu einer Weiterentwicklung der tibetisch-buddhistischen Kultur kommen wird. Sicher wird sie sich darauf einstellen müssen, daß die Aspekte ihrer religiösen Überlieferung, die nicht dem Sittenkodex der westlichen Gesellschaft entsprechen, in Frage gestellt, kritisiert und vielleicht sogar scharf angegriffen werden.⁴ Hingegen werden die Aspekte der Lehren, die das zeitgenössische Verständnis der menschlichen Natur um neue Facetten bereichern, vermutlich in ihrem Wert erkannt oder wiedererkannt werden, wie die feministische Buddhistin Rita Gross in ihrem Buch über den Buddhismus zu zeigen versucht hat.⁵

Die zweifellos größte Bedrohung für die kulturelle Tradition der Tibeter ist die Gefährdung des Fortbestands ihrer religiösen Institutionen. Deren Erhalt wurde traditionell durch die Praxis gewährleistet, als Ersatz für einen verstorbenen hochgestellten Lama ein Kind zu suchen, das als »Inkarnation« jenes hohen Würdenträgers »erkannt« wurde. Das Ansehen der reinkarnierten Lamas, die *Tulku* (tibet. *sprul.sku*) genannt werden und die über ungeheure religiöse und politische Macht verfügen, basierte innerhalb der tibetischen Kultur auf dem allgemein akzeptierten Glauben an ihre Göttlichkeit. Die Bedeutung dieser Würdenträger wird im Westen mit Sicherheit zum Gegenstand genereller Kritik werden, falls – wie bereits von den Tibetern selbst betrieben⁶ –, in zunehmendem Maße auch westliche Jungen (oder sogar Mädchen, wie einige feministische Buddhistinnen vorgeschlagen haben)⁷ als Reinkarnationen verstorbener tibetischer Lamas inthronisiert und zu Oberhäuptern tibetisch-buddhistischer Klöster und Zentren auf der ganzen Welt gemacht werden. Außerdem könnte die spirituelle Dimension der mündlichen Überlieferung, deren Fortbestehen auf der tibetischen Hochebene nie ernstlich gefährdet war, durch die allgegenwärtigen Kräfte des Säkularismus und Materialismus zerstört werden, und es besteht die Gefahr, daß die Tibeter selbst bereitwillig an einem Prozeß mitwirken, der letztlich ihre ganze Kultur auslöschen könnte. Wenn tibetische Lamas selbst dem Druck des westlichen Kapitalismus erliegen oder wenn die höchsten Machtpositionen allmählich von westlichen »Inkarnationen« übernommen werden, so wird dies die Traditionen des Vajrayana[8] zweifellos radikal verändern.

DIE GRUNDLAGEN
DES TIBETISCHEN BUDDHISMUS

Natürlich ist es unmöglich, alle Facetten des tibetischen Buddhismus im Rahmen dieses Buches wirklich tiefgreifend zu untersuchen. Doch möchte ich für diejenigen, die diese Lehren überhaupt nicht kennen, die wichtigsten Elemente derselben erläutern, insbesondere die Aspekte, die sie von anderen buddhistischen Traditionen unterscheiden. Natürlich werde ich vor allem die Punkte herausarbeiten, die für mein Vorhaben besonders wichtig sind. In den ersten Kapiteln werde ich die Besonderheiten des tibetischen Buddhismus eingehender beschreiben und ihre Entwicklung im historischen Kontext betrachten. Viele Aspekte dieser Lehre sind allgemeines buddhistisches Gedankengut, beispielsweise der Glaube an Karma und Wiedergeburt, die Praxis der Gewaltlosigkeit allen lebenden Wesen gegenüber, die Idee der Nicht-Existenz eines eigenständigen Ich (eines »Wesenskerns« oder einer »Eigennatur« der Dinge) und die Überzeugung, daß Meditation Menschen helfen kann, spirituelle Verwirklichung zu erlangen. Diese grundlegenden Überzeugungen und Prinzipien erkennen alle Buddhisten auf der ganzen Welt an. Doch haben sich die verschiedenen buddistischen Traditionen unterschiedlich weiterentwickelt und stellen deshalb jeweils andere Aspekte der Lehren des Buddha in den Vordergrund.

Den meisten Menschen ist auch bekannt, daß die Mönchstradition im Buddhismus eine sehr wichtige Rolle spielt und daß Entsagung als ein wichtiger Bestandteil der religiösen Praxis angesehen wird. Das Mönchtum ist der wichtigste Aspekt der in Ländern wie Sri Lanka und Thailand heimischen *Theravada*-Tradition, doch spielt es auch in allen anderen buddhistischen Traditionen eine wichtige Rolle, so auch in der tibetischen, in der es sowohl eine mönchische Priesterschaft als auch Priester im Laienstand gab und gibt. Hingegen haben Nonnen im tibetischen Buddhismus traditionell eine sehr untergeordnete Position. Die Gründe liegen zum einen darin, daß in Tibet keine weibliche Übermittlungslinie entstanden ist und die Nonnen deshalb keine volle Ordinierung erhalten können (weshalb ihr Status stets niedriger war als der voll ordinierter Männer), und zum anderen darin, daß es nur wenigen Frauen gestattet wurde, die Lehren intensiv zu studieren.

Der Buddhismus basiert auf den Vier Edlen Wahrheiten, die der historische Buddha formulierte, jener indische Prinz, der nach vielen Jahren asketischer Übung und Meditation unter dem Bodhi-Baum in Bodhgaya (im heutigen indischen Bundesstaat Bihar) im 5. Jahrhundert v. u. Z. »Erleuchtung« erlangte. Nach seiner Erleuchtung soll der Buddha gesagt haben, daß alles Leben letztlich unbefriedigend sei, daß die Ursache dieses unbefriedigenden Zustandes das Verlangen sei, daß das Erlöschen des Verlangens grenzenloses Glück oder Nirvana zur Folge habe und daß jene Erleuchtung oder Freiheit vom Leiden erlangen, die seinem »Achtfachen Pfad« folgen. Dieser Pfad besteht aus ethischen und spirituellen Richtlinien, die zur Befreiung vom Kreislauf der Existenzen (*Samsara*) führen sollen, wobei jene Befreiung mit einem Zustand allumfassenden Wissens oder Erkennens einhergeht. Dies alles spiegelt sich auch in der Bezeichnung »Buddha«, deren tibetische Form, *Sanje* (tibet.: *sangs.rgyas*), wörtlich übersetzt »völlig gereinigt« bedeutet.

Der tibetische Buddhismus basiert jedoch außerdem auf einer zweiten Kategorie von Lehren, die er mit den buddhistischen Traditionen von Ländern wie Japan und Korea gemeinsam hat. Diese Lehren beziehen sich auf den Glauben an die Existenz von »Bodhisattvas« (tibet.: *Changchub Sempa / byang.chub.sems.dpa*), als erleuchtet geltenden Übenden, die ihren Eintritt ins Nirvana aufschieben, um allen fühlenden Wesen zu helfen, und die deshalb unzählige Male wiedergeboren werden und jede zweckdienliche körperliche Form annehmen können, um andere Wesen zur Erleuchtung zu geleiten. Bei allen tibetisch-buddhistischen Meditationen ist die Entwicklung dieser Bodhisattva-Haltung, zum Wohle aller Wesen zu wirken, ein wichtiger Faktor. Für diese dem Sutra-Pfad zugerechnete Form buddhistischer Praxis, in deren Mittelpunkt die Entwicklung einer altruistischen Haltung steht, ist eine unter dem Namen *Prajnaparamita* bekannte Textsammlung besonders wichtig. Die *Prajnaparamita*-Literatur lehrt eine »nicht-systematische religiöse Philosophie, glühend in ihrer Hingabe und reich an poetischem Ausdruck, die um die Vorstellung kreist, daß alles Leerheit ist.«[9] Eine der interessantesten philosophischen Schulen, die sich mit der Leerheit oder Nicht-Wesenhaftigkeit aller Phänomene (auch des Geistes selbst) beschäftigen, ist die *Madhyamaka*, die »Lehre vom mittleren Weg«, deren wichtigster Vertreter der indische Philosoph Nagarjuna war. Nagarjunas radikale Einstellung spiegelt sich in dem Satz, daß »jede philosophische Sichtweise sich widerlegen läßt [und] daß man sich mit keiner Antwort oder Beschreibung der Wirklichkeit zufrieden geben sollte, ob extrem oder gemäßigt, auch nicht mit der Vorstellung, daß alles ›ein Geist‹ sei.«[10]

Philosophische Ideen wie diese bilden die Grundlagen der fortgeschrittenen Meditationsformen des tibetischen Buddhismus, beispielsweise des *Mahamudra* (tibet.: *Chaja Chenpo / phyag. rgya.chen.po.*), mit deren Hilfe die Übenden versuchen, zur Einsicht in die Natur des Geistes selbst zu gelangen. Doch bevor sie sich dieser Art von Meditation widmen, müssen sie gewisse vorbereitende Übungen ausführen und Ergebenheit einem Lama oder Guru gegenüber entwickeln. Dieser Aspekt der Vajrayana-Praxis, der zu der unter dem Namen »Tantra« bekannten alten und komplexen Hindu-Philosophie in Beziehung steht, unterscheidet den tibetischen Buddhismus von allen anderen buddhistischen Pfaden. Die Ikonographie des tantrischen Vajrayana umfaßt ein reiches und farbenfrohes Pantheon von Gottheiten sowie Lehren, die dem Übenden die Möglichkeit bieten sollen, in einem einzigen Leben Erleuchtung zu erlangen; ihr Studium und ihre Praxis werden aber andererseits als äußerst riskant bezeichnet. Die Grundidee des buddhistischen Tantra ist die Möglichkeit, durch Einbeziehen der Leidenschaften in die religiöse Übung zur Einsicht in die letztendliche Nicht-Wesenhaftigkeit aller Phänomene zu gelangen.

Die Übenden des tantrischen Buddhismus invozieren und visualisieren in der Meditation Gottheiten, und die Identifikation mit denselben ermöglicht es ihnen, sich von den Einschränkungen zu befreien, die das Haften an der Ich-Struktur erzeugt. Außerdem repräsentieren die einzelnen Gottheiten verschiedene Formen von Weisheit oder Erleuchtung, die der Übende durch Umwandlung der Leidenschaften (auch Geistesgifte genannt) erlangen kann. Diese Art der Übung soll die Grenzen zwischen »Ich« (Subjekt) und »anderem« (Objekt) auflösen und damit die Grenzen zwischen allen Dualitäten, die gewöhnlich als fester Bestandteil der weltlichen Existenz erfahren werden. Die höchste Form dieser »Verwirklichung« oder »Realisation« soll aber nur durch geheime tantrische Praktiken möglich sein, bei denen die sexuelle Vereinigung mit einem Partner des anderen Geschlechts erforderlich ist, wie sie auf vielen religiösen Bildern und in Form von Statuen dargestellt wird. Die im Zölibat lebenden Mönche und die »noch nicht so weit fortgeschrittenen« Übenden visualisieren diese Aktivitäten in der Meditation. Dies soll ermöglichen, das »Nicht-Duale« mit Hilfe von Bildern der Dualität zu erfahren.

Die meisten Laien, die sich dem tibetischen Buddhismus zuwenden, erhalten zunächst einige grundlegende Belehrungen über Vertrauen, Gewaltlosigkeit und Karma, und gewöhnlich wird ihnen ein einfaches Mantra empfohlen, das sie rezitieren sollen, um ihr Mitgefühl gegenüber anderen Wesen zu verstärken. Mit der Bedeutung des am häufigsten rezitierten Mantras, *Om Mani Padme Hum*, werde ich mich ausführlicher in Kapitel 3 beschäftigen. Diejenigen, die eine fortgeschrittenere Stufe der Meditation erreichen wollen, müssen sich einem rigorosen Training unterwerfen, das in der Ausführung der vier sogenannten Grundlagen-Übungen besteht, die jeweils hunderttausendmal wiederholt werden. Die erste dieser Übungen ist ein symbolischer Akt der Überantwortung an die Grundpfeiler des tibetischen Buddhismus: an den Lama-Guru in vergöttlichter Form, an den Buddha, an die Lehre, an die Gemeinschaft der Übenden und an die Gottheiten, die als Beschützer der Lehren und als Führer fungieren und die Hindernisse beseitigen sollen, die die Übenden auf ihrem Weg aufhalten. Unterwerfung und Verehrung ihnen gegenüber werden durch hunderttausendmaliges Sich-Niederwerfen und Rezitieren eines Gebets zum Ausdruck gebracht. Es dauert gewöhnlich mehrere Monate, diese Übung auszuführen. Die zweite Grund-Übung ist das hunderttausendmalige Rezitieren des Mantras der Gottheit Dorje Sempa in Verbindung mit einer Visualisation; dadurch soll das im Laufe vieler Leben angesammelte negative Karma gereinigt werden. Die dritte Grundlagen-Übung besteht in hunderttausend Mandala-Opfern, bei denen alles, einschließlich des Körpers, der Rede und des Geistes, im realen wie auch im symbolischen Universum, symbolisch geopfert wird. Dies geschieht durch Meditation, Visualisation und ein Ritual zu Ehren der Objekte der Zuflucht. Schließlich wird auch der Lama selbst durch hunderttausendmaliges Rezitieren eines Gebets geehrt, durch welches das Vertrauen gegenüber der religiösen Übermittlungslinie, deren Repräsentant der betreffende Lama ist, gestärkt und die völlige Unterwerfung des Ich ermöglicht werden soll. Nach Überzeugung der Tibeter sind alle Lehren, die von den Lamas einer Tradition übermittelt werden, in einer ununterbrochenen mündlichen Überlieferung weitergegeben worden, die bis auf den Buddha selbst zurückgeht.

Erst nach dieser Vorbereitung werden die Übenden für würdig gehalten, die tiefergehenden Lehren und die »Initiation« in jene tantrischen Praktiken zu empfangen, durch die sie sich in der Meditation mit dem göttlichen, transzendenten Körper der Gottheiten identifizieren können, um die Einsicht in die Natur des Geistes zu erlangen. Parallel zu dieser Art von Praktiken können die Eingeweihten spezielle Formen konzentrativer Meditation zur Vertiefung der Einsicht und zur Entwicklung unterscheidenden Gewahrseins praktizieren. Im Hinblick auf die fortgeschritteneren Lehren gewinnt das Konzept des Lama oder Guru seine spezielle Bedeutung, und hier wird auch die Problematik der Hingabe an den Guru deutlich. Im Vorwort zu den Mahamudra-Belehrungen des 9. Karmapa-Lama heißt es:

> Die Hingabe an den Guru umfaßt sowohl die Gedanken als auch die Handlungen. Am wichtigsten ist es, völlig davon überzeugt zu sein, daß der Guru ein Buddha ist. ... Wenn du an der Befähigung deines Guru zweifelst, wird deine Übung äußerst instabil, und du wirst keine nennenswerten Fortschritte erzielen.[11]

Während die Tibeter selbst mit diesem Konzept kaum Schwierigkeiten haben, da man den Lamas in ihrer Ursprungskultur generell mit größter Hochachtung begegnet, ist es im westlichen Kontext nicht so unproblematisch, einen Menschen als »göttlich« zu verehren. Und dies gilt natürlich ganz besonders dann, wenn sich ein Lama darauf beruft, eine sexuelle Beziehung, die er zu einer Schülerin eingehe, fördere entweder seine eigene

Übung oder bringe der betreffenden Frau spirituelle Vorteile. Wir wollen zunächst einmal dahingestellt sein lassen, was sogenannte »fortgeschrittene« sexuelle Praktiken tatsächlich beinhalten, doch wird die Problematik, mit der sich all jene konfrontiert sehen, die sich intensiver der Praxis des tibetischen Buddhismus widmen, im folgenden Zitat des tibetischen Lama Beru Kyhentze Rinpoche deutlich:

> Wenn dein Guru sich scheinbar auf unerleuchtete Weise verhält und du das Gefühl hast, es wäre heuchlerisch, ihn als einen Buddha anzusehen, dann solltest du bedenken, daß *deine eigenen Ansichten unzuverlässig sind und die Mängel, die du zu sehen glaubst, möglicherweise nur eine Spiegelung deines eigenen verblendeten Geistes sind.* Bedenke außerdem, daß dein Guru, wenn er sich vollkommen verhalten würde, für dich unerreichbar wäre und du nicht zu ihm in Beziehung treten könntest. Deshalb ist es ein Ausdruck seines großen Mitgefühls, daß er den Eindruck erweckt, mit Mängeln behaftet zu sein. Dies ist im Zusammenhang der Anwendung hilfreicher Methoden zu sehen, die er benutzt, um dich zu unterweisen. *Er spiegelt deine eigenen Mängel.*[12] (Kursivsetzung von J. C.)

Kyhentze beschreibt auch, welche Folgen es für Übende hat, wenn sie den Guru nicht als einen Buddha zu sehen vermögen. Ihre Fähigkeit, den Lama als einen Buddha zu sehen, bringe sie mit Sicherheit der Erleuchtung näher, wohingegen jede negative Einstellung dem Lama-Guru gegenüber dazu führe, daß die Schüler sich von der Erleuchtung entfernten und »intensives Leiden« zu erwarten hätten.[13] Kyhentze legt mit großer Akribie dar, daß die Hingabe an den Guru auf dem tantrischen Pfad wichtiger ist als auf dem Sutra-Pfad und daß sie der zentrale Pfeiler des tibetischen Vajrayana ist.

DER KONTEXT DER DEBATTE
ÜBER DIE GESCHLECHTERROLLEN
IM TIBETISCHEN BUDDHISMUS

Um die Problematik der Beziehung zwischen Geschlechterrollen, Sexualität und Religion im Bereich des tibetischen Buddhismus zu untersuchen, habe ich einige sehr unterschiedliche theoretische Ansätze herangezogen, insbesondere feministische und psychoanalytische, und natürlich stütze ich mich auch auf meine Kenntnisse der tibetischen Religion und Philosophie und auf meine Erfahrung als Übersetzerin. Ich habe in meiner Arbeit die interpretativen Schriften von Robert A. Paul ausgewertet, der in seinem Werk *The Tibetan Symbolic World* die religiöse Kultur Tibets einer orthodoxen freudianischen Analyse unterzogen hat, sowie die von Peter Bishop, der in seinen Büchern *The Myth of Shangri-La* und *Dreams of Power* beschreibt, welche Rolle Tibet seit langem in der Phantasie der Menschen des Westens spielt. Bishop, der selbst praktizierender Buddhist ist, hat erkannt, daß der tibetische Buddhismus für den Westen nur dann eine positive Wirkung entfalten kann, wenn es zu einer ehrlichen Diskussion zwischen Ost und West kommt. Er schreibt: »Der tibetische Buddhismus muß sich der Pathologien des Westens bewußt und mit ihnen in Kontakt sein, wenn er eine wirklich nennenswerte Rolle spielen will.«[14] Doch so faszinierend und instruktiv die beiden genannten Bücher auch sind, sie versäumen es, sich eingehend mit dem Problem der weiblichen Identität zu beschäftigen, denn im Mittelpunkt ihrer Betrachtungen stehen die von Männern dominierten Machtstrukturen Tibets und die männliche Psyche.

Einige westliche Buddhisten und Buddhistinnen haben sich mit den Problemen der Frau innerhalb des tibetischen Systems und mit der Rolle, die die Frau im tibetischen Symbolismus spielt, beschäftigt und dabei zwei unterschiedliche, jedoch in beiden Fällen ziemlich konservative Sichtweisen entwickelt.

Zum einen gibt es Berichte über Leben, Werk und historische Bedeutung von Frauen, die innerhalb des tibetischen Buddhismus als weibliche Praktizierende bekannt geworden sind (z. B. in Tsultrim Alliones Buch *Tibets weise Frauen*, in Hanna Havneviks *Tibetan Buddhist Nuns* und in Keith Dowmans *Sky Dancer*) und über tantrische »Meisterinnen« (so in Miranda Shaws Buch *Passionate Enlightenment*, [das im Deutschen den leicht irreführenden und reißerischen Titel *Erleuchtung durch Ekstase* hat, Anm. d. Übers.]). Diese Publikationen beschäftigen sich mit der Frage, inwieweit der Beitrag von Frauen innerhalb des tibetischen Buddhismus anerkannt wurde und welche Rolle Frauen in historischen Darstellungen der Entwicklung des tibetischen Buddhismus zugestanden wird. Sie dokumentieren, daß es einmal eine Zeit gab, in der Frauen innerhalb des tibetischen Systems eine andere Position hatten als heute, und daß es trotz der Schwierigkeiten, mit denen Frauen zu allen Zeiten zu kämpfen hatten, doch immer einige unter ihnen gab, die es zu beachtlicher Gelehrsamkeit und zu überragenden Resultaten in der spirituellen Praxis brachten. In allen diesen Büchern wird jedoch *nicht* thematisiert, warum sich die *frühen* Erfolge von Frauen in späteren Zeiten nicht mehr wiederholt haben und wie das Weibliche auf eine untergeordnete Position »fixiert« werden konnte – was die philosophischen Schriften zum Ausdruck bringen und was auch aus der Position der Frau innerhalb der religiösen Institutionen deutlich wird.

Zweitens gibt es Publikationen, die sich mit den Anomalien des tibetischen Systems bezüglich der Position der Frau befassen. Die Autorinnen dieser Bücher kritisieren aus feministischer Sicht die Institutionen und Philosophien des tibetischen Buddhismus, deren egalitärer Anspruch sich in den sozialen und religiösen Strukturen der tibetischen Gesellschaft nicht niederschlägt. Rita Gross' Buch *Buddhism after Patriarchy* beschäftigt sich zwar nicht ausschließlich mit dem tibetischen Buddhismus, doch klingen darin viele Themen an, mit denen auch ich mich beschäftigen werde, insbesondere die philosophischen Anschauungen des Vajrayana bezüglich der Geschlechterrollen sowie die

Frage, welche Auswirkungen das Zusammentreffen des tibetischen Buddhismus mit der westlichen Kultur und insbesondere mit dem feministischen Denken auf ersteren haben wird. Gross prognostiziert »eine feministische Umwertung«[15] des Buddhismus durch »Einfügung« *(insertion)* der Frauen in den historischen Rahmen, durch Entwicklung einer neuartigen Wertschätzung des »weiblichen Prinzips« und durch Überdenken der zentralen buddhistischen Vorstellungen über die Geschlechterrollen. Außerdem schlägt sie zur »Lösung« der Frauenfrage »androgyne Institutionen« vor, mit deren Hilfe der Buddhismus in die zeitgenössische westliche Kultur assimiliert werden könnte.

Obgleich ich mich im vorliegenden Buch mit einigen von Gross' Ideen beschäftigen werde, sehe ich meinen Beitrag zu dieser Debatte weniger darin, die Geschichte der Frauen im tibetischen Buddhismus nachzuvollziehen oder Strategien zur realen Gleichstellung der Geschlechter zu entwickeln. Vielmehr geht es mir in erster Linie darum, die in der tibetischen Tradition existierenden Vorstellungen von weiblicher Identität und Subjektivität und deren praktische Umsetzung zu hinterfragen und zu versuchen, diese zur aktuellen westlichen Debatte über Geschlechterrollen, Sexualität und Religion in Beziehung zu setzen.

Um auf die verschiedenen Bedeutungsebenen hinzuweisen, die sich auf der Suche nach der weiblichen Identität offenbaren, habe ich im englischen Originaltitel des Buches für die Frau die Metapher der »Reisenden im Raum« *(Traveller in Space)* benutzt, die sich auf unterschiedliche Weisen deuten läßt. Zunächst ist dieser Ausdruck die Übersetzung des tibetischen Wortes *Khandro*, das den essentiell weiblichen Aspekt innerhalb der tibetischen Religion bezeichnet, und mit dessen Etymologie ich mich in Kapitel 7 eingehender auseinandersetzen werde. Außerdem läßt sich die Metapher der Frau als einer »Reisenden im Raum« als Beschreibung eines nicht-fixierten Subjekts verstehen, das in der Geschichte weitgehend verborgen geblieben ist, das dem Mann nie wirklich gleichgestellt war und das sich im »Raum«

der Philosophie nicht lokalisieren läßt. Die Position der Frau, obgleich im beherrschenden patriarchalischen Diskurs nicht lokalisierbar, ist keineswegs statisch, denn Frauen begleiten natürlich die Männer auf der endlosen Reise der Menschheit, und sie erleben diese Reise aus der einzigartigen Perspektive, die die Realität eines weiblichen Körpers eröffnet. Und schließlich beinhaltet der Begriff »Reisen im Raum« nicht nur Raum und unendliche Weite, sondern auch das Konzept der Zeit und insbesondere das der Zukunft. Im Raum zu reisen deutet auf die Erforschung unbekannten Gebiets, etwas, das in der Zukunft und damit jenseits der Grenzen menschlichen Wissens geschieht. Diese Erforschung des Unbekannten ist der metaphysischen Reise verwandt, die bei allen Bestrebungen des menschlichen Geistes, die Reiche der menschlichen Psyche oder das Unbewußte zu verstehen, eine Rolle spielt. Das Forschen in den keineswegs völlig ungefährlichen Bereichen des Unbekannten verweist auf kaum bekannte Dimensionen der Wirklichkeit und läßt die innige Verbindung zwischen dem menschlichen Körper und den Kräften des Geistes erkennen, die jene Reisen ermöglichen.

In früheren Zeiten haben die Menschen des Westens ihre Phantasien über das Unbekannte und das Unentdeckte auf Regionen wie Tibet projiziert, und es ist sicherlich kein Zufall, daß die frühen Forschungsreisenden besonders begeistert von jenen tibetischen Yogis waren, von denen es hieß, sie würden *lung gom*, »Luft-Meditation«, praktizieren, wodurch sie sich angeblich mit ungeheurer Geschwindigkeit fortbewegen konnten, ohne den Boden zu berühren. In vielen Berichten westlicher Autoren über Tibet wird erwähnt, daß gewisse Lamas »durch den Raum fliegen« konnten. Diese Vorstellung paßt sehr gut zu den mythischen Vorstellungen über »Shangri-La«, jenen Inbegriff romantischer Phantasie. Ein anderer Aspekt der Fähigkeit, im Raum zu reisen, ist die Assoziation mit der Überwindung von Grenzen (»Der Weltraum – die letzte Herausforderung«) und der Fähigkeit, auf Ebenen zu kommunizieren, die sich von allem, was wir heute kennen, unterscheiden. »Virtuelle Realität«, »Kommunikationsnetze« und der »Super-Highway« versprechen uns, daß wir in Zukunft alle »Reisende im Raum« sein oder zumindest über vielfältige Möglichkeiten verfügen werden, uns nach Belieben »Identitäten« anzueignen. Wir stehen heute vor einer technologischen Revolution, die ein Teil jener Reise in unbekanntes Gebiet sein könnte, in deren Verlauf sich die weibliche Symbolik, *so wie sie bisher artikuliert worden ist*, möglicherweise als Manifestation einer sterbenden Sicht der Welt erweisen wird, die ebenso wie andere hinderliche Barrieren zwischen Wesen aller Art irgendwann verschwindet.

Ein wichtiger Aspekt kulturübergreifender Diskussion ist der des »Orientalismus«. Er berührt auch die Frage, welche Gefahren eine Studie wie die vorliegende mit sich bringen könnte. Edward Said kritisiert in seinem Buch *Orientalism*, daß westliche Autoren durch ihre Art, über den Orient zu schreiben, »rassische, ideologische und imperialistische Stereotypen« gefördert haben.[16] Er identifiziert klar die »machtvollen politischen und letztlich ideologischen Realitäten, (die) die Gelehrsamkeit beeinflussen«[17], und gelangt zu dem Schluß, daß die Einsichten, die dem traditionellen Orientalismus fehlen, möglicherweise im Bereich der »Humanwissenschaften« zu finden sind. Said weist auf die Ideologien hin, die das »andere« als fremdartig und deshalb minderwertig hinstellen, so wie es in der Tradition der Orientalisten in Form von Unterscheidungen zwischen Ost und West, Nord und Süd, Haben und Nicht-Haben, imperialistisch und anti-imperialistisch sowie Schwarz und Weiß geschehen ist. Der ebenso signifikanten Problematik der Geschlechterdichotomie *(gender split)* mißt er jedoch nicht die gleiche Bedeutung bei.

Dennoch räumt Said in seiner Analyse der »orientalistischen« Sicht der Frau drei wichtige Punkte ein: erstens, daß der Orientalismus »eine ausschließlich männliche Domäne war«[18]; zweitens, daß die von Orientalisten beschriebenen Frauen folglich und unvermeidlich »die Schöpfungen einer männlichen Machtphantasie« gewesen seien[19]; und drittens, daß Orientalisten »das

Orientalische ... mit Elementen der westlichen Gesellschaft in Verbindung gebracht hätten (mit Straftätern, Geisteskranken, *Frauen*, Armen), deren gemeinsames Identitätsmerkmal man bestenfalls als *beklagenswert fremdartig*« bezeichnen könne.[20] (Kursivsetzung von J. C.) Peter Bishop greift diesen Punkt ebenfalls auf, indem er die Orientalisten-Sicht des Orients als »weiblich« und Tibets im Besonderen als »Symbol des Andersseins«[21] bezeichnet. Ich habe mich in meiner Untersuchung bemüht, diesen Sichtweisen etwas entgegenzusetzen und durch Heranziehung von humanwissenschaftlichen Ansätzen ein Gegengewicht zur orientalistischen Position zu schaffen, der es, so Said, »nicht gelungen ist, sich mit der *menschlichen* Erfahrung zu identifizieren.«[22] (Kursivsetzung von J. C.)

Ich verstehe meine Arbeit als Analyse der Dynamik *zwischen* Menschen, Kulturen und Glaubenssystemen, und ich halte meine Position als Frau, die die Unzulänglichkeiten patriarchalischer Denkweisen im Westen *und* bei den Tibetern erfahren hat, für einen der signifikanten Faktoren dieser Studie. Wie ich bereits erwähnt habe, ist das Studium tibetischer religiöser Institutionen ein äußerst komplexes Unterfangen. Indem die Tibeter selbst bewußt Menschen des Westens Machtpositionen innerhalb ihrer Institutionen übertragen haben, indem sie männliche westliche Kinder als Inkarnationen kürzlich verstorbener tibetischer Lamas »erkannt« haben, haben sie demonstriert, daß es ihnen mit der Integration des tibetischen Buddhismus in den Westen sehr ernst ist. Durch diese Bemühungen haben sie einen Prozeß initiiert, der zwangsläufig zu einer Diskussion über die Entwicklung ihres einzigartigen Systems im Westen führen mußte. Der Wert meiner Studie über den tibetischen Buddhismus liegt schon allein darin, daß sie ein religiöses System, das von sich behauptet, Wahrheiten zu verkünden, die auch außerhalb seines ursprünglichen kulturellen Umfeldes gültig und von Bedeutung sind, einer kritischen Überprüfung unterzieht – etwas, das mit jeder Religion geschehen sollte, die einen solchen Anspruch erhebt.

THEORETISCHE ANSÄTZE

Die beiden theoretischen Ansätze, die meine Arbeit in erster Linie beeinflußt haben, sind die feministische Theorie und die Psychoanalyse. Beide haben völlig eigenständige Entstehungsgeschichten, sind jedoch im Werk einiger zeitgenössischer Theoretikerinnen wie Luce Irigaray, Julia Kristeva und Hélène Cixous zusammengeflossen. Allerdings empfinden die genannten Autorinnen den Begriff »feministisch« als problematisch.[23] Ich habe hauptsächlich deshalb auf ihre Arbeiten zurückgegriffen, weil ich in diesem Kontext auf die komplexeren Fragen der weiblichen Identität eingehen kann und weil die genannten Theoretikerinnen jeweils auf ihre Weise artikuliert haben, welch ungeheure Schwierigkeiten mit jeder Form der Suche nach »weiblicher Identität« verbunden sind. Um die in meine Darstellung eingeflossenen theoretischen Perspektiven lokalisieren zu können, möchte ich sie daher zunächst einmal in den Kontext der beiden »Strömungen des Feminismus« stellen, die zu unterschiedlichen Manifestationen feministischer Theorie führten. Anschließend werde ich herauszuarbeiten versuchen, welche konkreten Aspekte der Ansätze dieser Autorinnen mir als besonders nützlich erscheinen.

Die »erste Strömung« des Feminismus versuchte, Frauen in der Geschichte zu *lokalisieren* und ihnen mit Hilfe parlamentarischer, konstitutioneller, politischer und institutioneller Veränderungen gleiche Rechte zu verschaffen. Diese Bewegung wurzelt im Liberalismus des 19. Jahrhunderts, und sie stand in enger Beziehung zur marxistischen Ideologie. In ihrem Bemühen, alle westlichen Institutionen und Domänen männlicher Macht in Frage zu stellen, war sie erstaunlich erfolgreich – das gilt für die Bereiche der Erziehung, der Gesetzgebung, der Politik und in gewissem Maße auch für den Bereich der Religion. Die sogenannte »zweite Strömung« des Feminismus ging größtenteils aus den politischen Bewegungen der sechziger Jahre hervor, und sie war stark von den Schriften Freuds und vom Sozialismus des 20. Jahrhunderts geprägt. Durch diese beiden Einflüsse entwickelte sich ein analytisches und ästhetisches Milieu, in dem viele Feministinnen ihre Forderung nach einem Platz in der historischen oder linearen Zeit zurückzogen, um einen einzigartig weiblichen Raum zu schaffen. In diesem Raum sollte weibliche Identität nicht mehr nur als Projektion erfahrbar sein oder Rechtfertigungen unterliegen, so wie es in früheren Zeiten der Fall gewesen war. Jene zweite Strömung hatte ein anderes Konzept von sich selbst, von ihrer Subjektivität und damit von ihrer Zeitlichkeit entworfen, und sie entwickelte ein zunehmendes Mißtrauen gegenüber politischen Initiativen und Lösungen. Nach Kristeva beschäftigte sie sich hauptsächlich mit Besonderheit (*specificity*) und *Differenz* im Gegensatz zu Gleichheit (*equality*) und brachte ein stärkeres Bewußtsein globaler Zusammenhänge und mehr Anteilnahme an sozio-kulturellen Belangen zum Ausdruck, indem sie Themen, die mit Fortpflanzung, Leben und Tod in Zusammenhang standen, als wichtig akzeptierte. Diese ethischen Perspektiven standen eher mit dem Überleben der Menschheit als mit den in früheren Jahren verfolgten universellen und nationalen Fragen der gesellschaftlichen Produktionsbedingungen in Zusammenhang, und sie gingen mit einem wachsenden Interesse an Randgruppenbewegungen, die sich mit Themen wie Spiritualität und Ökologie befaßten, einher.

Kristeva kritisiert an diesen beiden Strömungen, daß die erste innerhalb der Grenzen der Geschichte, der linearen Zeit, der symbolischen Ordnung des Patriarchats und damit der Sprache entstanden sei, die zweite hingegen versucht habe, einen Platz außerhalb der patriarchalischen Ordnung ihrer Zeit zu finden, indem sie eine radikale Veränderung der Geschlechterbeziehungen herbeiführen und eine völlig neue Sprache entwickeln wollte, wobei letztere von den Erfahrungen und Bedürfnissen der Frauen geprägt sein sollte. In ihrem Essay *Die Zeit der Frauen* vertritt Kristeva, daß beiden Bewegungen nur begrenzter Erfolg beschieden war, weil beide eine Beziehung zum symbolischen Vertrag[24] aufrechterhielten, was letztlich zum Gegenteil des Beabsichtigten führte. Die erste Strömung investierte in die bestehende Sozialordnung, indem sie versuchte, Frauen Machtpositionen zu erschließen. Doch dadurch veränderte sich nichts Grundlegendes, weil die betreffenden Frauen vom System absorbiert und in einigen Fällen sogar zu »Säulen des Regimes wurden, zu Hüterinnen des Status quo, zu eifrigsten Verteidigerinnen der etablierten Ordnung.«[25] Den Feministinnen der zweiten Strömung hingegen, die sich durch Schreiben, Repräsentationen und eine Vorliebe für archaische Bilder des Mütterlichen auf die Besonderheit des weiblichen Subjekts konzentrierten, gelang es nicht, der Vielfalt des Hintergrunds, der Erfahrung und der Bedürfnisse unter den Frauen selbst gerecht zu werden. Dennoch haben diese beiden Strömungen des Feminismus die Institutionen der westlichen Gesellschaft und die gesamte Thematik der Geschlechterbeziehungen erheblich beeinflußt.

In ihrer Vision darüber, wie eine zukünftige Diskussion über den Feminismus beschaffen sein könnte, postuliert Kristeva die Entstehung einer »dritten Strömung« oder einer »dritten Haltung«[26], die es einer neuen Generation ermöglichen könnte, eine Position zu entwickeln, die sich zwar von den ersten beiden Strömungen des Feminismus unterscheidet, sie jedoch nicht völlig ablehnt, sondern ihre Ideale in die philosophische Debatte über Geschlecht und Differenz einbezieht. In ihrer Argumentation spielt die psychoanalytische Sicht sexueller Differenz eine zentrale Rolle und damit die Beziehung zwischen der Psychopathologie des Individuums und der Gesellschaft. Kristeva hofft, daß durch das Zusammenfließen dieser dritten Haltung mit den in den beiden erstgenannten Ansätzen enthaltenen Beziehungen der Frauen zur symbolischen Ordnung – d. h. ihre Einbeziehung in die Geschichte und ihre Identifikation mit allen Randgruppenbewegungen – »die Dichotomie Mann/Frau als Gegensatz zweier rivalisierender Entitäten *eine Angelegenheit der Metaphysik* zu sein scheint.«[27] (Kursivsetzung im Original)

Die Arbeit von Luce Irigaray, die sich ebenfalls des psychoanalytischen Ansatzes bedient, beschäftigt sich hauptsächlich mit der *Différence* (Unterschiedlichkeit oder Differenz) und mit deren Bedeutung für den Weg der Frauen zu einer weiblichen Subjektivität. Sie deckt den *Double-bind* auf, der bei jedem Versuch zu definieren, was »Frau« ist, mitschwingt, indem sie nachweist, daß jeder derartige Versuch bedeutet, innerhalb des Kontexts des phallozentrischen Repräsentationssystems zu verbleiben, wohingegen das Vermeiden einer solchen Definition zur Folge hat, daß alles auf die Frau projiziert werden kann. Obgleich Irigaray und ihre Arbeit wegen ihrer Suche nach weiblichen Genealogien und der Anerkennung des weiblichen Andersseins (der *Differenz*) oft des »Essentialismus« bezichtigt wird, steht diesem Vorwurf ihr strategischer Vorschlag entgegen, die derzeitigen Ideologien *nicht* zugunsten der Frauen umzukehren und ebensowenig eine neue Theorie zu entwickeln, sondern vielmehr »der theoretischen Maschinerie selbst Einhalt zu gebieten.«[28] Frauen, so schlägt sie vor, sollten sich nicht in den logischen Diskurs über die Kategorie »Frau« einschalten, sondern aufzeigen und interpretieren, daß – und wie – das Weibliche stets als ein Mangel dargestellt wird. Dieser Ansatz, der versucht, den der Sprache und der patriarchalischen Philosophie eingeprägten dualen Gegensätzen zu »entwischen«, soll ihrer Meinung nach durch Auflösung der Dichotomien entstehen. Sowohl Irigaray als auch Hélène Cixous halten eine Art der Beziehung zwischen den Geschlechtern für möglich, die die Differenz nicht leugnet. Bei Cixous liegt der Schwerpunkt der psychoanalytischen Betrachtung auf der Sexualität der Frau und auf deren Ausklammerung aus dem patriarchalischen Diskurs. Sie nimmt zur Frage der Gleichheit des Weiblichen Stellung, indem sie neue Arten des Diskurses vorschlägt, die in »weiblichem« Schreiben ihren Ausdruck finden können. »Für Cixous ist das Unbewußte stets ein kulturelles Phänomen ... ein Produkt männlicher Phantasie.«[29] Deshalb stellt sie mit ihrer Arbeit eine Verbindung zwischen Kultur und Sexualität her und verweist auf die Notwendigkeit, die weibliche Libido in allen Aspekten der

Kultur zum Ausdruck zu bringen, insbesondere im Bereich des Schreibens.

Die theoretischen Ansätze, derer ich mich in diesem Buch bediene, spiegeln die wichtigsten Anliegen der drei genannten Philosophinnen. Kristevas Sichtweise entsprechend habe ich mich um die von ihr propagierte »dritte Haltung« bemüht, indem ich versucht habe, Perspektiven einzubeziehen, die für die ersten beiden Strömungen des Feminismus charakteristisch waren, die aber gleichzeitig innerhalb meiner metaphysischen Diskussion über die weibliche Identität lokalisiert sind. Diese Perspektiven umfassen: eine Kritik patriarchalischer Institutionen, die Einbeziehung der weiblichen Erfahrung in die Geschichte und die Anerkennung archaischer Bilder des Mütterlichen. Sie sind nicht nur Bestandteile der Debatte über weibliche Besonderheit und Differenz, sondern gleichzeitig auch das Mittel, mit dessen Hilfe die Frau und Mann betreffenden metaphysischen Fragen untersucht werden können, und zwar insbesondere durch Schreiben über ein »weibliches Imaginäres«. Ich möchte ausdrücklich betonen, daß es mir nicht um eine »Rekonstruktion« des Buddhismus geht mit dem Ziel, innerhalb seiner Institutionen eine Gleichstellung der Frau zu erreichen, und auch nicht um die Klarstellung dessen, daß Frauen innerhalb des tibetischen Systems ebenso wichtig sind wie Männer – denn diese Arbeit ist bereits von anderen geleistet worden. Vielmehr will ich einige der komplexen Probleme veranschaulichen, die mit der Klärung der Frage, wie die weibliche Identität innerhalb des tibetischen Systems beschaffen und interpretiert worden ist, in Zusammenhang stehen sowie damit, *warum* das tibetische System theokratisch geblieben ist, statt sich irgendwann demokratisch zu entwickeln. Dies erscheint mir angesichts der Begegnung des tibetischen Buddhismus mit der westlichen Welt und angesichts der Problematik seines Gebrauchs sexueller Metaphern innerhalb eines anderen kulturellen Kontexts als besonders wichtig. Obgleich ich eine Kritik der Institutionen in meine Darstellung einbeziehe und ich auch einige Aspekte des Lebens von Frauen innerhalb dieser Institutionen behandle, geht es mir in erster Linie um die metaphysische Frage nach der Identität. Insofern basieren meine Schlußfolgerungen bezüglich der Gleichstellung der Frau im Buddhismus nicht auf Überlegungen zu einer Abwandlung der Lehren mit dem Ziel, die Frauen einzubeziehen und die Geschlechterfrage zu reflektieren, sondern auf der äußerst kontroversen Frage, ob *nach* dem Patriarchat auch nur *irgendeine der Religionen*, so wie wir sie heute kennen, in wiedererkennbarer Form Bestand haben kann.

Um den komplexen tibetischen Anschauungen über die weibliche Identität näherzukommen, werde ich zunächst die historischen Beziehungen des tibetischen Buddhismus zum Westen untersuchen und einige problematische Aspekte der typischen Darstellung weiblicher Identität in den Schriften des tibetischen Tantra aufzeigen. Dabei werde ich mich auch mit der Sprache beschäftigen, die weibliche Identität in einer bestimmten Weise definiert.

In Kapitel 2 untersuche ich einige der spärlichen historischen Quellen, die uns Auskunft über die Anfänge des tantrischen Buddhismus in Tibet geben. Dabei gehe ich auf die vielen interkulturellen Faktoren der vor-buddhistischen Zeit ein, unter anderem auf die Auswirkungen fremder Glaubenssysteme – nicht zuletzt jener des benachbarten Persien –, auf die Entwicklung der ersten uns bekannten tibetischen Religion, des Bön, sowie auf die Übernahme der tantrischen Praktiken aus Indien. Ich werde zeigen, daß diese Einflüsse, die ihrerseits auf den nahezu universellen und uralten Kult der Großen Mutter zurückzuführen sind, zutiefst in kulturelle Praktiken eingebettet waren, von denen einige in abgeschwächter, aber immer noch erkennbarer Form bis in unsere Zeit überdauert haben.

Aufgrund der geographischen Abgeschiedenheit Tibets haben in diesem Land viele alte kulturelle Elemente, die in anderen Traditionen längst verlorengegangen sind, ihre Kraft behalten, und ich nehme an, daß ein Teil des im tibetischen Buddhismus mit dem Weiblichen verbundenen Symbolismus aus dieser vorbuddhistischen Zeit stammt.

Als Beispiel für die Art der Einflüsse, die in Tibet vor der Ausbreitung des Buddhismus wirksam waren, werde ich mich in Kapitel 3 mit dem Schicksal der Lotos-Göttin beschäftigen, die heute in ihrer Form als Chenrezig die wichtigste *männliche* Gottheit des tibetischen Pantheons ist. Ich werde beschreiben, wie diese ursprünglich weibliche Gottheit, ein Aspekt der Großen Mutter, in Tibet auftauchte und wie sich in der Zeit der Ausbreitung des Buddhismus in diesem Land ihr Geschlecht und infolgedessen auch ihre ikonographische Bedeutung veränderte. Dies hatte meiner Meinung nach zur Folge, daß in der tibetischen Symbolik und Ikonographie Repräsentationen des essentiell Weiblichen, der Frau-als-sie-selbst, gänzlich fehlen. Um zu ergründen, in welchem Kontext diese wichtige Transformation stattfand, werde ich mich in Kapitel 4 mit der tibetischen Theokratie und mit ihren einzigartigen Machtstrukturen beschäftigen, mit der Rolle der Frauen darin sowie mit der Beziehung zwischen Theokratie und Ikonographie. Ich vertrete die These, daß im Zusammenhang mit der Einführung des Tulku-Systems reinkarnierter Lamas in Tibet im frühen dreizehnten Jahrhundert die Idee des erleuchteten männlichen Subjekts propagierte wurde, um die Doktrin über die Herrschaft des »göttlichen Lama-Königs« zu untermauern. Dadurch wurden wiederum potentiell positive Bilder des Weiblichen in der tibetischen Ikonographie noch mehr in den Hintergrund gedrängt. In Kapitel 5 beschäftige ich mich mit der symbolischen Position der Mutter des »göttlichen Lama-Königs«, deren Nicht-Repräsentation innerhalb des Systems meiner Meinung nach entscheidend für dessen Aufrechterhaltung war und ist.

In Kapitel 6 geht es mir um die Beziehung zwischen dem »Nicht-Vorhandensein« der Frau-als-sie-selbst und der Existenz der geheimen Gefährtin (tibet.: *gsang.yum.*)[30] innerhalb der tibetischen Theokratie, wobei ich nicht nur auf die Bedeutung der Geschlechtlichkeit für die grundlegenden Lehren des tibetischen Buddhismus eingehe, sondern mich auch mit den Gründen für die Perpetuierung der Geheimhaltung befasse. Außerdem untersuche ich die Implikationen dieser gesamten Situation für die Frauen, die geheime Beziehungen zu Lamas unterhalten, und ich erläutere meine Ansicht, daß ihr insgeheimes Einverständnis, oft aufgrund von Angst entstanden, letztlich das Überleben des Systems ermöglicht. In Kapitel 7 versuche ich eine Analyse der *Dakini* und untersuche einige Vorstellungen über ihre sogenannte »geheime Sprache« und ihre Rolle bei der Entdeckung geheimer Schriften. Durch Untersuchung der symbolischen weiblichen Identität, die in der Gestalt der Dakini zum Ausdruck kommt, beschäftige ich mich damit, was es bedeutet, wenn geschlechtsspezifische Körper (in diesem Fall der weibliche Körper) mit philosophischen Konzepten verknüpft werden. Diese Überlegungen verfolge ich in Kapitel 8 weiter, in dem ich mich mit weiblicher Transzendenz beschäftige sowie damit, wie durch Schriften und Repräsentationen die Assoziation des Weiblichen mit »Andersheit« vermittelt wird. Weiterhin gehe ich auf das Problem der weiblichen Subjektivität im tibetischen Buddhismus ein und darauf, wie in dieser Religion Konzepte, die die »Individualität« (*selfhood*) betreffen, unterschiedlich benutzt werden, je nachdem, ob es um Frauen oder um Männer geht. In Kapitel 9 werden die Fragen, die ich bezüglich der weiblichen Identität und Differenz aufgeworfen habe, im Kontext der westlichen Debatte über weibliche Subjektivität und ihrer Überschneidungen mit der Debatte über Kultur und Geschlecht betrachtet. Den Abschluß des Buches bildet ein Plädoyer für einen Dialog an der Grenze zwischen den Subjekten, jenseits aller Kategorien und Unterscheidungen, menschlicher wie metaphysischer.

Als tibetische Quellen habe ich in meinem Buch häufig *The Hundred Thousand Songs of Milarepa* (*Milarepas gesammelte Vajra-Lieder*)[31] herangezogen, einen Text über Leben und Lehrtätigkeit des Dichter-Yogis Milarepa, der im 11. Jahrhundert gelebt hat, weiterhin – um die historische Sicht der Rolle des Weiblichen in der

Gesellschaft und in der religiösen Ikonographie zu veranschaulichen – das Buch *Milarepa, Tibets großer Yogi*. Diese beiden Bücher und das *Tibet(an)ische Totenbuch* sind drei der populärsten Texte der tibetischen Literatur. Sie wurden nicht nur von der tibetischen Priesterschaft, sondern von allen praktizierenden Buddhisten Tibets gelesen. Ihre Bedeutung kann nicht überschätzt werden, denn sie waren und sind bis in unsere Zeit hinein für die Laien eine wichtige Quelle der Reflektion über die Bedeutung der buddhistischen Lehren für den Alltag. Im Fall Milarepas wird dies durch die märchenhaften Erzählungen und phantastischen Mythen ermöglicht, im Fall des Totenbuchs durch konkrete Anweisungen für den Sterbeprozeß und Belehrungen über Wiedergeburt und Karma. Die übrigen tibetischen Original-Texte, die ich zitiert habe, entstammen größtenteils den Traditionen der Kagyü- und der Nyingma-Schule.

Um die Terminologie so einfach wie möglich zu halten und damit auch Leserinnen und Leser, die mit den Lehren des tibetischen Buddhismus nicht sehr vertraut sind, möglichst leicht Zugang finden, habe ich tibetische Wörter meist in lautschriftlicher Form (entsprechend dem Dialekt der Region Kham [in Osttibet]) wiedergegeben, wobei die genaue tibetische Schreibweise jeweils in Klammern beigefügt ist. In Fällen, in denen sich im Westen bereits der entsprechende Sanskrit-Begriff durchgesetzt hat, habe ich diesen entweder zuerst genannt oder ihn zumindest in westlicher Orthographie beigefügt. Da bisher keine Terminologie existiert, die die Unterschiede zwischen Kulturen auf adäquate Weise zum Ausdruck bringt, habe ich mich jener sprachlichen Konvention angeschlossen, die von einer Vorstellung des »Östlichen« und »Westlichen« ausgeht, obwohl mir klar ist, daß dies der tatsächlichen Problematik nicht gerecht wird. Wir werden die Begrenztheit unserer derzeitigen Ausdrucksmöglichkeiten erst überwinden, wenn unsere konzeptuellen Strukturen es uns sprachlich ermöglichen, über dualistische Vorstellungen wie »Ost/West«, »Nord/Süd«, »Orient/Okzident«, »entwickelt/sich entwickelnd« hinauszugelangen.

PERSÖNLICHE REFLEXIONEN, PERSPEKTIVEN UND EINFLÜSSE

Als ich mit der Arbeit an diesem Buch begann, konnte ich mir kaum vorstellen, wie es mir gelingen sollte, die vielen Gedankenstränge zusammenzuführen, die in diese interkulturelle Analyse eines sehr spezifischen, meines Erachtens aber auch sehr wichtigen und grundlegenden Aspekts des tibetischen Buddhismus Eingang gefunden haben. Es wird den Leserinnen und Lesern kaum verborgen bleiben, daß das Buch das Ergebnis eines Zusammenfließens persönlicher Erfahrungen mit kulturellen und akademischen Studien ist, und es wird ihnen gewiß auch auffallen, daß ich durch das Studium sehr unterschiedlicher Denkweisen zutiefst beeinflußt worden bin, was auf mein Engagement im tibetischen Buddhismus, im Feminismus und im Bereich der Psychoanalyse zurückzuführen ist. Weniger offensichtlich, aber zweifellos ebenso wirksam ist vermutlich der Einfluß, den die Tradition der schottischen Philosophie seit meiner Kindheit auf mein Denken hat. Ihr habe ich eine Erziehung zu verdanken, die den »demokratischen Intellekt«[32] und den Egalitarismus in den Vordergrund stellte.

Die Verbindung all dieser scheinbar so unterschiedlichen geistigen Prägungen hat mir sehr geholfen, einige Konzepte zu formulieren, die geschlechtliche Identität, Religion und interkulturelles Verständnis betreffen, und ich habe versucht, dies im Geiste der Offenheit und des Austauschs zu tun, um das Verständnis zwischen Menschen unterschiedlichen Geschlechts, unterschiedlicher Kulturen und unterschiedlichen Glaubens zu fördern.

Ich möchte nun auf einige Punkte hinweisen, die meine eigene Situation beim Eintritt in diese Diskussion über den tibetischen Buddhismus betreffen.

Erstens habe ich viele Jahre lang dazu beigetragen, dem tibetischen Buddhismus den Weg in den Westen zu ebnen. Nachdem ich in Indien die tibetische Sprache studiert und alle vorbereitenden Meditationen und Rituale des Vajrayana ausgeführt hatte, fungierte ich für tibetische Lamas als Dolmetscherin. Da diese damals gerade erst begannen, den Westen zu bereisen und dort zu lehren, habe ich eine Situation miterlebt, in der sich die Institutionen des tibetischen Buddhismus noch nicht im Westen etabliert hatten. Die Tibeter waren in jenen Jahren sehr stark darauf angewiesen, daß westliche Menschen den Wunsch hatten, ihre alten Traditionen zu verstehen und an ihnen teilzuhaben. Als Studentin des tibetischen Buddhismus und der tibetischen Sprache erlangte ich Zugang zu den wichtigen Schriften jener Tradition. Doch als noch wesentlicher erscheint mir, daß ich die Möglichkeit hatte, direkt mit den Lamas zu kommunizieren. So gelangte ich bald in das Innere der religiösen Institution und wurde aufgefordert, den Bereich der geheimen Beziehungen zu Lamas zu betreten. Von diesem Zeitpunkt an war mein Engagement nicht mehr nur das einer Schülerin, die in einem didaktischen Sinne Lehren empfängt, denn ich überschritt die Grenze und trat in eine unbekannte Welt geheimer religiöser Übungen ein, in der Beziehungen einer völlig anderen kulturellen Prägung unterlagen. Die Bedeutung dieser Ereignisse habe ich in Kapitel 6 untersucht.

Zweitens möchte ich erwähnen, daß ich mir durchaus der interessanten Beziehung zwischen meiner persönlichen Lebenserfahrung und der These, die ich entwickelt habe, bewußt bin. Ich stimme völlig mit der Ansicht des Psychoanalytikers Harry Guntrip über die »schwierige Frage nach den Ursprüngen der Theorie«[33] überein, der gesagt hat: »Offenbar muß unsere Theorie in unserer Psychopathologie wurzeln.«[34] Dies beinhaltet für mich auch, daß ich in der Theorie oder Philosophie anderer stets eine persönliche Komponente wahrnehme. Diese wird häufig aus der Betrachtung ausgeschlossen, weil gewisse Denkweisen eine Objektivität fordern, die die Bedeutung des persönlichen Lebens von Individuen für die gesellschaftlichen Strukturen, den Sittenkodex und die von ihnen geschaffenen Glaubenssysteme leugnet. Da jeder Mensch einerseits durch die Subjektivität der eigenen Erfahrung und andererseits durch die Unfähigkeit, über die *absolute Wahrheit* zu reflektieren, eingeschränkt ist, ist die Untersuchung, die ich hier vorlege, zwangsläufig selektiv und individuell. Sie nimmt für sich weder »die Wahrheit« noch »absolute Gewißheit« in Anspruch, und sie versucht auch nicht, definitive Schlußfolgerungen zu präsentieren. Oft vermag die archäologische Reise durch das bruchstückhafte Wissen über die Vergangenheit nichts weiter, als Bruchstücke der Evidenz zu enthüllen, mit deren Hilfe wir gewisse Aspekte der Vergangenheit verstehen und dadurch zu einer gewissen Einsicht in die Gegenwart gelangen können. Deshalb habe ich im vorliegenden Buch versucht, die persönlichen Erfahrungen einiger exemplarischer Individuen, Frauen wie Männern, mit den komplexen Glaubenssystemen zu verknüpfen, denen sie angehörten. Ich hoffe, auf diese Weise sowohl unser aller Menschsein gerecht zu werden als auch dem Verständnis der weiblichen Identität näherzukommen – nicht nur in der Welt des tibetischen Buddhismus, sondern auch im westlichen Kontext.

1. Wenn Eisenvögel erscheinen

Tibets jahrtausendelange Geschichte ist geprägt von den Wanderungen der Völker über die zentralasiatische Hochebene. Diese Migrationsbewegungen verliefen insbesondere auf der ostwestlichen »Seidenstraße« in Richtung China, aber auch nach Norden in Richtung Mongolei und Rußland sowie südwärts in Richtung Nepal und Indien, jener anderen wichtigen Wiege der orientalischen Zivilisation. Um das 7. Jahrhundert u. Z. entstand das tibetische Imperium, und erstaunlicherweise entwickelte sich in jener Zeit trotz der politischen Unruhen auch ein tibetisches Alphabet, und der Buddhismus wurde zur Staatsreligion.[1]
Unter den Frauen des tibetischen Königs Songtsen Gampo, dem die Einführung umfangreicher kultureller Neuerungen zugeschrieben wird, befanden sich eine nepalesische und eine chinesische Prinzessin, deren Einfluß auf kulturelle und religiöse Angelegenheiten die Ausbreitung des Buddhismus in Tibet ermöglichte. Songtsen Gampo wird aufgrund seiner aggressiven Expansionspolitik von einigen Autoren mit Dschingis Khan verglichen, doch sehen die Tibeter in ihm gewöhnlich einen Helden von mythischer Größe. Oft wird er sogar als die Inkarnation einer Gottheit bezeichnet, die sich in irdischer Form manifestierte, um die »dämonischen« Praktiken des Bön zu beseitigen und Tibet die wahre Religion zu bringen. In jener Zeit wurden berühmte indische Buddhisten aufgefordert, in Tibet zu lehren,

und Tibeter reisten nach Indien und Nepal, um dort die buddhistischen Lehren zu studieren. Nach ihrer Rückkehr nach Tibet versuchten sie, ihre Landsleute von der einheimischen Bön-Religion zu ihrem neuen Glauben zu bekehren.

Die Kämpfe um die weltliche und religiöse Macht in jener Zeit werden in der populären tibetischen Literatur ausführlich geschildert, und es gibt darin auch viele Berichte über die Unterwerfung von Bön-Priestern, deren Lehren als den buddhistischen unterlegen bezeichnet wurden. Die Biographie Milarepas[2] enthält Geschichten, die veranschaulichen, wie wichtig diese Konfrontationen mit der Bön-Religion und die Abgrenzung von ihr bei der Etablierung des Buddhismus als ethischer und spiritueller Lehre waren. Letztendlich triumphierte der Buddhismus und wurde zur Staatsreligion, doch die Form, die er in Tibet annahm, war eindeutig von der Bön-Tradition beeinflußt. Da die Machthaber der tibetischen Feudalgesellschaft sich dem Buddhismus zuwendeten, gelang es dem neuen buddhistischen Klerus, mit ihrer Hilfe bestimmte hierarchische Strukturen zu etablieren. Gleichzeitig adaptierte die neue Staatsreligion die wichtigsten Gestalten der Ikonographie des Bön und viele seiner Lehren. In Milarepas Biographie bestätigt ein zum Buddhismus Konvertierter: »Äußerlich mögen die Worte des Bön und des Dharma einander gleichen, doch unterscheiden sie sich in bezug auf Mitgefühl und Barmherzigkeit, und ebenso ist es mit den Errungenschaften.«[3] Es gelang offenbar aber nicht, die Bilderwelt und die Symbolik der älteren religiösen Tradition vollkommen aus dem Geiste der Bevölkerung zu verbannen, wohingegen es sich aufgrund der Feudalstrukturen der tibetischen Gesellschaft als problemlos erwies, die Machtstrukturen im Einklang mit den Interessen der Buddhisten völlig zu verändern. Der Moralkodex und die religiösen Lehren des Buddhismus galten fortan als verbindlich, während die Praktiken des Bön als primitiv und minderwertig abgetan wurden und als zur adäquaten Unterstützung eines großen Gemeinwesens nicht geeignet. Die per Dekret eingeführte buddhistische Kultur blieb in Tibet bis 1950 erhalten, bis zu dem Zeitpunkt, als die Chinesen begannen, das Land zu besetzen. Diese Entwicklung gipfelte schließlich im »tibetischen Aufstand« des Jahres 1959 und führte zu einem riesigen Exodus von Tibetern.

Natürlich weist die erzwungene Befreiung des tibetischen Buddhismus von seiner jahrhundertelangen geographischen Beschränkung auf die schwer zugänglichen Regionen der zentralasiatischen Hochebenen und seine spätere Ausbreitung in die urbanen Zentren aller westlichen Länder der Welt bei oberflächlicher Betrachtung kaum Parallelen zur allmählichen Evolution dieser Lehre in Tibet selbst auf, die sich über viele Jahrhunderte hinzog. Doch sind viele ihrer Anhänger überzeugt davon, daß es dem Karma, dem buddhistischen Gesetz von Ursache und Wirkung, zuzuschreiben ist, daß eine so große Zahl von Tibetern ihr Heimatland verlassen und sich in anderen Ländern niederlassen mußte. Für sie ist diese Entwicklung eine unausweichliche Konsequenz früherer Handlungen oder sogar die Erfüllung einer oft zitierten Prophezeiung Padmasambhavas: »Wenn Eisenvögel am Himmel erscheinen, wird das Dharma in den Westen gelangen.«[4] Die buddhistische Sichtweise stellt Entwicklung und Schicksal des tibetischen Buddhismus also in einen größeren Zusammenhang. Soziale und religiöse Strukturen unterliegen demzufolge ebenso wie die Menschen, die in diesen Strukturen leben, dem Wirken des Karma, was bedeutet, daß sie ständigen Veränderungen ausgesetzt sind. Hingegen bleibt das *Dharma* über die Generationen hinweg unverändert, und es ist Wesen zu verschiedenen Zeiten in unterschiedlicher Weise zugänglich. Interessant ist in diesem Zusammenhang auch, daß der Buddhismus in Indien mehr als tausend Jahre lang die führende Religion war, bevor er vom soeben neu entstandenen tibetischen Imperium als offizielle Staatsreligion übernommen wurde, und daß der tibetische Buddhismus für mehr als tausend Jahre auf Tibet und die benachbarten, ebenso isolierten Länder beschränkt blieb, bevor die tibetischen Exilanten ihn in andere Teile der Welt brachten.

Westliche Menschen interessieren sich jedoch nicht erst für den tibetischen Buddhismus, seit die Tibeter im Jahre 1959 aus ihrer Heimat ins Exil getrieben wurden. Vielmehr haben sich seit dem 17. Jahrhundert immer wieder westliche Reisende für Tibet begeistert. Trotz oder gerade wegen seiner Unzugänglichkeit und seines für Außenstehende geheimnisvollen Flairs wurde das Land von einer großen Zahl europäischer Entdecker und von christlichen Missionaren besucht, die die Sitten und Gebräuche des Volkes studieren und es von seinem »heidnischen Glauben« zum Christentum bekehren wollten. Im Viktorianischen Zeitalter erreichte die westliche Tibet-Faszination einen ersten Höhepunkt. Beobachter der Kolonialmächte, Gelehrte, Missionare und Soldaten veröffentlichten damals Bücher über ihre Tibet-Reisen, und dadurch wurden im Westen erstmals viele wertvolle Informationen über das Land, seine Religion, seine Sprache und sein Volk bekannt. Das obsessive Interesse westlicher Reisender an Tibet und allem Tibetischen scheint der viktorianischen Tendenz entgegengekommen zu sein, alles »Unentdeckte« und insbesondere die Erkundung sogenannter »dunkler Kontinente« und rätselhafter Phänomene als Ausdruck des Weiblichen anzusehen. Die Literatur jener Zeit quillt geradezu über von verräterischen Metaphern. Wissen konnte man erlangen, indem man »den Schleier zerriß«, in die Mysterien »eindrang« und sie ihrer Geheimnisse »mit Gewalt beraubte«. Für die Reisenden der Viktorianischen Zeit mit ihrer repressiven Moral war Tibet ein Objekt der Neugierde und eine Landschaft der Geheimnisse, der Mysterien und des Unbekannten, und all dies identifizierten sie mit dem Weiblichen. Tibet bot ihnen, so Peter Bishop, »insbesondere in Zeiten gesellschaftlichen oder individuellen Zweifels und der Unsicherheit eine Art imaginativer Kontinuität.«[5]

Sicherlich kann kein Zweifel daran bestehen, daß die *tatsächliche* Kontinuität des religiösen und politischen Systems Tibets in der Weltgeschichte ihresgleichen sucht, denn seine komplexen Strukturen sind aufgrund der geographischen Isolation über mehr als tausend Jahre unverändert geblieben. Für die europäischen Forschungsreisenden, die fremde, außereuropäische Kulturen aus der beschränkten und von Arroganz geprägten Perspektive des Eurozentrismus sahen, repräsentierten die überwiegend agrarischen Stammesgesellschaften Afrikas und Südamerikas »das Primitive«, wohingegen sich in Tibet die (von ihnen so wahrgenommene) Primitivität mit einer relativ hochentwickelten Zivilisation und einer ebenso ausgeprägten literarischen Kultur verband, die eine differenzierte Philosophie, Kunst und Medizin umfaßte. Im Zentrum der tibetischen Gesellschaft standen die Lamas mit ihrem Priester-König, dem Dalai Lama, der sowohl die religiöse als auch die weltliche Macht innehatte, wobei zu erwähnen ist, daß das gesamte öffentliche und private Leben des Landes eng mit der religiösen Praxis des tibetischen Vajrayana, jener spezifisch tibetischen Form des tantrischen Buddhismus, verknüpft war. Da Tibet ein ganz offensichtlich patriarchalisches und hierarchisches Herrschaftssystem hatte, es den westlichen Beobachtern jedoch andererseits als mysteriöses »jungfräuliches Land« erschien, das sie durch seine ebenfalls mit dem Weiblichen assoziierte »Reinheit« verzauberte, wirkte es auf die westlichen Männer, die darüber schrieben, vermutlich besonders faszinierend.

Es stellte sich bald heraus, daß eine eingehendere Untersuchung der Lebensweise des tibetischen Volkes zwangsläufig eine intensive Auseinandersetzung mit dem über die Jahrhunderte erstaunlich robusten religiösen System erforderte. Die frühen europäischen Autoren bezeichneten die tibetische Gesellschaft zwar als relativ zivilisiert, die tibetische Form des Buddhismus hielten sie jedoch für primitiv und für ganz und gar »heidnisch« und sie äußerten sich ziemlich verächtlich über sie. Erst spätere Autoren beschäftigten sich mit einigen der komplexeren Ideen, die sie in den alten Schriften und in der Ikonographie fanden. Interessanterweise stammt eine der ersten positiven Beschreibungen des tibetischen Buddhismus von einer Französin, Alexandra David-Neel, also von einer Frau. Ihr Bericht über ihre Tibet-Reise, die sie als Mönch verkleidet unternahm, erschien im Jahre

1931. Dieses Buch, das später sehr populär wurde, liefert einen erstaunlich differenzierten Einblick in die Lebensweise und Religion der Tibeter aus der Perspektive einer Konvertitin. Auch die in den dreißiger Jahren erschienenen ersten Übersetzungen tibetischer Schriften in westliche Sprachen entfachten das Interesse westlicher Kreise am tibetischen Buddhismus enorm, wobei C. G. Jungs psychologischer Kommentar zum *Tibetanischen Totenbuch* (von W. Evans-Wentz) eine wichtige Rolle spielte. Jung pries die Bedeutung dieses Textes für Menschen des Westens und verglich den Initiationsprozeß, der im Totenbuch beschrieben wird, mit der westlichen Psychoanalyse. Dieses Plädoyer Jungs für den Wert einer außereuropäischen Religion, die bis dahin fast generell als primitiv angesehen worden war, hatte zur Folge, daß der tibetische Buddhismus in der Folgezeit sowohl aus anthropologischer als auch aus psychologischer Sicht untersucht wurde. Im Laufe der nächsten vierzig Jahre wurden die philosophischen und theologischen Interpretationen des tibetischen Vajrayana von Autoren wie W. Y. Evans-Wentz, Herbert Guenther, Anagarika Govinda und sogar von einem christlichen Mönch, Thomas Merton, erforscht. Nachdem die ins Exil geflohenen Tibeter angefangen hatten, den Westen zu bereisen und sich dort niederzulassen, wurde eine wahre Lawine von Kommentaren, Übersetzungen und Analysen der tibetischen Lehren veröffentlicht. Die im indischen Exil lebenden Lamas ermöglichten es westlichen Menschen, die bis zu diesem Zeitpunkt nur eine vom Orientalismus geprägte Sicht Tibets kennengelernt hatten, den tibetischen Vajrayana-Buddhismus außerhalb des gesellschaftlichen Kontexts zu studieren, in dem er entstanden war.

Evans-Wentz zieht in seiner Einleitung zur im Jahre 1928 erschienenen englischen Ausgabe der Biographie Milarepas Parallelen zwischen den Lehren dieses tibetischen Yogi und den Lehren Christi, und er nennt Milarepa »den Sokrates Asiens«. Er schreibt, er habe es sich zur Aufgabe gemacht, dieses Buch der westlichen Öffentlichkeit vorzustellen, weil er zeigen wolle, daß das tibetische Geistesleben zur Zeit Milarepas wahrscheinlich in philosophischer und religiöser Hinsicht hochentwickelter gewesen sei als das Geistesleben des damaligen Europa. Sein Wunsch, »das Wissen um dieses *Naturgesetz der universellen Bruderschaft* zu verbreiten«[6] (Kursivsetzung von J.C.), mag zu seiner Zeit wie ein Appell gewirkt haben, die kolonialistische Einstellung gegenüber den Völkern des britischen Weltreiches und anderer Länder der Dritten Welt aufzugeben, und wie ein Aufruf an die Angehörigen unterschiedlicher Religionen zur Toleranz gegenüber Andersgläubigen; doch ging es Evans-Wentz nie darum, Menschen des Westens zu den östlichen Anschauungen zu bekehren.

Auch viele andere Autoren des 20. Jahrhunderts haben versucht, Gemeinsamkeiten zwischen dem westlichen und dem tibetischen Denken zu finden. Das gilt sowohl für westliche Autoren als auch für Tibeter. Dieses Bestreben kommt in den Bemühungen von Buddhisten, Theologen, Psychoanalytikern und Philosophen zum Ausdruck, die Lehren des tibetischen Buddhismus trotz der offensichtlich völlig anderen Sozialstruktur des Landes Tibet und der völlig anderen philosophischen Grundlagen der tibetischen Kultur in das westliche Denken zu integrieren.[7]

Auf den ersten Blick erschienen den westlichen Enthusiasten gerade diese Unterschiede besonders interessant. Jung beispielsweise war fasziniert vom reichen Symbolismus des *Tibetanischen Totenbuches*, in dem er einen ungeheuren Schatz psychoanalytischer Ideen zu erkennen glaubte, und er bezeichnete die spiritistische Literatur Europas und Amerikas verglichen damit als »banal und ungebildet«[8]. Die tibetische Religion, deren Schriften Themenbereiche wie Medizin, Astrologie, Sexualität und die Kunst des Sterbens einbezog, erschien auch vielen Anhängern der in der gleichen Zeit neu entstehenden »New Age«-Philosophien besonders interessant, die aus Ideen des europäischen Okkultismus, der Mystik, traditioneller Heilkünste und der Weltreligionen oft ein kunterbuntes Mischmasch zusammenrührten.

Die Menschen des Westens hatten eine Antipathie gegenüber ihren eigenen philosophischen Traditionen entwickelt, weil sie diese dafür verantwortlich machten, daß der Materialismus zur beherrschenden Norm der abendländischen Gesellschaft geworden war. Sie suchten nach einer Weltanschauung, die stärker einer ganzheitlichen Sicht verpflichtet war, welche Geist und Körper und die gesamte Existenz einbezog. Diesen Suchenden bot der tibetische Buddhismus mit seinen differenzierten Meditationsmethoden und ethischen Verhaltensregeln nicht nur eine Art Strategie für die eigene spirituelle Entwicklung, sondern auch eine metaphysische Philosophie, die vielversprechende Alternativen zum Verständnis der menschlichen Situation im allgemeinen und insbesondere der Beziehung zwischen Männern und Frauen zu eröffnen schienen.

Insofern ist es kaum verwunderlich, daß sich in den sechziger und siebziger Jahren so viele Menschen auf der Suche nach Wahrheit den soeben erst im Exil eingetroffenen Tibetern zuwendeten, um von ihnen spirituelle Belehrungen zu empfangen. Genau zu der Zeit, als die zweite Welle des Feminismus die westliche Welt erfaßte, fingen auch viele junge Menschen an, sich für die New-Age-Kulte und für den Buddhismus zu interessieren. Insbesondere die farbenfrohe, fremdartige und aufregende Welt des tibetischen Buddhismus erschien vielen als potentieller Ausweg aus einer dunklen und von unzähligen Problemen geprägten Lebenssituation. Viele westliche Frauen sahen im tibetischen Buddhismus eine Tradition, die zur Frage der Gleichheit der Geschlechter eine völlig andere Sichtweise vertrat als die religiösen Systeme des Westens. Sie verbanden mit der neu entdeckten Lehre die Hoffnung, daß sich in ihr die Problematik der weiblichen Geschlechterrolle, die sie in ihrem ursprünglichen, westlichen Kontext als so schmerzlich erfahren hatten, als irrelevant erweisen würde.

Doch hatte sich das konkrete System des tibetischen Buddhismus in einem historischen Kontext entwickelt, der die Rolle und den Status der Frau (bzw. des Weiblichen) sowohl in philosophischer wie auch in sozialer Hinsicht sehr deutlich definierte. Dieser Aspekt war aber bis zu jenem Zeitpunkt noch nie tiefergehend untersucht worden, weder von den Tibetern selbst noch von westlichen Wissenschaftlerinnen und Wissenschaftlern. Deshalb ist es kaum verwunderlich, daß die neuen westlichen Anhänger und insbesondere Anhängerinnen des tibetischen Buddhismus die Konsequenzen der fehlenden sozialen Anerkennung der Frau sowie die Tatsache, daß Frauen in vielen tibetischen Schriften alles andere als positiv dargestellt werden, zunächst schlicht übersahen. Verständlich erscheint mir angesichts eines so unkundigen und gleichzeitig enthusiastischen Publikums auch, daß die Lamas selbst falsch einschätzten, aus welchen komplexen Motiven heraus sich so viele junge Menschen des Westens zum tibetischen Buddhismus hingezogen oder sich ihm sogar zugehörig fühlten. Über die gesellschaftlichen Strukturen Tibets und seiner Religion und insbesondere über die Rolle der Frau in diesem System war zu jener Zeit kaum etwas bekannt, sicherlich nicht zuletzt deshalb, weil die ersten tibetischen Lamas, die öffentlich im Westen lehrten, ausschließlich Männer und dazu meist Mönche waren, die an das Gelübde der sexuellen Enthaltsamkeit gebunden waren.

Allmählich wurde dann aber offenkundig, daß die tibetischen Frauen generell eine sehr niedrige soziale Position haben und daß die populäre tibetische Mythologie und Folklore Aussagen über Frauen enthalten, die auf äußerst problematische Aspekte der Rolle der Frau im tibetischen Buddhismus hinweisen. Doch welche Fragen werden durch diese Hinweise aufgeworfen? Und welche Rolle spielten die Frauen in der tibetisch-buddhistischen Gesellschaft und insbesondere innerhalb der religiösen Struktur tatsächlich?

Es ist bekannt, daß die patriarchalisch geprägte Theokratie Tibet mindestens neunhundert Jahre lang beherrscht hat. Diese Herrschaft endete erst mit der Besetzung des Landes durch die Chinesen. Weiterhin ist auch bekannt, daß Männern wie Frauen in der tibetischen Gesellschaft ein gewisses Maß an sexueller

Freiheit zugestanden wurde und daß neben der Polygamie auch die Polyandrie weit verbreitet war. Letzteres wird darauf zurückgeführt, daß gewisse matrilineare Gebräuche in Tibet bis in die Gegenwart erhalten geblieben sind. So dürfen beispielsweise reiche tibetische Frauen nach der Eheschließung den Namen ihrer Ursprungsfamilie behalten und mit zwei oder drei Brüdern gleichzeitig verheiratet sein, um den Familienbesitz zusammenzuhalten. Doch blieb es nicht immer ungestraft, wenn Frauen sexuelle Freiheiten in Anspruch nahmen, denn wie Indra Majupuria in ihrem Buch *Tibetan Women* schreibt, gibt es historische Beweise dafür, daß eine Frau bei Ehebruch völlig legal von ihrem Ehemann getötet werden konnte, sofern dieser »den Dolch oder das Schwert sogleich [nach der Tat] zum Magistrat bringt, wobei ein Seidenschal an den Griff gebunden sein muß.«[9]

Majupuria erklärt, daß die Position der Frauen im prä-kommunistischen Tibet eher von ihrer gesellschaftlichen Position (von der Klassenzugehörigkeit) als von den religiösen Strukturen bestimmt war, wohingegen ich der Meinung bin, daß gerade die religiösen Strukturen die Frauen gesellschaftlich und politisch benachteiligten. Die Autorin ist der Ansicht, daß gemäß der allgemeinen Sichtweise »Frauen sehr respektiert wurden und sich großer Freiheit erfreuten«, und daß »die Konzepte der Mutter und der Dakini eine große Rolle spielten.«[10] Trotz dieser Versicherung vermag Majupuria nicht zu erklären, warum Frauen innerhalb der theokratischen Hierarchie keine nennenswerten Positionen bekleideten und warum abgesehen von den Verwandten des Dalai Lama und von den Mitgliedern der kleinen, aber sehr mächtigen Aristokratie nur sehr wenige Frauen in der tibetischen Gesellschaft eine herausragende Rolle spielten. Nach Majupuria muß das religiöse System Tibets und seine Ikonographie völlig unabhängig von der feudalen Struktur der tibetischen Gesellschaft gesehen werden. Sie vertritt die Ansicht, daß die Ikonographie ein erhabenes und die Gleichwertigkeit der Frau hervorhebendes Bild kreiert habe und daß die tibetischen Frauen aufgrund dessen *relative* Freiheit genossen hätten. Genau mit dieser Vorstellung beschäftigt sich auch Anne C. Klein in ihrem Aufsatz über das Versäumnis des tibetischen Buddhismus, seine »egalitaristischen Prinzipien« auf die Position der Frauen in der Gesellschaft zu übertragen. Sie kommt zu dem Schluß:

> Da auf allen Ebenen – den öffentlichen ebenso wie den privaten – versäumt wurde, die persönliche Aneignung der inneren Religion zum Ausgangspunkt für soziale, symbolische und anderweitige Permutationen der religiösen Perspektive hervorzuheben, wurde die vollständige Übersetzung beispielsweise eines positiven weiblichen Symbolismus in die vollständige soziale Gleichheit der Frauen in schwerwiegendem Maße behindert.[11]

Klein geht in ihrer Analyse davon aus, daß es im tibetischen System positive Bilder des Weiblichen *gibt*, die die Grundlage für die Entwicklung einer gesellschaftlichen Gleichheit der Geschlechter bilden könnten. Sie versäumt es jedoch, die Schlüsselelemente zur Kenntnis zu nehmen, die für die Debatte darüber, warum der tibetische Buddhismus in seinem Exil in der westlichen Welt immer noch vorwiegend patriarchalisch orientiert ist, relevant sind.[12] Genau um diese Debatte jedoch geht es mir bei meiner Untersuchung der Beziehung zwischen den historischen, theokratischen und ikonographischen Faktoren bei der Entwicklung der Bilder des Weiblichen im tibetischen Buddhismus.

Einer der wichtigsten Bereiche, die zum Ausdruck bringen, welchen Charakter die Geschlechterbeziehung in einer Gesellschaft hat, ist die Sprache. Dies gilt auch für das Tibetische. Neben der Entwicklung der buddhistisch-tantrischen Philosophie markiert auch die Erfindung des tibetischen Alphabets und die anschließende Entstehung einer Schriftsprache, in der es möglich war, die äußerst komplexen buddhistischen Schriften aus dem Sanskrit zu übersetzen, den Anfang von Tibets großer klassischer Periode. Das fünf Vokale und dreißig Konsonanten umfassende tibetische Alphabet wurde im 7. Jahrhundert von dem Gelehrten Thonmi Sambhota entwickelt, als er nach langer Studienzeit in Indien nach Tibet zurückkehrte. Das Tibetische, das in verschiedenen Dialekten von Nepal bis in die Mongolei hinein gesprochen wird, hat im Gegensatz zum Chinesischen (das aus »Ideogrammen« besteht) eine Buchstabenschrift. Nach Ansicht des Lexikographen Jäschke haben die frühen tibetischen Gelehrten Außerordentliches geleistet, denn sie sahen sich gezwungen, »mit dem unendlichen Reichtum und mit der ungeheuren Verfeinerung des Sanskrit zu ringen ... die Unabhängigkeit ihrer eigenen Sprache zu erhalten ... und ... Übersetzungen zu entwickeln, die sowohl wörtlich als auch dem Geist des Originals getreu waren.«[13]

Die klassische Periode, die auch »Zeit der Übersetzungen« genannt wird, dauerte bis zum 16. Jahrhundert. Während dieser Zeit beschäftigte sich die gesamte tibetische Literatur mit religiösen, historischen oder legendären Themen. Der generell religiöse Charakter der gesamten klassischen tibetischen Literatur ist kaum verwunderlich, weil die politische Macht bis zur chinesischen Annexion ausschließlich in Händen des buddhistischen Klerus lag. Wir können uns also bei unserem Vorhaben, die tibetischen Bilder des Weiblichen und den tibetischen Sprachgebrauch im Hinblick auf das Weibliche zu erforschen, nur auf diese von religiösen Vorstellungen geprägte Literatur stützen. In dieser Hinsicht unterscheidet sich die tibetische Kultur grundsätzlich von den meisten anderen Kulturen, in denen sich die Veränderung von Einstellungen durch den Vergleich weltlicher und religiöser Texte untersuchen läßt und in denen sich auf diese Weise auch die Unterschiede zwischen der Volkskultur und der religiösen Lehre herausarbeiten lassen. Im Fall der tibetischen Kultur ist es also nicht möglich, das religiöse vom alltäglich-weltlichen Leben zu trennen, und die Diskrepanzen zwischen der religiösen Sicht der Frau und ihrer tatsächlichen gesellschaftlichen Position erscheinen dadurch umso gravierender.

In tibetischen Texten erscheint das Weibliche in menschlicher und dämonischer Form, aber auch als Aspekt des Göttlichen. Die Sprache selbst gibt Aufschluß über Stellung und Rolle der Frau, denn die Etymologie läßt einen deutlichen Unterschied in der Wahrnehmung der sozialen Rollen von Männern und von Frauen erkennen. Es existieren im Tibetischen erheblich mehr Wörter für »Frau« als für »Mann«. Ebenso wie im Englischen wird das am häufigsten benutzte Wort für »Mann«, mi (tibet.: mi.), sowohl in der Umgangssprache als auch in der Literatur nicht nur für den »Mann«, sondern auch für »Mensch« oder »Person« verwendet. Die wörtlichen Übersetzungen der wenigen anderen Wörter für »Mann« scheinen, zumindest bei oberflächlicher Betrachtung, wertfreie Beschreibungen zu sein – *kyepapo* (tibet.: *skyes.pa.po.*) bedeutet »der geboren wird«; *kang nyimi* (tibet.: *kang.gnyis.mi.*) bedeutet »zweibeinige Person«; *gonag* (tibet.: *mgo.nag.*) bedeutet »Dunkelkopf«.

Im Gegensatz dazu enthalten die vielen Wörter für »Frau« oft Implikationen über den Status der Frau, und sie setzen die Frauen *zu Männern in Beziehung*. Chandra Das führt in seinem *Tibetan-English Dictionary*[14] zwanzig Synonyme für »Frau« an. Die beiden am häufigsten verwendeten sind *kyemen* (tibet.: *skye.dman*), was »mindere Geburt« bedeutet, und *pumo* (tibet.: *bu.mo.*), was »weiblicher Mensch« heißt. Weitere Synonyme für »Frau« sind *tsamdenma* (tibet.: *mtshams.ldan.ma.*) – »die, die mit Beschränkungen behaftet ist«; *chingchema* (tibet.: *bching.byed.ma.*) – »die, die fesselt«; *dodenma* (tibet.: *hdod.ldan.ma.*) – »die, die Begierde hat«; *gaweshi* (tibet.: *dgah.wahi.gshi.*) – »die Quelle der Lust«; und *tobmema* (tibet.: *stobs.med.ma.*) – »die, die ohne Samen (oder Stärke) ist«. Chandra Das weist auch auf die Ambiguität der Etymologie des Wortes *pumeh* (tibet.: *bud.med.*) hin: Wenn man von den Wurzeln *bud.* – »vertreiben« und *med.* – »nicht« ausgeht, könnte es bedeuten: »auf die nicht verzichtet werden oder die nicht aufgegeben werden kann.«[15] Doch zitiert er auch die andere Bedeutung: »eine, die man nachts nicht aus dem Haus lassen kann.«[16] Das Verb hat aber auch noch andere Bedeutungen, beispielsweise »frei lassen«, »in die Freiheit entlassen«, »gehen lassen«[17]. So gelesen, könnte *bud.med.* auch »nicht freigelassen«, »nicht befreit« oder »blockiert« bedeuten.

Milarepas Biographie enthält Beispiele für ein ganzes Spektrum von Darstellungen der Frau und des Weiblichen – menschliche, dämonische und göttliche. Generell tendiert Milarepa dazu, Frauen – ihr Wesen, ihre Erscheinung und die Rolle, die sie im Leben religiöser Übender spielen – herabsetzend darzustellen. »Die Frau ist immer eine Unruhestifterin ... die primäre Ursache des Leidens«[18], warnt er alle (männlichen) Übenden. Über die Attraktion, die Frauen auf Männer ausüben, schreibt er: »Eine Freundin ist zuerst eine lächelnde Göttin ... Später wird sie zu einer Dämonin mit Leichenaugen ... Am Ende wird sie eine zahnlose alte Kuh.«[19] Über ihre Rolle äußert er sich ebenso vernichtend: »Im besten Fall kann sie anderen dienen, im schlimmsten Fall bringt sie Mißgeschick und Unglück.«[20] Im gleichen Text stellen sich Frauen selbst in ähnlicher Weise dar: »Wegen meines sündigen Karmas ist mir dieser mindere [weibliche] Körper gegeben worden«[21], erklärt eine junge Frau, die Milarepa um Unterweisung in den Lehren des Buddhismus bittet. In diesen Beispielen wird stets vorausgesetzt, daß Praktizierende des Buddhismus männlich sind und Frauen implizit »anders«. Die Frau wird als minderwertiges Wesen dargestellt, und für den Mann, der nach Vollkommenheit strebt, wirkt sie als Hindernis.

Viele buddhistische Schriften setzen die Frau mit Dämonen gleich, insofern beide den »Übenden« Schwierigkeiten zu machen versuchen. Robert Paul schreibt: »Die Dämonen, die Leidenschaften und die Frauen werden generell in Verbindung gebracht und als Opponenten des Buddhismus und der patriarchalischen Eintracht hingestellt.«[22] Auch Milarepa warnt ständig vor den destruktiven Kräften der Frauen und ermahnt seine Anhänger, ihrem verführerischen Zauber zu widerstehen und sich als Einsiedler der Meditation zu widmen. Einer Dämonin, die Milarepa bezwingt, nachdem sie aus dem Felsspalt, in dem sie haust, hervorgekommen ist, sagt der Yogi, sie befinde sich in einer unglücklichen Wiedergeburt – womit er in diesem Fall nicht ihre dämonische Form meint oder den Umstand, daß sie in einem Fels leben muß, sondern: »Wegen deiner Neigung zu schlechten Gewohnheiten, die in der Vergangenheit entstanden ist, und wegen deiner Missetaten in der Gegenwart ... bist du in der *niederen Form einer Frau* geboren worden.«[23] (Kursivsetzung von J. C.) Selbst wenn es um die ohnehin relativ qualvolle Welt der Dämonen geht, verzichtet Milarepa nicht auf den Hinweis, daß der Status eines weiblichen Dämons dem eines männlichen untergeordnet ist!

Abgesehen von dieser unzweideutigen Darstellung des Weiblichen als übel und minderwertig enthält Milarepas Biographie jedoch eigenartigerweise auch völlig andere, geradezu gegenteilige Aussagen über die »Frau«. Wenn Milarepa Frauen begegnet, die er für geeignet hält, die buddhistischen Lehren von ihm zu empfangen, stellt er fest, daß die buddhistische Sicht der »Frau« nichts weiter als eine Kategorie und Manifestation des dualistischen Denkens sei. »Trotz der Geburt in einem weiblichen Körper, der als minderwertig angesehen wird, besteht, was das Alaya-Bewußtsein [Speicher-Bewußtsein] betrifft, kein Unterschied zwischen Mann und Frau.«[24] Darüber hinaus betont er, daß gemäß der tantrischen Tradition eine sexuelle Beziehung zu einer Frau für den (männlichen) Übenden absolut unverzichtbar ist, wenn er jemals die höchsten Lehren des Vajrayana realisieren will. »Im Höchsten Tantra heißt es, [daß der qualifizierte Yogi] die Mägde des Himmels anziehen soll ... Weiterhin heißt es dort, daß die beste Übung von allen Karma-Mudra ist.«[25]

Der Philosoph Longchenpa, der im 14. Jahrhundert lebte, stellt fest: »Erleuchtetes Verstehen ist ohne Mitwirken einer *Mudra* nicht erreichbar, und ohne dieses Verstehen bleiben wir an die dreifache Welt gebunden.«[26] (Kursivsetzung wie im Original) In einem ähnlichen Sinne äußert der indische Mystiker Naropa: »Ohne Karma-Mudra kein Mahamudra«[27], und bestätigt die Vorstellung, für den männlichen Übenden sei es unmöglich, ohne reale sexuelle Beziehung zu einer Frau Erleuchtung zu erlangen – im Gegensatz zu einer lediglich visualisierten, imaginären sexuellen Beziehung, wie sie in der tantrischen Meditationspraxis aufgebaut wird.

Alle diese Beispiele veranschaulichen, daß es im tibetischen Buddhismus ein weites Spektrum von Vorstellungen über die »Frau« gibt, so wie es in bezug auf den Mann eindeutig nicht existiert. Deshalb erscheint es mir wichtig, die Vorstellung von einer besonderen »Sichtweise« der »Frau«, die in der gesamten tibetisch-buddhistischen Philosophie zu finden ist, einer eingehenden Untersuchung zu unterziehen.

Dem tibetischen Buddhismus fehlt eine Sprache, die geschlechtliche Differenz anerkennt und würdigt. Er erwähnt außerdem weder die verderblichen Eigenschaften des Mannes für weibliche Übende noch erklärt er, daß der Begriff »Mann« im Sinne seiner Geschlechtlichkeit nicht von Bedeutung ist. Somit bedient er sich zur Beschreibung seiner Lehren eindeutig der Sprache sexistischer Polarisierung und privilegiert den Mann. Um die tiefverwurzelten Ansichten über das Wesen von Frauen und über die weibliche Identität innerhalb des religiösen Kontexts aufzuspüren, werde ich zunächst einige historische Einflüsse untersuchen, die die Entwicklung des buddhistischen Denkens in Tibet beeinflußt haben, und auf einige archaische Bilder des Mütterlichen und des Weiblichen hinweisen, die auch heute noch in der tibetischen Sichtweise mitschwingen. Deshalb widme ich mich im nächsten Kapitel der Suche nach Darstellungen des Weiblichen und der Frau aus vor-buddhistischer Zeit, die durch Folklore und Mythologie im Geiste des tibetischen Volkes erhalten geblieben sind. Zu diesem Zweck werde ich einige der frühen Einflüsse untersuchen, durch deren Zusammenwirken der einzigartige Charakter des tibetischen Buddhismus entstanden ist. Einige von ihnen haben sich auf der zentralasiatischen Hochebene selbst entwickelt, andere sind aus benachbarten Kulturen nach Tibet gelangt.

2. Archaische Bilder des Weiblichen und die tibetische Kultur

Der tibetische Buddhismus beansprucht, die Lehren aller wichtigen Schulen buddhistischen Denkens zu umfassen. Doch enthält das tibetische Vajrayana außerdem auch einige Elemente, die in den orthodoxeren buddhistischen Traditionen von Ländern wie Thailand, Japan oder Sri Lanka nicht zu finden sind. Die Tibeter erklären dieses Nebeneinander unterschiedlicher Schulen und Pfade als Ausdruck der Bemühung des Buddha, Menschen mit unterschiedlichen Fähigkeiten und Verständnismöglichkeiten anzusprechen. Gemäß ihrer Überlieferung gibt es insgesamt 84.000 verschiedene Formen der buddhistischen Lehre. Unter diesen bezeichnen die tibetischen Buddhisten die Lehren und Methoden des *Vajrayana* als die höchsten, weil sie ermöglichen sollen, Erleuchtung innerhalb eines Lebens zu erlangen. Der wohl berühmteste Übende, dem dies gelungen sein soll, ist Milarepa, der in einem seiner Lieder ausruft: »Das Diamant-Fahrzeug ... ist ... der leichteste, schnellste und vielseitigste Pfad zur Buddhaschaft.«[1]

Allem Anschein nach sind nun aber die charakteristischsten Aspekte des tantrischen Buddhismus tibetischer Prägung aus einem Gemisch von Traditionen und Glaubenslehren hervorgegangen, das bereits *vor* der offiziellen Einführung des Buddhismus als Staatsreligion im Jahre 763 u. Z. in Tibet existierte. Daß diese Einflüsse überdauern konnten, ist meines Erachtens nicht zuletzt den besonderen Charakteristika der tibetischen Landschaft zuzuschreiben. Die kennzeichnenden Elemente des Vajrayana sind: ein Yoga und Meditations-Praktiken, bei denen ein Pantheon von friedlichen und zornigen Gottheiten eine wichtige Rolle spielt; tantrische Rituale und Initiationen, das Tulku-System und Geheimhaltung als zentraler Faktor innerhalb des gesamten Systems. Wichtiger Bestandteil dieses komplexen Systems ist ein reicher Schatz religiöser Schriften und symbolträchtiger Bilder. Diese bergen eine Fülle von Ideen über die Rolle der Frau und die Philosophie des Weiblichen, die sich sowohl auf die Position der Frauen innerhalb der Theokratie als auch auf die esoterische Bedeutung des weiblichen Aspekts allen Seins beziehen. Wie radikal, innovativ und relevant diese traditionellen Vorstellungen über die Frau und das Weibliche für heutige Anhängerinnen dieser Lehre sind, bedarf einer gründlichen Untersuchung, insbesondere da dieselbe heute weitgehend außerhalb ihres ursprünglichen sozialen, politischen und kulturellen Kontexts präsentiert wird. Ein Verständnis der Mythen und Ansichten über weibliche Identität im tibetischen Buddhismus ist aber nur möglich, wenn wir uns den historischen Kontext vergegenwärtigen, in dem sich dieses System entwickelt hat.

Um die verschiedenen Komponenten herauszuarbeiten, die in die Lehren des tibetischen Vajrayana eingeflossen sind, und um aufzuzeigen, wie sich dies auf die in der Philosophie des Vajrayana enthaltenen Vorstellungen über weibliche Identität ausgewirkt hat, habe ich verschiedene Aspekte untersucht, deren Wurzeln in uralter Zeit liegen, und diese Themen in zwei Unterkapiteln zusammengefaßt.

FRÜHE RELIGIÖSE EINFLÜSSE
UND DIE SCHAMANISTISCHE
KOMPONENTE

Als der Buddhismus im 8. Jahrhundert in Tibet Fuß faßte, soll nach historischen Berichten insbesondere der legendäre indische Yogi Padmasambhava maßgebend diese neue Form des Buddhismus verbreitet haben, von der gesagt wurde, schon der Buddha habe sie gelehrt. Doch war die bis zu jener Zeit in Tibet vorherrschende einheimische Religion (Bön), die der Buddhismus zu verdrängen versuchte, keineswegs, wie oft behauptet wird, nur eine primitive Form des Schamanismus. Die Überlieferungen des Bön sind nämlich denjenigen ihrer Nachfolgerin verblüffend ähnlich, und es kann kaum Zweifel daran bestehen, daß Bön eine Form des Buddhismus war, die zu einem früheren Zeitpunkt nach Tibet gelangte, und zwar nicht aus dem Süden, sondern aus dem Westen. In den schriftlichen Überlieferungen ist zum einen von Zhang-Zhung (tibet.: *zhang.zhung*) die Rede, einer Region, die stets im Westen Tibets vermutet wurde und die möglicherweise an das heutige Pakistan angrenzte. Außerdem wird Ta-Zig (tibet.: *stag.gzig*) erwähnt, eine Abwandlung von Tajik, dem tibetischen Namen für Persien, eines der Länder, in denen die Ursprünge der Bön-Religion vermutet werden. Noch spezifischer könnten sich die beiden Namen Zhang-Zhung und Ta-zig auf Sogdiana und Baktrien beziehen. Es ist durchaus möglich, daß der Buddhismus schon Hunderte von Jahren *vor* Padmasambhavas Missionierungsbemühungen von Westen her nach Tibet gelangte, und es gibt tatsächlich Bön-Schriften, die belegen, daß das indisch-tantrische Denken sowie die Grundideen des Buddhismus schon zu jener Zeit im Bön bekannt waren. Es spricht allerdings einiges dafür, daß um die gleiche Zeit auch verschiedene andere religiöse Einflüsse nach Tibet gelangten und zu jenem Gebäude religiöser Lehren und Praktiken zusammenwuchsen, das den Namen Bön erhielt.

Nach Ansicht des russischen Wissenschaftlers Kuznetzov gelangte Bön im 5. Jahrhundert v. u. Z. nach Tibet, als eine große Zahl von Iranern von Sogdiana im Nordosten des Iran in das nördliche Tibet auswanderte. Nach Kuznetzovs Theorie brachten diese Iraner ihre Religion mit, eine alte Form des polytheistischen Mithra-Kults, sowie auch das aramäische Alphabet, das seinen Namen von Aramaiti, der iranischen Erdgöttin, hat.[2] Diese These ist auch insofern interessant, als die Buddhisten stets behauptet haben, das tibetische Alphabet sei erst zur Zeit der Entstehung des tibetischen Staatswesens von Sanskrit-Gelehrten entwickelt worden. Hingegen versichern Bön-Schriften, daß in Tibet schon viel früher eine Schrift existiert habe. Es heißt dort auch, die Lehren des Bön seien in viele indo-europäische Sprachen übersetzt und dadurch im ganzen Mittleren Osten und in ganz Asien verbreitet worden. Der buddhistische Philosoph und Gelehrte Taranatha, der im 16. Jahrhundert lebte, behauptet in seinen Schriften, die Begründer des Bön seien persischer Abstammung gewesen, und er bezeichnet Mathura als einen von ihnen. In einigen Bön-Texten taucht der Name Mura auf. In der Biographie von Shenrab, nach tibetischer Überlieferung der Begründer des Bön, heißt es, er sei aus Iran-Elam gekommen und habe zu jener Zeit Mithra geheißen. Einer der Beinamen des Bön-Begründers lautet in der tibetischen Form Tsug Pu (tibet.: *gtsug.phud*), was »die Krone (der höchste Punkt) des Kopfes« bedeutet und der ursprünglichen Bedeutung des Wortes »Mithra« sehr nahe kommt.

Wenn tatsächlich alte Traditionen des Iran und Indiens nach Tibet gelangt sind und die dort bereits existierenden schamanistischen Praktiken beeinflußt haben – Praktiken, die in frühen Zeiten sicherlich allen Völkern Nordasiens und Amerikas gemeinsam waren –, dann liefert uns jenes merkwürdige Konglomerat von Elementen des indischen Tantra, des Buddhismus und iranischer Kulte (wie des Mithra-Kults), aus denen die Bön-Lehren bestehen, wichtige Hinweise darauf, wie die in Tibet heimischen Repräsentationen des Weiblichen entstanden sein könnten, denn gewisse Mythen der persischen und der tibetischen Überlieferungen weisen frappierende Übereinstimmungen auf. Beispielsweise glauben die Tibeter, ihr Volk sei durch die Vereinigung eines Affen mit einer Göttin, die in einem Fels gehaust habe, entstanden. Nach der Mythologie des Mithraismus wurde der iranische Mithras von der Fels-Mutter (*Petra Genetrix*) geboren. Auch der Name der iranischen Hauptgottheit, Ahura Mazda, ist in Bön-Schriften zu finden. Chandra Das übersetzt einen Ausdruck, der »die Sprache von Ahura« (*aura trita*, tibet.: *a.u.ra.bri.ta*) bedeutet, als »die Sprache der Dämonen«[3]. Damit schließt er sich der tibetisch-buddhistischen Sichtweise an, daß die alten Gottheiten »Dämonen« sind.

Die Wurzeln des Mithra-Glaubens reichen weit in die Prähistorie zurück, denn bereits im 14. Jahrhundert v. u. Z. sind in der Geschichte Nord-Mesopotamiens Hinweise auf die Verehrung der Himmelsgöttin Mitra zu finden. Ihre Rolle als zentrale weibliche Gottheit *führte* entweder zur Entstehung eines Sozialsystems, in dem die Frau hoch geschätzt wurde, oder sie *ergab* sich aus der Existenz eines solchen Systems.[4] Später wurde ihre Verehrung mit den anatolischen Kulten der Mutter-Gottheit Ma verbunden. Im Laufe der Zeit scheint es dann zu einer Geschlechtsumwandlung gekommen zu sein: Die Göttin Mitra wurde zum männlichen indo-iranischen Sonnengott Mithra, der wiederum nach der Mythologie des Mithraismus die anatolische Mutter-Gottheit Ma *zu seiner Gefährtin machte*. Dieses Phänomen der Geschlechtsumwandlung und des Rollentauschs von Gottheiten war, wie ich noch zeigen werde, nicht auf den Mittleren Osten beschränkt, sondern es scheint auf dem ganzen indischen Subkontinent existiert zu haben, und es ist auch in China zu beobachten, wo noch heute Unklarheit über das Geschlecht einiger populärer Gottheiten herrscht.

Die Verehrung der Göttin wurde sowohl im Bön als auch im späteren tibetischen Vajrayana in unterschiedlichen Formen zum Ausdruck gebracht. Besonders wichtig ist jedoch ihre Verehrung als Repräsentantin der weiblichen Energie. Diese wird im

Sanskrit *Dakini*[5] und im Tibetischen *Khandro* (tibet.: *mkha.hgro.*) genannt, was wörtlich »Himmelsgängerin« oder »Reisende im Raum« bedeutet. Ihre dynamische Präsenz spielt in den Biographien aller berühmten buddhistischen Tantriker eine wichtige Rolle. Sie erscheint stets, um dem männlichen Übenden auf seinem Weg zu helfen. Dies tut sie unter anderem, indem sie ihn von einer zu einseitigen Intellektualität abbringt und ihm durch sexuelle Vereinigung mit ihr die Realisation der höchsten Wahrheit ermöglicht. Die Dakini wird auch mit Bestattungsplätzen in Verbindung gebracht, und dies deutet auf ihre Beziehung zu mehreren Göttinnen der alten Zeiten hin, deren Macht über Leben und Tod in den Schriften vieler Überlieferungen erwähnt wird. Astarte beispielsweise, eine der ältesten Formen der universellen großen Göttin, wurde von den Iranern als Anahita verehrt. Ihr wurde die Macht, zu erschaffen, zu erhalten und zu vernichten, zugeschrieben. Einer ihrer Beinamen war »Sternenkönigin«. Auf Bildnissen, die um 2.300 v. u. Z. in Sumer entstanden sind, ist sie, so Barbara Walker, »in exakt der Liebe-und-Tod-Haltung der Göttin Kali dargestellt: Sie hockt über dem Körper ihres Geliebten.«[6] Im Pantheon des Bön erscheint sie als eine der wichtigsten Göttinnen, Kaladugmo (tibet.: *mkhah.la. gdug.mo*), was »zornige Himmelsgöttin« bedeutet; und im tibetischen Buddhismus wird sie am Anfang vieler Gebete direkt als *Ma Namkha* (tibet.: *ma. nams. mkha*) angerufen – wörtlich »Mutter Himmel«.

Wie Pythian-Adams zeigt, entwickelte sich der Mithraismus in späterer Zeit jedoch zu »einem System, das einzig und allein den Bedürfnissen des Mannes gerecht wurde.«[7] Barbara Walker beschreibt diese Religion als asketisch und frauenfeindlich und stellt fest: »Die Mithrapriesterschaft bestand nur aus unverheirateten Männern. Das Betreten von Mithratempeln war Frauen nicht erlaubt.«[8] So entwickelte sich ein männlicher Kult, und Frauen wurden gezwungen, ihre religiösen Riten separat zu praktizieren. Dies taten sie, indem sie die Tradition der frühen arischen Religionen fortsetzten, die die Große Mutter verehrt hatten, oft getrennt von der männlichen Tradition, jedoch manchmal in diese als Kult eingebettet.

Wenn die Einflüsse des Mithraismus tatsächlich um das 5. Jahrhundert v. u. Z. nach Tibet gelangt sind, dann war seine Institutionalisierung und die Machtübernahme durch eine männliche Priesterschaft vermutlich bereits erfolgt, und diese Faktoren könnten sich auf die Anschauungen und Praktiken der ansässigen Schamanen ausgewirkt haben. Sowohl im Bön als auch im tantrischen Buddhismus, der das Erbe des Bön antrat, gibt es eindeutige Indizien für diese beiden Einflußebenen – sowohl für die schamanistischen Traditionen, die zu einer bestimmten Zeit nahezu universell waren, als auch für die Mythologien der formalisierteren religiösen Rituale des Mithraismus. Mircea Eliade spricht in seinem Werk über den Schamanismus von den »noch immer wenig erforschten Symmetrien zwischen tibetanischer und iranischer Überlieferung.«[9]

Viele dieser Symmetrien oder Ähnlichkeiten betreffen die jeweiligen Ansichten über die religiöse Kosmologie. Die Beschreibungen der sieben, neun oder sechzehn Himmel im Bön entsprechen der »babylonischen Vorstellung der sieben Planetenhimmel«[10]. Die gleichen Zahlen tauchen auch bei den Gruppen von Gottheiten aus der Frühzeit des tibetischen Buddhismus auf, die Nebesky-Wojkowitz als »›Bruderschaften‹ und ›Schwesternschaften‹ bezeichnet hat und die meist aus dreizehn, sieben und besonders häufig aus neun Mitgliedern bestehen.«[11] Die Zahlen Sieben und Neun waren nicht nur in den Riten des Bön von großer Bedeutung, sondern sie wurden auch von den Schamanen häufig benutzt. Die sibirischen Schamanen beispielsweise glaubten, sieben Schwestern würden die Erde hüten und seien den sieben Sternen des kleinen Bären verbunden. Die häufig erwähnten sieben Knochengeschmeide, die Yogis des tantrischen Buddhismus tragen, sind auch bei den sibirischen Schamanen zu finden. Selbst eindeutig orthodoxe buddhistische Mythen spiegeln diese besondere Vorliebe für die uralten magischen Eigenschaften der Zahl Sieben. So soll der Buddha gleich nach seiner

Geburt sieben Schritte gemacht haben. Nach den Vorstellungen des Mithraismus steigt die Seele des Menschen bei der Geburt eine Treppe hinab, die an sieben Türen vorüberführt. Die Mithra-Anhänger glaubten weiterhin, daß der angehende Eingeweihte sieben Sprossen einer symbolischen Leiter emporsteigen und auf diese Weise sieben Planetenhimmel durchreisen müsse, um zur Vollkommenheit zu gelangen, und auch vom Buddha heißt es, er habe auf seinem Weg zur Erleuchtung sieben Himmel durchquert.

Für die Praxis des Mithraismus (und der gnostischen Tradition) war die Position des »Meisters« von zentraler Bedeutung. Er geleitete den Übenden auf seinem Weg zur Vollendung, und sein Mitwirken wurde für unverzichtbar gehalten. Der Meister hatte die Aufgabe, den Aspiranten zu prüfen und ihn in seinem Streben nach Gnosis zu unterstützen, indem er ihm half, die negativen Einflüsse seines Ich zu eliminieren. Von den Schülern wurde erwartet, daß sie gegenüber Außenstehenden über ihr Streben nach Vollkommenheit innerhalb der »Bruderschaft« Stillschweigen bewahrten. Zahlreiche Beispiele aus den Biographien berühmter tibetischer Übender belegen, daß die Rolle des Meisters und die Geheimhaltung im tantrischen Buddhismus ebenso wichtig sind wie in den persisch-gnostischen Quellen des Bön. Ergebenheit dem Guru gegenüber ist auch für sie von größter Bedeutung, und Schweigegelübde innerhalb der Vajra-Bruderschaft gelten auch im tibetischen Tantra als unerläßlich. Es gibt aber noch weitere offenkundige Ähnlichkeiten zwischen beiden Traditionen: Beide verfügen nicht über ein »göttliches Buch«, das besonders verehrt wird, und beide bedienen sich einer Art mystischer Geometrie (die Buddhisten des Mandala, die Mithra-Anhänger des Rotas-Sator), um die kosmische Wirklichkeit symbolisch zu beschreiben. Und ähnlich der Priesterschaft des Mithra-Kults, die rote oder purpurfarbene Gewänder trug, trägt die tibetische Priesterschaft noch heute rote oder rötlichbraune.

Eine weitere wichtige Einflußquelle des tibetischen Buddhismus ist ganz offensichtlich der Schamanismus. Schamanistische Traditionen existierten auf der ganzen Welt, und es gibt offensichtliche Ähnlichkeiten zwischen den Ritualen der nordamerikanischen Ureinwohner (der Indianer), der Inuit-Völker (der Eskimos) und der Nomaden Sibiriens und Tibets. Mit ihren Tod und Auferstehung betreffenden Initiationsriten und ihrer Wertschätzung der Numerologie, ihrem Glauben an den Einfluß von Sonne und Mond sowie ihrer Vorstellung, daß die Seele (*La*, tibet.: *bla*.) eine enge Beziehung zu bestimmten Säugetieren oder Vögeln habe, ermöglichte es die schamanistische Weltsicht, die Kluft zwischen Tod und Geburt zu überbrücken. Die Verwendung von Klängen und Rhythmen, insbesondere des Trommelschlags, in Verbindung mit dem Singen von Zaubersprüchen und der Ausführung von Ritualen, bei denen getanzt wurde, sowie die Erzeugung von »veränderten Bewußtseinszuständen« – all dies überlebte in Tibet den Übergang vom Schamanismus zum Buddhismus. Auch Zeremonien auf Leichenbestattungsplätzen, das Tragen von Knochenschmuck und das Ritual der Opferung von Fleisch an die Geister blieben im Buddhismus erhalten. Die Existenz von Ritualen, bei denen Knochen, insbesondere Schädel und Oberschenkelknochen, eine wichtige Rolle spielten, sind in der Kunst des tantrischen Buddhismus sowie auch in vielen weltlichen und religiösen Tanzformen Tibets reichlich dokumentiert. In einem Bericht über das Leben Padmasambhavas heißt es, dieser habe, »nur mit sieben Knochengeschmeiden bekleidet«[12], auf dem Dach seines Hauses getanzt.

Interessant an dieser Beschreibung ist nicht nur, daß diese Art der »Bekleidung« eindeutig schamanistisch und nicht buddhistisch ist, sondern auch die Erwähnung der im Schamanismus so wichtigen Zahl Sieben, denn durch beides wird der Missionar des neuen Glaubens mit den alten Überlieferungen der ursprünglichen Religion Tibets in Verbindung gebracht. Bezeichnend ist auch, daß es in den mythischen Berichten darüber, wie Padmasambhava die Dämonen der alten Religion unterworfen haben soll, heißt, er habe Macht über die 28 (also: vier mal sieben) *Jukar* (tibet.: *rgyu.kar.*) erlangt, »die Mondhäuser, die in Form von 28 Göttinnen dargestellt werden.«[13] Die *Jukar*, deren wörtliche Bedeutung »sich bewegende Sterne« ist, symbolisieren nicht nur die Veränderungen des Mondes im Laufe seines 28tägigen Zyklus, sondern sie werden auch mit dem Weiblichen und mit den Einflüssen des 28tägigen weiblichen Monatszyklus assoziiert. Daraus ließe sich schließen, daß Padmasambhavas Bemühungen, die »Dämonen« zu unterwerfen, hauptsächlich auf Astarte, die wichtigste weibliche Gottheit des alten Persien, zielten. Ihr Name wird in den Bön-Schriften erwähnt, und von ihr heißt es, sie herrsche über die Sterne.

Eine weitere faszinierende Gemeinsamkeit zwischen dem Mithraismus, dem tantrischen Buddhismus und den schamanistischen Kulten ist die Bedeutung von Tierhörnern und Knochen. Alle drei Traditionen schrieben ihnen magische Eigenschaften zu, und in der Philosophie dieser Lehren spielten sie eine zentrale Rolle. Diese Vorstellung scheint auf die Verehrung des Horns in archaischer Zeit zurückzugehen, insbesondere des Horns der Kuh oder des Ochsen. Nach Marija Gimbutas wurde die große Göttin des Altertums sowohl mit dem Ochsen als auch mit dem Mond assoziiert, und die Tierhörner symbolisierten dabei den zunehmenden Mond. Sogar der Schädel scheint aufgrund seiner Form mit dem Uterus und insofern mit dem Menstruationszyklus assoziiert worden zu sein. Auf den in Çatal Hüyük entdeckten Bildnissen der Göttin wird diese »in stilisierter Form dargestellt, wobei die Hörner des Stiers aus ihrem Schoß herausragen.«[14] Für die Menschen der archaischen Zeit stand der Ochse oder die Kuh und später der Bulle eindeutig im Zentrum der Verehrung der großen Göttin, als Verkörperung der Fruchtbarkeit der Erde. In der Indus-Zivilisation wurde diese große Göttin »mit der gehörnten Göttin des Baumes in Verbindung gebracht, die immer wieder mit der Maske einer Kuh sowie mit Hufen und einem Schwanz dargestellt wird.«[15]

Diese Assoziation der Muttergottheit mit Baum und Stier ist auch bei den osteuropäischen Völkern zu finden. Natürlich taucht das Motiv des heiligen Baums in den Mythen vieler Religionen auf, so auch in der ägyptischen, der jüdisch-christlichen und der hinduistischen. Im tantrischen Buddhismus ist der Baum auch heute noch ein wichtiges Symbol, denn die Folge der Linienhalter einer Tradition wird stets mit Hilfe eines riesigen Baumes dargestellt, umgeben von den Drei Juwelen Buddha, Dharma und Sangha sowie den Dakinis und den Dharma-Beschützern.

Schon bei der Entwicklung des Mithra-Glaubens ist nun eine jener erstaunlichen Rollenumkehrungen zu beobachten, mit denen wir uns im folgenden Kapitel noch ausführlicher beschäftigen werden: Plötzlich muß der Bulle geopfert werden, damit die spirituelle Vollendung erreicht werden kann. »Den Bullen (die fleischliche Seele) zu töten ist die Voraussetzung für spirituellen Erfolg, denn der Geist muß durch den Schlag seines Schwanzes wieder zu Bewußtsein gebracht werden.«[16] Der Stier, zunächst Objekt der Verehrung und später Objekt des rituellen Opfers, verwandelte sich somit im Mithra-Kult zu einer Repräsentation der physischen Existenz und der niederen Aspekte der Persönlichkeit. Das Töten des Stiers, jenes Symbols der Fruchtbarkeit, sollte Lebenskraft freisetzen. Im alten Iran herrschte der Glaube, daß der Same des Stiers nach dessen Opferung zum Mond emporsteige und dadurch eine gute Ernte sichere.[17] Ganz konkret sollten die Pflanzen aus dem Körper des toten Stiers hervorwachsen, der Wein aus seinem Blut, und Tiere sollten aus seinem Samen entstehen. In vielen astrologischen Überlieferungen wird der Stier, das Sternzeichen Taurus, mit dem Frühling und mit der Erneuerung und dem Wachstum der Natur assoziiert.

Das Motiv der Tötung des Stiers oder Ochsen taucht gleich zu Beginn der Vorherrschaft des Buddhismus in Tibet und seiner Institutionalisierung als Staatsreligion in einem hochinteressanten Zusammenhang auf, nämlich in der Geschichte über die Ermordung des letzten, oft als anti-buddhistisch bezeichneten Bön-Königs Langdarma (tibet.: *glang.dar.ma.*) im Jahre 842 u. Z. Der Name Langdarma bedeutet wörtlich »jugendlicher Ochse«

(*glang.* steht auch für das astrologische Tierkreiszeichen Stier). Insofern ist sein Tod gleichbedeutend mit dem Tod des Stiers. Er muß ermordet werden, damit sich die »wahre« Religion etablieren kann.

Die Symbolik des Stiers wurde auch in der neuen Form des Buddhismus, die sich nun in Tibet entwickelte und die Herrschaft in diesem Land übernahm, nicht völlig eliminiert, denn auf religiösen Gemälden sowie in Geschichten und Mythen taucht immer wieder das Symbol des Horns und insbesondere des Yak-Horns auf. In einer von Milarepas Geschichten steht das Yak-Horn mit dem Tod einer »furchterregenden alten Frau«[18] in Verbindung. Milarepa läßt seinen Körper auf geheimnisvolle Weise zusammenschrumpfen und kriecht dann in ein Yak-Horn, um seinem Schüler Rechungpa eine Kostprobe seiner magischen Fähigkeiten zu geben. Später treffen sie die alte Frau, die sich weigert, ihnen Almosen zu geben. In der folgenden Nacht stirbt sie vor Milarepas Zelt. Nachdem sie die Seele der Frau durch Gebete zum Buddhismus bekehrt haben, bringen sie ihre Leiche zu einem Sumpf und versenken sie darin.

Als Symbol der Fruchtbarkeit wurde das »Füllhorn« ursprünglich mit der weißen Mond-Kuh-Göttin assoziiert, später wurde es jedoch zum Symbol der Fortpflanzung. Auf tibetischen Rollbildern ist es häufig als eine der Opfergaben abgebildet, die einer Gottheit dargebracht werden. Sowohl in Europa als auch in Asien war man davon überzeugt, daß das Horn aus dem Inneren des Kopfes hervorwachse und daß es aus der gleichen Substanz bestehe wie das Gehirn, welches wiederum mit dem Sperma und den lebenspendenden Kräften assoziiert bzw. gleichgesetzt wurde. Im tantrischen Buddhismus werden Schädel und Oberschenkelknochen vielfach bei Zeremonien und Ritualen verwendet. Insbesondere der Oberschenkelknochen einer sechzehnjährigen Jungfrau soll sich besonders gut für den Gebrauch als *Kangling* (tibet.: *rkang.gling.*), als Knochentrompete, die in Ritualen gespielt wird, eignen. Übrigens stand der Oberschenkelknochen auch bei den Griechen in hohem Ansehen, insbesondere sein Mark, was ebenfalls mit dem »Samen« des Lebens oder der Lebenskraft zusammenhängt. Das lateinische Wort für den Oberschenkelknochen, *femur*, hat übrigens die gleiche Wurzel wie *feminus* – »das, was erzeugt«. In den alten Kulturen der Griechen, Hindus, Ägypter und Juden gibt es viele Legenden über die außergewöhnlichen Kräfte dieses Knochens. Auch in diesen Traditionen wurde er in Ritualen benutzt, und ihm wurden unter anderem die Fähigkeiten, zu gebären und Tote wieder zum Leben zu erwecken, zugeschrieben.[19] In der Hindu-Mythologie wird der rechte Oberschenkel des Mannes als »Sitz der Fruchtbarkeit« bezeichnet, und durch Untersuchungen über die Göttinnenverehrung in Indien sind gewisse Praktiken bekannt geworden, bei denen dem Austritt des Blutes aus dem rechten Oberschenkel eine wichtige Bedeutung zukommt.

Eine ebenso wichtige Rolle wie der Oberschenkelknochen spielt in den Ritualen des tantrischen Buddhismus der Schädel. Viele Gottheiten (auch die *Dakini*) halten auf Abbildungen eine mit Blut oder *Amrita* (dem Lebenssaft) gefüllte Schädelschale, *Topa* (tibet.: *thod.pa.*, Sanskrit: *kapala*), in der Hand. Außerdem wird die Schädelschale auch bei bestimmten Ritualen mit Flüssigkeiten gefüllt, die Menstruationsblut, Samen, Urin, Fäzes und Speichel symbolisieren und die den zornigen Gottheiten geopfert werden.[20] Diese Praktiken sind ebenso in Bön-Ritualen zu finden, und sie gehen höchstwahrscheinlich auf schamanistische Praktiken zurück, die in archaischer Zeit vom Atlantik bis zum Pazifik bekannt waren. Auch bei den Griechen galt der Kopf als heilig, und sie glaubten, er sei der Sitz der Seele. Die Flüssigkeit, die das Gehirn umgibt und von der angenommen wurde, sie sei mit der Samenflüssigkeit identisch, wurde als Ursprung des Lebens angesehen. Deshalb glaubten die Griechen, sie müsse unbedingt bewahrt werden. Das griechische Wort, das gleichzeitig »Sperma« und »Genie« bedeutet, bringt die Gehirnflüssigkeit mit der Fortpflanzung in Verbindung. So wie die Griechen glaubten, durch Selbstkastration ließe sich die Lebenskraft konservieren, glaubten die tibetischen Tantriker (und sie glauben es noch heute), daß ihnen das Zurückhalten des Spermas beim Sexualverkehr zu einem langen Leben und zur Erleuchtung verhelfe.

Diese Praktiken sind für die yogischen Traditionen des tantrischen Buddhismus, die stets mit einem Schleier des Geheimnisvollen umgeben wurden und immer noch werden, von zentraler Bedeutung. Sie stehen in direkter Verbindung zu Traditionen, die dem Buddhismus vorausgingen. Somit hat der tantrische Buddhismus Tibets, dessen erklärtes Ziel die Befreiung des Geistes innerhalb eines Lebens ist, durch geschickte Verbindung der buddhistischen Philosophie mit dem tantrischen Yoga und mit schamanistischen Praktiken aus ferner Vergangenheit eine »spirituelle Umwertung der vorgeschichtlichen Bräuche einschließlich Menschenopfer und Schädelkult«[21] erreicht. Mircea Eliade schreibt, daß die Aktivitäten der Kopfjäger und die Menschenopfer in Assam und Burma mit einer »matriarchalischen Ideologie« verbunden gewesen sein könnten, »die in Tibet und in den Himalayagegenden heute noch vorhanden ist.«[22]

DIE SCHWINDENDE MACHT DER GROSSEN MUTTER UND DIE FÄDEN DES TANTRA

Riane Eisler vertritt die Ansicht, daß Opferhandlungen im Rahmen von Ritualen und Bestattungsriten, die sich nicht weiter als bis ins 4. Jahrtausend v. u. Z. zurückverfolgen lassen, aus patriarchalischen Herrschaftsformen hervorgegangen sind und nicht aus jenen wesentlich älteren Gesellschaften, die manchmal als »matrilinear« oder »matriarchalisch« bezeichnet werden und in deren Mittelpunkt die Verehrung der Großen Mutter stand.[23] Sie bezeichnet diese frühen Gesellschaften als friedlich, agrarisch und lebensbejahend und schreibt, daß in ihnen Partnerschaft, nicht Herrschaft die vorherrschende kulturelle Norm gewesen sei. Aufgrund der geographischen Abgeschiedenheit Tibets ist es durchaus möglich, daß die Überreste sehr alter matrilinearer Weltanschauungen, in deren Mittelpunkt die Verehrung der Großen Mutter stand, lange erhalten geblieben und möglicherweise von nachfolgenden Systemen adaptiert worden sind. Nachdem diese Traditionen, die die alten nicht völlig ablösten, ihrerseits durch die patriarchalischen Normen des persischen Mithraismus und anderer über die westliche Grenze nach Tibet gelangter, ebenfalls schon nicht mehr matriarchaler Kulte beeinflußt worden waren, gingen sie in die Traditionen des monastischen, mysogynen Buddhismus ein und wurden später von diesen reformiert.

In einem hochinteressanten Aufsatz über *Sinmo* (tibet.: *srin. mo.*), die mythische tibetische Dämonin, die unterworfen werden mußte, damit der Buddhismus in Tibet Fuß fassen konnte, vertritt Janet Gyatso die These, daß die auf dem Rücken liegende Dämonin, so wie sie in der Kunst und Literatur dargestellt wird, die realen Kräfte versinnbildlicht, die unter Kontrolle gebracht werden mußten, damit die patriarchalischen Imperative des Buddhismus sich durchsetzen konnten. Nach Gyatso *mußte* es sich um eine Dämonin, also um ein weibliches Wesen handeln, weil die neue Theokratie die Unterwerfung des Landes als Mutter Erde als notwendig erachtete. Um die noch verbliebenen matrifokalen und matrilinearen gesellschaftlichen Strukturen zu vernichten, mußte die früh-patriarchalische Sicht, daß »alles Unkontrollierbare und Bedrohliche weiblicher Natur ist, durchgesetzt werden.«[24] Gyatso ist überzeugt, daß »die *Srin-mo* nicht primär die Frau, sondern eine Religion repräsentiert, genauer gesagt eine religiöse Kultur und Weltanschauung, die bezwungen worden ist.«[25]

Wenn Gyatsos These zutrifft, liegt es nahe, daß sich in Tibet nicht nur die religiösen Symbole den patriarchalischen Imperativen entsprechend veränderten und der männliche Buddha in den Mittelpunkt der Ikonographie gestellt wurde, sondern daß der Status der Frau in der Gesellschaft einem ähnlichen Wandel unterworfen war. Dies deutet auch Gyatso an. Die mythische Darstellung der Sinmo als der bösen Kraft der primitiven Religion repräsentierte vermutlich nicht nur eine überholte Denkweise, sondern auch eine völlig andere Lebensweise. Das würde bedeuten, daß in dem Augenblick, als sich die neue Weltsicht durchsetzte und der männliche Buddha als Inbegriff der Macht und Erleuchtung in den Mittelpunkt rückte, die alten (weiblichen) Gottheiten verbannt wurden. Damit wurden auch die Implikationen wirksam, die die Ablösung der alten weiblichen Gottheiten durch die männlichen mit sich brachte. So wie die Menschheit durch die Verehrung der Großen Mutter in einer primitiven Form gewürdigt hatte, daß die Frau und generell das Weibliche aufgrund der Fähigkeit zu gebären in der *Natur* der Ursprung allen Lebens ist, so wurde durch die Anerkennung des symbolisch Männlichen als rein und allwissend die Vorstellung der *Kultur* eingeführt, und die Macht des Mannes, dieselbe zu schaffen, wurde etabliert.

Vor der Entstehung des Patriarchats, mit dem die hierarchische Organisation göttlicher und irdischer Macht eng verbunden ist, basierte die Subjektivität und Macht der Frau vermutlich auf ihrer biologischen Funktion. Mit dem allmählichen Aufstieg des Mannes zur Göttlichkeit – zuerst als Sohn, dann als Gefährte und schließlich als Herr seiner selbst – verblaßten dann die Bilder des Weiblichen als all-mächtig, und schließlich wurde die Rolle der Frau auch im religiösen Ritual und in der Gesellschaft durch die neue Priesterschaft festgelegt. Daß eine Beziehung besteht zwischen dem Geschlecht von Gottheiten, ihrem Platz im Geist der Gläubigen und dem realen Leben der Menschen, die sie verehren, daran kann kein Zweifel bestehen. Im Fall der *Sinmo*, die auf tibetisch-buddhistischen Bildnissen als unter dem sitzenden Buddha liegend dargestellt wird, ist der entscheidende Faktor nicht unbedingt das *Geschlecht* des Sitzenden und derjenigen, auf der ersterer sitzt (denn es gibt durchaus Darstellungen, auf denen weibliche oder männliche Gottheiten auf männlichen wie weiblichen Körpern stehend, sitzend oder tanzend gezeigt werden), sondern entscheidend ist, *was* die bezwungene Gestalt jeweils repräsentiert. In den meisten Fällen repräsentiert das, was die triumphierende Gottheit bezwingt, eine bestimmte Verunreinigung (einen Mangel) oder die Macht des Ich, und manchmal verkörperte es auch den Tod. Die *Sinmo* jedoch repräsentierte offensichtlich ein anderes Glaubenssystem, eine andere Sicht der Welt, die von den Buddhisten als Antithese zu ihrer Anschauung angesehen und mit dem weiblichen Körper assoziiert wurde. Es mag sein, daß der Buddhismus über jene primitive Weltanschauung, die die Große Mutter verehrte, triumphierte, doch deutet die Art, wie die Sinmo dargestellt wurde, des weiteren darauf hin, daß auch auf der gesellschaftlichen Ebene alles Weibliche unterjocht werden mußte, *damit sich das Patriarchat durchsetzen konnte.*

Durch die Bön-Religion waren die tantrischen Lehren aus Indien schon vor der offiziellen Einführung des Buddhismus in Tibet zu einem wichtigen Bestandteil des tibetischen Volksglaubens geworden. Diese Tatsache war für die Entwicklung des Buddhismus in Tibet von entscheidender Bedeutung. Die Etymologie des Wortes Tantra ist im Sanskrit und im Tibetischen ähnlich. Im Sanskrit bedeutet es »Webstuhl« oder »Kette«, bezeichnet aber auch das Prinzip, das allem zugrunde liegt. Das tibetische Äquivalent zum Sanskrit-Wort Tantra ist *Ju* (tibet.: *rgyud.*), was »Faden«, »Schnur« oder »das, was Dinge miteinander verbindet«[26] bedeutet. Abgesehen von den offensichtlichen Ähnlichkeiten zwischen den beiden Begriffen ist interessant, daß die Tibeter in der Frühzeit des Bön »nur eine sehr primitive Methode kannten, ihre Gedanken festzuhalten, und zwar mit Hilfe von Knoten, die in Fäden geknüpft wurden.«[27] Diese Fäden waren ein wichtiges Kommunikationsmittel und bildeten oft die Grundlage für Abkommen. Noch heute geben Lamas ihren Schülern mit Knoten versehene Wollfäden als Schutzamulette gegen böse Einflüsse. Bei den alten Zauberpraktiken der Bön-Tradition wurden zusätzlich zur Rezitation von Zaubersprüchen oft farbige Wollfäden zu kunstvollen Mustern verknüpft, die *Doe* (tibet.: *mdos*) genannt wurden und die je nach Größe entweder um den Hals getragen oder als Schutz- oder Segensbringer außerhalb der Behausungen aufgestellt wurden. Zwei der beliebtesten Schutzzauber waren Himmels- und Baum-Symbole, was nahelegt, daß auch diese Praxis auf alte schamanistische Überlieferungen zurückgeht.

Hinweise auf die Existenz buddhistischer Tantras in Indien gibt es schon im 4. Jahrhundert u. Z., also in einer Zeit, in der erstmals Anzeichen für eine Vermischung der alten Hindu-Tantras mit dem buddhistischen Denken zu beobachten sind. Bhattacharyya schreibt in seiner Untersuchung über Tantra, man könne diese Lehre mit der Philosophie des Pythagoras vergleichen. Die Quintessenz der tantrischen Lehren läßt sich seiner Meinung nach in der Aussage zusammenfassen: »Was nicht dem Körper zugehörig ist, ist nicht Teil des Universums.«[28] Der Stoff aber, so Bhattacharyya, aus dem der Körper und das Universum besteht, ist das weibliche Prinzip, das in der Hindu-Tradition als *Shakti* oder »Macht« bezeichnet wird und in der tibetischen Tradition als *Yeshi* (tibet.: *ye.shes.*) oder »Weisheit«. Er schreibt: »Weisheit, verstanden als das weibliche Prinzip, und die Methoden, durch das Männliche zu ersterer zu gelangen, müssen in der *eigenen Person* miteinander verbunden werden, weil nur so die Befreiung erreicht werden kann, die vollkommene Erleuchtung durch konkrete Erfahrung des weiblichen Prinzips.«[29] (Kursivsetzung von J. C.)

Die zentrale Bedeutung des weiblichen Prinzips im indischen Tantra läßt sich bis in die prä-vedische Zeit zurückverfolgen, in der die Verehrung der Großen Mutter und der Frau im allgemeinen im Mittelpunkt der religiösen Praxis stand. In einem der frühen Hindu-Tantras, dem *Kularnava*, heißt es: »Jede Frau ist in der *Kula* der Großen Mutter geboren worden und muß deshalb als Objekt der Verehrung angesehen werden.«[30] (Kursivsetzung wie im Original) *Kula* ist das Sanskrit-Wort für »Familie« oder »Rasse«.

Neben dem Aspekt der Hingabe und Verehrung wurde mit Tantra aber auch die Ausführung von sexuellen Ritualen, von Totenbeschwörungen (Nekromantie) und Ritualmorden assoziiert. Zwar ist das indische Tantra vermutlich schon sehr alt und könnte insofern tatsächlich solch archaische Elemente enthalten, doch sind einige Forscher der Ansicht, daß die soeben genannten Aspekte anderen Ursprungs sind. Ihrer Meinung nach sind sie vermutlich aus dem Iran, aus Westasien oder aus China auf den indischen Subkontinent gelangt, und zwar zu einer Zeit, als die alten Kulte der Muttergottheiten und die mit ihnen assoziierten Praktiken von Griechenland über Anatolien bis nach Syrien und Persien dominierten.[31] Doch habe ich bereits zu zeigen versucht, daß Praktiken der genannten Art schon entartete Formen der Verehrung der Großen Mutter-Göttin waren. Sie sind entstanden, als die Göttin ihre zentrale Stellung verlor, sie in die Rolle der Mutter oder Gefährtin männlicher Gottheiten überwechselte und in ihrem Namen Opferrituale durchgeführt wurden.

Die Kulte der Großen Mutter und der Verehrung des Weiblichen waren in Asien zu einer Zeit lebendig, in der die Frauen vermutlich noch in stärkerem Maße am religiösen Leben beteiligt waren, und möglicherweise gab es zu jener Zeit sogar eine weibliche Priesterschaft. Miranda Shaw vertritt diese These in ihrer Untersuchung über die frühen Tantrikerinnen. Sie weist darin auf die generell positive Sicht des Weiblichen in tantrischen Schriften hin sowie auf die Autonomie weiblicher Übender: »Die Frau selbst entscheidet, wann und wem sie ihren Segen gewährt.«[32]

Shaw bezieht sich auch auf den Gynozentrismus in alten Schriften, in denen darauf hingewiesen wird, daß »Frauen sich nicht darum zu kümmern brauchen, ob sie den Männern zu Gefallen sind«[33], daß sie »klug und unbezwingbar«[34] waren und »keineswegs gequälte Sex-Objekte«[35]. Shaws Hauptargument lautet, daß Frauen in der tantrischen Tradition in alten Zeiten den Männern gleichgestellte Partnerinnen waren. Battacharyya geht in seiner Analyse noch einen Schritt weiter. Er schreibt, es gebe trotz der offensichtlichen Dominanz der Männer im modernen Tantra »gute Gründe für die Ansicht, daß Tantra einmal den Frauen *gehörte*.«[36] (Kursivsetzung von J. C.) Und er fährt fort:

> Die führende Rolle, die Frauen im religiösen Leben spielten, ihre Identifikation mit der Mutter-Gottheit, die symbolische Repräsentation verschiedener Konzepte und Beziehungen, die mit Frauen in Verbindung gebracht werden ... das Beharren auf der Verehrung des Geschlechts und des weiblichen Organs als der alleinigen Quelle allen Glücks, die Funktion der Frau als Priesterin ... das Konzept des höchsten Wesens als eines Weiblichen Prinzips – all dies muß eine gesellschaftliche Grundlage gehabt haben.[37]

Was die tantrische Tradition Indiens betrifft, so ist dies in der Tat naheliegend, da die nicht-buddhistischen Tantriker symbolisch den dynamischen Aspekt dem Weiblichen und den passiven dem Männlichen zuordneten, eine Zuordnung, die später im tibetischen Buddhismus umgekehrt wurde. Auch Bharati geht in seinem Werk über Tantra davon aus, daß das Weibliche in Indien deshalb als dynamisch verstanden wurde, weil zu jener Zeit auch in der indischen Gesellschaft eine andere Vorstellung vom Weiblichen existierte. Er schreibt: »Wahrscheinlich hat die matrifokale Atmosphäre, in der die (nicht-buddhistischen) indisch-tantrischen Bewegungen erblühten (in Bengalen im Osten und Oddiyana im Westen – wobei letzteres in der Legende mit einem amazonenhaften Stamm in Verbindung gebracht wird), indirekt die Verbindung der *Dynamis* mit der Frau begünstigt.«[38] Sogar in den heute noch existierenden Stammesgesellschaften gibt es Anzeichen dafür, daß Traditionen, die das weibliche Geschlechtsorgan, die *Yoni*[39], verehren, oft in Zusammenhängen auftauchen, in denen matrilineare Gebräuche und die matrifokale Ehe lebendig geblieben sind.

Auch in Tibet scheinen zu einer sehr frühen Zeit gesellschaftliche Strukturen existiert zu haben, die überwiegend matrifokal oder matrilinear waren. Deshalb ist zu vermuten, daß auch in Tibet eine dynamische Sicht des Weiblichen heimisch gewesen ist, bevor sich durch den Buddhismus der umgekehrte Symbolismus entwickelte. Die chinesischen Annalen der Sui- und der T'ang-Dynastie enthalten Hinweise darauf, daß gesellschaftliche Macht von Frauen akzeptiert wurde und daß sie in einer einzigartigen traditionellen Herrschaftsstruktur zum Ausdruck kam. Es gibt Berichte über mindestens drei »Königreiche (sic) von Frauen« in dem Gebiet, das später Tibet genannt wurde. Eines davon war Nu Kuo in den Tsung-ling-Bergen im Norden Tibets. Es umfaßte zehntausend Familien und produzierte Kupfer. Seine Königin lebte in einem neunstöckigen Haus, hatte Hunderte von Dienerinnen und herrschte gemeinsam mit »einer kleinen Königin«[40]. Dem Bericht zufolge achteten die Frauen »ihre Ehemänner nicht sehr«[41], und beim Tod einer Königin wurden jeweils zwei Frauen ihres Klans zu ihren Nachfolgerinnen gewählt. Aus den chinesischen Berichten geht auch hervor, daß zu Anfang jedes neuen Jahres Männer oder Affen geopfert wurden und daß im Anschluß an dieses Opfer ein Ritual zur Zukunftsschau ausgeführt wurde, um den glücklichen und fruchtbaren Verlauf des bevorstehenden Jahres zu sichern. Die Vorhersage basierte auf der Untersuchung der Innereien eines Fasans. Das Reich Nu Kuo war am tibetischen Hof offenbar bis zum Jahre 586 u. Z. bekannt, also dreihundert Jahre vor der Einführung des tantrischen Buddhismus als Staatsreligion.

Das zweite aus historischen Dokumenten bekannte Königinnenreich war Tung Nu Kuo. Es lag im Osten, wurde ausschließlich von Frauen regiert und bestand aus achtzig Städten mit vierzigtausend Familien und einer zehntausendköpfigen Armee. Seine Königin, die im K'ang-Yen-Tal lebte, trug schwarze oder blaue Gewänder und hatte ein ähnliches Gefolge wie ihre Kollegin im Norden. Als sie starb, sollen ihr zwanzig oder noch mehr Menschen ins Grab gefolgt sein. Ihr Land wurde als kalt beschrieben, und die Bevölkerung baute Gerste an und hielt Pferde- und Schafherden. Außerdem wurde in diesem Reich Gold abgebaut. Reiche Frauen hatten männliche Diener, die das Gesicht ihrer Herrin schwarz anmalten, eine Sitte, die einige tibetische Frauen bis ins 19. Jahrhundert beibehielten. Ebenso wie über Nu Kuo wird auch über dieses Reich berichtet, daß die Frauen »ihre Männer nicht sonderlich achteten«[42] und nach allgemeinem Brauch den Namen ihrer Mutter übernahmen. Die Hauptaufgabe der Männer war es, das Land zu bearbeiten und gegebenfalls zu kämpfen, während die Frauen regierten.

Es gibt in Tibet noch weitere Spuren alter matrifokaler Traditionen und Symbolismen. In der Grenzregion im Nordwesten zwischen Tibet und Indien hat A. H. Francke unter den dort ansässigen Anhängern des tibetischen Buddhismus zu Beginn des 20. Jahrhunderts Indizien für die Verehrung der *Yoni* gefunden. Er entdeckte aber auch Hinweise auf Menschen- und Tieropfer, die bei der Bestattung wichtiger Persönlichkeiten dargebracht wurden. Bei seinem Besuch in Poo an der Nordwestgrenze Tibets fand er an *Mani*-Mauern[43] Inschriften von Passagen aus dem *Prajnaparamita*[44], einem der wichtigsten Texte der Mahayana-Tradition, die der *Yum Chenmo* (dies ist der tibetische Name für die Große Mutter) gewidmet waren. Er schreibt: »Erstaunlicherweise fanden wir hier ein Gebet, das an *die Frau von Shiva* gerichtet war, denn das Fest von Shar-rgan, bei dem ein Menschenopfer dargebracht wurde, wurde offenbar ihr zu Ehren gefeiert.«[45] (Kursivsetzung von J.C.) Nach Francke war es noch bis in die jüngste Vergangenheit, mit Sicherheit bis ins 18. Jahrhundert, üblich, der Göttin anläßlich ihres Festes ein Menschenopfer darzubringen. Er zitiert eine lokale tibetische Überlieferung, aus der hervorgeht, daß zu Ehren von Tara, einer Manifestation der Großen Mutter, Menschenopfer dargebracht wurden: »Als ich (Tara) aus Indien hierher kam, [erhielt ich] ein Kalb von drei Jahren und ein Kind von acht Jahren.«[46]

Aus diesem Beispiel geht hervor, daß eine einheimische Göttin namens Tara mit Menschenopfern, einem Hindu-Gott und der buddhistischen Gottheit Prajnaparamita in Verbindung gebracht wurde. Aufgrund der Geschichte jener Region ist kaum anzunehmen, daß die Tara, von der in der zitierten Überlieferung die Rede ist, mit der buddhistischen Gottheit Tara identisch ist, die von den Tibetern Dolma genannt und gewöhnlich als Mutter des Mitgefühls angesehen wird. Die tibetisch-buddhistische Tara wird traditionell mit Chenrezig, der Gottheit des Mitgefühls, assoziiert: Chenrezig soll sie geboren haben. Unter der Herrschaft der Buddhisten, die Gewaltlosigkeit besonders betonen und jede Art von Blutopfer in religiösen Ritualen ablehnen, wäre Tara nicht auf diese blutrünstige Weise verehrt worden. Wie Bharati vermutet, handelte es sich wahrscheinlich um die hinduistische Tara, »ganz einfach die Frau von *Shiva* ... eine völlig andere Gottheit«[47], deren Name aus Gewohnheit beibehalten wurde, obwohl sich ihre Bedeutung unter dem Einfluß des buddhistischen Denkens völlig verändert hatte. Bharati fährt fort:

> Der Name ist ein verbreiteter Beiname aller großen Hindu-Göttinnen, und wir finden ihn in der *Sahasranama*, der »Invokation der tausend Namen«, [als Beinamen] von Lalita (Shivas wichtigster Gefährtin) oder Sarasvati und von Lakshmi; keine von diesen steht in irgendeiner Beziehung zu einer tibetischen oder einer im Vajrayana-Buddhismus verehrten Göttin.[48]

Aufgrund der großen Bedeutung, die Yum Chenmo, der Großen Mutter, im hinduistischen Denken zukam, könnte sie auch mit dieser, die wiederum im tibetischen Buddhismus zu Prajnaparamita wurde, in Verbindung gebracht worden sein.

Die Rituale und Traditionen von Poo veranschaulichen sehr gut, wie die Gottheiten miteinander vertauscht und wie ihre Bedeutung – jedoch nicht unbedingt ihr Name – verändert wurde, um sie den sich wandelnden Tendenzen in den in bestimmten Regionen aufeinandertreffenden Glaubenssystemen anzupassen.

Im *Sammohatantra*, einem indischen Text, wird berichtet, daß es in ganz Zentral- und Ostasien viele Zentren des Tantra gab, beispielsweise in Ländern wie Persien, Medea, Irak, Nepal und China. Obgleich gewisse Grundelemente des alten Kults der Großen Mutter in allen diesen Ländern erhalten geblieben sind, scheinen die Hauptmerkmale des indischen Tantra am stärksten in Tibet adaptiert worden zu sein. Dort müssen sie sich mit ähnlichen Konzepten zunächst des Schamanismus und später des Bön verbunden haben. »Der buddhistische Tantrismus hat viele seiner niederen Gottheiten vom Hinduismus entlehnt oder zumindest aus dem großen Arsenal von Gottheiten, das in Gebieten zu finden war, in denen die hinduistische, die buddhistische und die ursprüngliche indische Mythologie gediehen.«[49]

Die wichtigsten Elemente des alten Tantra waren die Polaritätssymbolik, die dem Männlichen und dem Weiblichen einander entgegengesetzte und einander ergänzende Attribute zuordnete; weiterhin die Lehren über Tod und Wiedergeburt; die Yoga-Praktiken, sexuelle Rituale und symbolische Opfer; die zentrale Bedeutung des Guru; der Symbolismus von Ikonographie und Sprache; die Bedeutung des *Mantra*[50] und die wichtige Rolle von Initiationen und der Geheimhaltung für den spirituellen Fortschritt. Diese Konzepte sind später vom tibetischen Buddhismus aufgegriffen und in veränderter Form verbreitet worden. Doch bevor ich mich dieser Thematik zuwende, möchte ich zeigen, wie eine der alten weiblichen Gottheiten im tibetischen Buddhismus in ihrem Wesen verändert und in dieser neuen Form vergöttlicht wurde und wie sich dadurch auch die Vorstellung von einer »essentiellen« weiblichen Identität veränderte.

3. Die Lotos-Gottheit
Eine verschollene Göttin

Im Zentrum jenes komplexen Systems von Glaubenssätzen und philosophischen Ideen, das der tantrische Buddhismus ist, steht eine überreiche Ikonographie in Form von Skulpturen, *Ku* (tibet.: *sku.*), und Rollbildern, *Thangka* (tibet.: *thang.ka*)[1] genannt. Diese repräsentieren ein Pantheon von Gottheiten, männlichen und weiblichen, friedlichen und zornigen, die wegen der spezifischen Eigenschaften, die sie verkörpern, verehrt werden. Die Darstellungen dienen nicht nur dem Schmuck der reich verzierten Tempel und Altäre, sondern sie werden auch bei bestimmten Meditationsübungen des tibetischen Yoga als Objekte für die Visualisation benutzt. Merkwürdigerweise gibt es in der Ikonographie des Vajrayana weitaus mehr Bildnisse tantrischer Gottheiten und Darstellungen der mythischen Buddhas der fünf Richtungen als solche des historischen Buddha. Die populärste unter den vielen Gottheiten des tibetischen Buddhismus und der Schutzpatron des Landes Tibet ist Chenrezig (tibet.: *spyan. ras.gzigs*, Sanskrit: *Avalokiteshvara*), der sogenannte »Gott des Mitgefühls«, dessen Inkarnation in menschlicher Form der jeweilige Dalai Lama sein soll.

Chenrezig wird im gesamten Verbreitungsgebiet des tibetischen Buddhismus verehrt, zum einen durch die Steinmauern, in die sein Mantra eingemeißelt wird (die »*Mani*-Mauern«), zum anderen durch das allgegenwärtige Rezitieren seines Mantras, des zweifellos wichtigsten und am häufigsten benutzten Gebets im gesamten Buddhismus. Es wird auf große Handtrommeln gedruckt, die die Gläubigen hin- und herdrehen, und es ist auch in den kleineren Gebetsmühlen enthalten, die die Tibeter überallhin mitnehmen und unablässig drehen. Die Bedeutung von Chenrezig besteht einerseits darin, daß er in der Gestalt des Dalai Lama die Kontinuität des tibetischen Sozialsystems garantiert. Andererseits verkörpert er die *Essenz* des Dharma, so wie der Mahayana-Buddhismus sie beschreibt, und hebt die große Bedeutung des Mitgefühls in dieser Lehre hervor.

Die Ursprünge des Chenrezig und seiner Mythologie sind nun aber recht undurchsichtig und keineswegs eindeutig. Die indische Gottheit Avalokiteshvara, die gewöhnlich als Äquivalent zu Chenrezig bezeichnet wird, ist nach Diana Paul in Indien seit dem 5. Jahrhundert bekannt, und zwar als »wichtigster Helfer des Buddha Amitabha, der zusammen mit dem anderen wichtigen Helfer Amitabhas, dem Bodhisattva Mahasthamaprapta, die Gläubigen ins Reine Land geleitete.«[2] Paul behauptet, diese Gottheit sei zu allen Zeiten männlich gewesen. Doch nach De la Vallee Poussin wurde Avalokiteshvara in Indien in weiblicher Form verehrt, bevor sie im 1. Jahrhundert als weibliche Gottheit Kuan-Yin nach China gelangte.[3] Im 7. Jahrhundert ist sie dann als männlicher Chenrezig in Tibet aufgetaucht. Auch Paul geht davon aus, daß es eine Verbindung zwischen der indischen männlichen Gottheit Avalokiteshvara und der chinesischen weiblichen Gottheit Kuan-Yin gibt. Doch weist die Autorin darauf hin, daß der verblüffende Geschlechtswechsel *von männlich nach weiblich* in der Mahayana-Literatur durch die Entstehung der Idee der letztendlichen »Asexualität« der Bodhisattvas erklärt wird.

Die den Bodhisattvas zugeschriebene Asexualität beinhaltete, daß eine Geschlechtsumwandlung möglich war, denn »die Sutras ... lehrten, daß alle Vorstellungen von Geschlechtlichkeit, ob männlicher oder weiblicher, geistige Anhaftungen seien, die der Lehre des Buddha, daß alle Phänomene leer sind, widersprachen.«⁴ Infolgedessen tauchten sowohl in den Schriften als auch in der Ikonographie Repräsentationen auf, die die Geschlechtlichkeit des physischen Körpers leugneten oder verbargen. Beim Buddha selbst wurde »dessen männliches Sexualorgan verborgen«⁵. Doch trotz dieser symbolischen Repräsentation der Asexualität, die zum Ausdruck bringen sollte, daß das Geschlecht für das Streben nach Buddhaschaft unwichtig sei, wurde die Verwandlung der Frau zum Mann als erstrebenswert hingestellt, da auch auf der Bodhisattva-Ebene der männliche Körper als der vorzuziehende physische Zustand bezeichnet wurde. Paul schreibt:

> Nur wenn das Geschlecht ein Kriterium für die Erleuchtung bleibt, sind weibliche Bilder der Buddhaschaft undenkbar. Die fortwährende Assoziation des Weiblichen mit Geschlechtlichkeit wird auf Bilder der Buddhaschaft bezogen zu einem »zweischneidigen Schwert«. *Immer wenn das Geschlecht als wichtiger Faktor für das Erlangen von Buddhaschaft dargestellt wird, wird das männliche Geschlecht als das vorzuziehende bezeichnet.*⁶ (Kursivsetzung von J. C.)

Mit dieser Erklärung der Geschlechtsumwandlung geht Paul zwar auf das Problem ein, das sie als »die Spannungen zwischen Frauenfeindlichkeit und egalitaristischen Idealen«⁷ im Buddhismus bezeichnet, doch bleibt in ihren Ausführungen jenes dualistische Verständnis der Geschlechtlichkeit, das letztlich das männliche Geschlecht privilegiert, unangetastet. Pauls Beispiele veranschaulichen, daß die Bodhisattvas und Buddhas vorzugsweise als männlich oder asexuell dargestellt werden oder aber bei den bekannten androgynen Darstellungen das Weibliche dem Männlichen einverleibt wird. Hingegen wurde versucht, Bilder, auf denen der weibliche Körper und die weibliche Geschlechtlichkeit ohne irgendeinen Bezug zum Männlichen dargestellt wird, weitgehend aus der Ikonographie zu verbannen. Auf das Fehlen dieser vierten Dimension weist Paul in einer anderen Beobachtung über alternative Möglichkeiten, die Erleuchtung zu erreichen, hin. Sie schreibt: »Es gibt ein Sutra, in dem es heißt, daß ein Buddha in einem Land der Frauen in Erscheinung trat und in einem weiblichen Körper Buddhaschaft erlangte.«[8] Dieses Sutra ist allerdings nur in der chinesisch-buddhistischen Tradition bekannt, nicht in der tibetischen. Die Schriften des tantrischen Buddhismus leugnen im allgemeinen, daß Frauen geeignete »Buddha-Subjekte« sein können und stellen das männliche Geschlecht als das grundsätzlich überlegene hin. Paul resümiert dies, indem sie auf die Geschlechtsgebundenheit gewisser Konzepte in den Mahayana-Schriften hinweist:

> Der männliche Geisteszustand – der Geisteszustand des Bodhisattva und des Buddha – versteht die Lehre über die Leerheit. Die Verwandlung vom Weiblichen zum Männlichen symbolisiert den Zustand des Übergangs von der Unwissenheit zur vollkommenen, höchsten Weisheit, welche Leerheit ist.[9]

Bei der Entwicklung des Vajrayana spielte die »Geschlechtsproblematik« offenbar eine wichtige Rolle. Bei einer Untersuchung der Ursprünge des Chenrezig zeigen sich nicht nur historische Verbindungen und Parallelen zu Gottheiten anderer Traditionen, sondern auch Hinweise darauf, wie das jeweilige Geschlecht der Gottheit die Bedeutung gewisser religiöser Symbole verändert hat und in welcher Beziehung diese Veränderungen jeweils zur gesellschaftlichen Realität der betreffenden Zeit standen.

Im Gegensatz zu Diana Paul bin ich der Meinung, daß sich der männliche Bodhisattva Chenrezig aus einer uralten weiblichen Gottheit entwickelt hat und daß Chenrezig nicht etwa in China eine weibliche Form angenommen, sondern vielmehr dort sein ursprüngliches Geschlecht beibehalten hat, wohingegen dieses in den benachbarten Ländern Tibet und Indien transformiert wurde. Die tibetische Manifestation dieser Gottheit wies durchaus noch Attribute der älteren weiblichen Form auf und hatte auch weiterhin deren symbolische Bedeutung. Doch außerdem hatte sie, wie Diana Paul beschreibt, die drei essentiellen Charakteristika eines Bodhisattva: Sie besaß den Körper eines Mannes, war ihrem Wesen nach asexuell und von androgynem Charakter. An der Seite dieser nun männlichen Gottheit überlebte in der symbolischen »Tochter« Dolma der Mutter-Symbolismus, wenn auch in untergeordneter Position.

Zweifellos hat die buddhistische Philosophie jener Zeit, die ausdrücklich vertrat, daß Bodhisattvas ihr Geschlecht verändern könnten, diese Geschlechtsumwandlung und den Tausch der Geschlechterrollen nicht in einem historischen, sondern in einem philosophischen Kontext erklärt. Dennoch erwähnen einige Kommentatoren, daß sich in den buddhistischen Kulten des 4. Jahrhunderts gewisse »autonome«[10] Gottheiten entwickelt haben. Diese Gottheiten, die trotz ihrer »unabhängigen Entwicklung außerhalb der buddhistischen Tradition später von buddhistischen Übenden [in dieselbe] integriert wurden«[11], entstammten meist der wesentlich älteren Hindu-Tradition. Auch der Taoismus in China scheint archaische Bildnisse des Weiblichen beibehalten zu haben. »Es ist wohlbekannt, daß Symbole wie das Geheimnisvolle Weibliche und Mutter Erde grundlegend für den Taoismus sind, da sie wichtige pragmatische Aspekte der Lehren repräsentieren.«[12] Im Falle Tibets wurde diese Entwicklung erheblich durch die geographische Lage des Landes beeinflußt, das strategisch betrachtet zwischen mehreren großen Zivilisationen liegt.

Als der männliche Gott Chenrezig im Geist der Gläubigen eine wichtige Position errang, wurde die Darstellung seiner Eigenschaften und Merkmale den Erfordernissen der Mahayana-Lehren und seines Status als Bodhisattva angepaßt. So kam es, daß er die primitiven Mutter-Göttinnen, *jedoch nicht die mit ihnen assoziierten Symbole* ersetzte. Dadurch wurde Kontinuität gewahrt und gleichzeitig eine neue Ordnung geschaffen, in der die Bedeutung der früheren wichtigen Symbolik dieser Gottheit für Frauen deutlich abgeschwächt wurde.

Die Bedeutung dieser Geschlechtstransformationen kann gar nicht hoch genug eingeschätzt werden. Sie repräsentieren eine Schwerpunktverlagerung vom sogenannten »primitiven« Glauben an das essentielle Sein (*be-ing*)[13], an die Bedeutung des Weiblichen und an seine Göttlichkeit als Große Mutter, hin zu einer Position, die dem Weiblichen nur noch eine sekundäre Bedeutung zugestand und es außerdem lediglich als auf das Männliche bezogen und manchmal *in symbolischem Gegensatz* zum Männlichen darstellte. Charakteristisch für diese dualistische Sichtweise ist, daß die Existenz der Göttin durch ihre Beziehung zum Männlichen definiert wurde. Dadurch entwickelte sich nicht nur eine androzentrische Sicht philosophischer Themen, sondern es ging auch die symbolische Beziehung zwischen Frauen verloren und damit die potentielle Göttlichkeit der Frau durch *unabhängige und autonome* Weiblichkeit. Verschiedene Autorinnen haben festgestellt, daß durch diese Entwicklung in Verbindung mit gesellschaftlichen Strukturen, die dieses Glaubenssystem stützten, ein Problem der weiblichen Transzendenz entstand. Luce Irigaray stellt fest: »Es zirkuliert kein Geist der Göttlichkeit mehr zwischen Mutter und Tochter, zwischen Frau und Frau.«[14]

Die Entwicklung des Chenrezig muß im Kontext des am engsten mit ihm assoziierten Symbols, *des Lotos*, gesehen werden. Dieses universelle Symbol, das schon im frühesten Altertum bekannt war, bringt Chenrezig mit der archaischen Lotos-Göttin in Verbindung, deren Existenz bis in die Zeit um 2.500 v. u. Z. zurückverfolgt werden kann. Es gibt Bildnisse von ihr, die während der großen Mohenjo-Daro-Zivilisation des Indus-Gebiets entstanden sind. Joseph Campbell schreibt über sie: »Sie ist ein besonderer Aspekt oder eine lokale Ausdrucksform der Mutter Erde der alten Zeiten: die große Mutter-Gottheit der Jungsteinzeit, die in weiten Bereichen der Welt verehrt wurde.«[15] Von der Mutter-Göttin wurden in Höhlen in Uttar Pradesh in Indien Bildnisse gefunden, die mit Hilfe der Carbon-24-

Methode auf die Zeit um 20.000 v. u. Z. datiert wurden, einer wirklich sehr fernen Vergangenheit. Für ihre spätere Assoziation mit dem Lotos gibt es Belege aus vielen, weit auseinanderliegenden geographischen Bereichen: aus dem Mittelmeerraum, vom Schwarzen Meer und aus dem Donautal, und ihre Merkmale entsprechen denjenigen einer frühen sumero-semitischen Göttin Mesopotamiens und prä-arischer Zeit.

In Asien repräsentierte das Symbol des Lotos die weibliche Geschlechtlichkeit, und Darstellungen des Lotos (Sanskrit: *Padma*) wurden als Anspielungen auf die Vulva verstanden. Der Lotos, der keine Erde benötigt, um zu gedeihen, wurde allgemein als Symbol der »lebenspendenden Kräfte des Wassers«[16] angesehen. In indischen Mythen heißt es, der weiße Lotos und der weiße Elefant seien am Anfang der Zeit aus einem tosenden, milchigen Meer hervorgegangen. Der erste Elefant wurde Airavata genannt, was »geboren von der, die von Flüssigkeit beherrscht wird«[17] bedeutet. Er wurde im Laufe der Zeit zum Symbol der Fruchtbarkeit und des Überflusses sowie deren Assoziation mit dem Weiblichen. Bei rituellen Festen in Indien folgen die Verehrer der Mutter-Göttin einem weißen Elefanten. Sie flehen die Göttin an, Regen zu senden und für Fruchtbarkeit zu sorgen. Der Elefant wird bei diesen Festen mit Sandelholz bemalt und von Männern in Frauenkleidern begleitet, um »das weibliche Prinzip des Kosmos, die mütterliche, gebärende und nährende Energie der Natur zu ehren.«[18]

Die Lotos-Göttin Padma, die eindeutig mit Fruchtbarkeit und mit den lebenspendenden Kräften des Weiblichen assoziiert wird, wurde zur Verkörperung essentiell weiblichen Seins. Viele Aspekte dieses alten Schöpfungsmythos sind auch in der Geschichte über die Empfängnis des historischen Buddha, Gautama, im Schoß seiner Mutter, Königin Maya, zu finden. In jener Legende bereitet sich die Königin auf ein Vollmondfest vor. Sie gibt den Armen Geld, gelobt, Selbstdisziplin zu üben, und legt sich dann in ihr Bett. Nachdem sie eingeschlafen ist, träumt sie, sie würde in den Himalaya gebracht, der traditionell als Aufenthaltsort der alten Götter angesehen wurde. Dort angekommen, wird sie von den Königinnen der Herrscher der vier Richtungen in einem See gebadet und anschließend in einem goldenen Haus, das auf einem Silberberg steht, auf ein Bett gelegt. Der zukünftige Buddha betritt das Haus in Gestalt eines weißen Elefanten. In seinem Rüssel trägt er einen weißen Lotos. Er dringt durch die rechte Seite in den Körper der Königin ein. Als sie am nächsten Morgen ihrem Mann von ihrem Traum erzählt, ruft dieser 64 Priester zusammen, die den Traum deuten sollen. Als seien sie sich der Schlußfolgerungen bewußt, die der reiche weibliche Symbolismus des Traumes geradezu aufdrängt, beeilen sie sich zu sagen: »Fürchte dich nicht, die Frucht deines Leibes ist nicht weiblich, sondern männlich und ein überragendes Wesen.«[19]

Die asketisch-buddhistischen Strömungen in Indien versuchten, sich von der Metaphorik des Lotos zu lösen, doch gelang ihnen dies offenbar nicht, denn: »Wenige Jahrhunderte nach der Zeit Buddhas war Padma erneut die wichtigste Figur auf buddhistischen Monumenten, dargestellt mit ihrem genitalen Lotos.«[20] In späterer Zeit wurde die Darstellung der Geschlechtlichkeit einer weiblichen Gottheit weitgehend durch die *Yab-Yum*-Bildnisse männlicher und weiblicher Gottheiten in sexueller Vereinigung abgelöst, und der Lotos selbst spielte in der Bilderwelt des tibetischen Buddhismus fortan nur noch eine symbolische Rolle. In China hingegen wurde Padma zur Göttin Kuan-Yin, und zwar *bevor* sie in männlicher Form in Tibet auftauchte. Diana Paul ist der Meinung, die Göttin Kuan-Yin habe eine Geschlechtstransformation durchlaufen, und sie schreibt: »Es ist völlig unklar, wie diese eigenartige Umwandlung vom Männlichen zum Weiblichen vor sich gegangen ist.«[21] Sie kommt offenbar gar nicht auf die Idee, daß Kuan-Yin ihr ursprüngliches Geschlecht bewahrt haben und die Transformation tatsächlich in Tibet und Indien vollzogen worden sein könnte – als Umwandlung einer weiblichen in eine männliche Gottheit. Sie vermutet, daß Kuan-Yin entweder aus einer Kombination der alten taoistischen »Königin-Mutter des Westens« mit der indisch-buddhistischen Gestalt des Avalokiteshvara entstanden sein könnte oder daß sie eine erweiterte Form von Tara ist, der Gefährtin von Chenrezig/Avalokiteshvara im tantrischen Buddhismus. Sicherlich sind die Grenzen zwischen all diesen Gottheiten sehr fließend, und ihre jeweilige Bedeutung in der Ikonographie verschiedener Kulturen unterlag dem Einfluß gesellschaftlicher und geographischer Faktoren. Hinweise auf den Entwicklungsprozeß, der offensichtlich stattfand, geben uns die Ähnlichkeiten der Legenden und Mythen über alle diese Gottheiten und insbesondere die Berichte über die drei Entwicklungsphasen des archaischen Weiblichen, des einverleibten Weiblichen und des männlichen Primats.

Die tibetische Gottheit Dolma beispielsweise wird in der Legende mit Chenrezig assoziiert. Sie soll von ihm geboren worden sein, und zwar in einer Lotosblüte. Diese wuchs in einem See, der sich aus einer seiner Tränen gebildet hatte. Dieser Bericht über die Geburt einer Göttin beschreibt eine merkwürdige Rollenumkehr, da eine männliche Gottheit eine weibliche »gebiert«, und zwar mit Hilfe der einzigen Körperflüssigkeit des Menschen, die mit Wasser (oder dem Meer) vergleichbar ist, dem Ursprung des Lotos selbst. Ähnlich haben auch die Hindus den frühen Symbolismus der Göttin Padma umgekehrt. In ihrer Darstellung des Lotos entspringt dieser Vishnus Nabel. Dazu bemerkt Joseph Campbell:

> [Weil] der primäre Bezug des Lotos in Indien stets die Göttin Padma – »Lotos« – war, deren Körper das Universum ist, müßte die lange Verbindung vom Nabel zum Lotos eigentlich eine Nabelschnur darstellen, durch die die Energie von der Göttin zum Gott fließt, von der Mutter zum Kind, nicht in umgekehrte Richtung.[22]

Der mythologische Ursprung von Kuan-Yin als der wichtigsten Lotos-Gottheit Chinas weist ähnlich interessante Parallelen zu vielen Merkmalen des späteren männlichen tibetischen Gottes Chenrezig auf. Sie soll schon in der Chow-Dynastie (um 696 v. u. Z.) unter dem Namen Miao-Shan bekannt gewesen sein, und gelegentlich wird die Entstehung ihrer Legende sogar in der Chin-T'ien-Epoche (um 2587 v. u. Z.) angesiedelt.[23] Miao-Shan wollte als junge Frau gegen den Willen ihres Vaters Nonne werden. Sie ging zum Kloster der Weißen Sperlinge, um dort zu meditieren. Ihr Vater war empört darüber, daß sie nicht heiraten wollte, und gab den Befehl, sie zu enthaupten. Doch als das Schwert ihren Körper berührte, zersprang es in tausend Stücke. Deshalb wurde sie stranguliert. Nachdem ihre Seele ins Paradies eingegangen war, wurde sie auf einer Lotosblüte zur Insel *P'oo too* gebracht. Später wurde ihr Vater krank und träumte von einem Arzt, der ihm sagte, er könne nur geheilt werden, wenn er eine Arznei erhalte, die aus der Hand und dem Auge eines lebenden Menschen hergestellt werden müsse. Tatsächlich war dieser Arzt seine Tochter. Durch Verzehr eines magischen Pfirsichs hatte sie übernatürliche Kräfte erlangt. Sie schnitt sich ihre Arme ab und riß sich ein Auge aus, um ihren Vater zu heilen. Aus Dankbarkeit ließ der Vater daraufhin eine Statue von ihr mit tausend Armen und Augen herstellen. Als er bekannte, daß er sie ermordet habe, antwortete die Tochter nur: »Wirst du mich jetzt zwingen zu heiraten?«[24] Später versammelten sich viele Schüler um sie, von denen einer, ein Fisch, ihr eine magische Perle schenkte, weil sie ihm das Leben gerettet hatte.

Im Mythos von Miao-Shan kämpft die Tochter gegen patriarchalische Vorstellungen, um ihren eigenen spirituellen Weg gehen zu können. Doch ihr Mitgefühl kommt letztlich in dem Opfer zum Ausdruck, das sie aus Liebe *zum Vater* darbringt. In patriarchalischen Mythen wie diesem ist der Vater stets der wichtigste Bezugspunkt für die Entscheidungen der Tochter. Sie gehorcht *ihm* nicht, *er* tötet sie, und sie opfert *ihm* ihren Körper in einem Akt der Liebe. Die Geschichte enthielte eine völlig andere Bedeutung, wenn ihre *Mutter* sie getötet und sie ihren Körper um ihrer Mutter willen geopfert hätte. Miao-Shans Geschichte veranschaulicht, welche Möglichkeiten Frauen in einem patriarchalischen System haben: Sie können sich entweder der Institution der Ehe unterwerfen, oder sie lehnen diese offen ab, und damit lehnen sie auch die herrschenden gesellschaftlichen Normen ab. Dafür werden sie allerdings bestraft. Außerdem ist eine Frau, nachdem sie aufgrund ihrer Handlungen eine symbolische »Vernichtung« erfahren hat (die in dieser Geschichte durch ihre Strangulation symbolisiert wird), gezwungen, ihrem Unterdrücker gegenüber Mitgefühl zu zeigen. Sie opfert ihren Körper (und damit ihre Geschlechtlichkeit), um sich in den Augen des Mannes zu rehabilitieren, und kann dann eine neue Position einnehmen, in welcher der Mann sie verehren kann. Julia Kristeva hat dieses paradoxe Szenario analysiert, da es auch die Situation heutiger Frauen betrifft:

> Die Frau wird vor eine klare Entscheidung gestellt: Entweder bleibt sie mit der Mutter identifiziert, was ihren Ausschluß aus der patriarchalischen Gesellschaft und ihre relative Bedeutungslosigkeit zur Folge hat, oder sie unterdrückt den Körper der Mutter, identifiziert sich mit dem Vater und erhebt sich auf diese Weise in dessen symbolische Höhen. Eine solche Identifikation raubt der Frau jedoch nicht nur den mütterlichen Körper, *sondern auch ihren eigenen.*[25] (Kursivsetzung von J. C.)

Die Geschichte von Miao-Shan weist noch andere interessante Aspekte auf. Um seine Wut an ihr auszulassen, versucht der Vater, die Tochter durch Enthauptung zu opfern. Dieser Akt erinnert an die Enthauptungen zu Ehren der großen zornigen Göttin des Altertums, Kali, nur sind die Geschlechter der Beteiligten umgekehrt. Und nachdem Miao-Shan tot ist, entfernt sie symbolisch durch Herausreißen eines Auges und durch Verstümmelung ihres Körpers zwei Symbole weiblicher Macht: das schreckliche, alles sehende Auge, das die Macht hat, zu zerstören (repräsentiert in den Mythen von Göttinnen wie Medusa oder der indischen Minaksi-Kali, der »Fischäugigen«, oder der tibetischen einäugigen Göttin Ekajati), sowie die weibliche Schönheit selbst, die die Macht hat, Männer zu verführen. In vielen alten Kulturen galt das *Auge des Bösen* oder *der böse Blick* als weiblich. Er wurde mit Kali assoziiert, und man glaubte, er könne in die Seelen der Männer schauen. In Indien diente das Symbol der *Yoni* als Amulett zur Abwehr des bösen Blicks. Im Mythos der Miao-Shan wird die Protagonistin gezwungen, sich selbst ein Auge herauszureißen und es ihrem Vater zu opfern. Später schenkt der Vater ihr dafür viele Augen und Arme als symbolische Attribute nicht für die Macht der Zerstörung und des Bösen, sondern für die alles sehende Macht des *Guten*.

In den Legenden vieler alter Göttinnen werden diesen häufig sowohl das Attribut der Schönheit als auch das des magnetischen Blicks zugeschrieben. Spätere Mythen – und sogar die Berichte über das Leben weiblicher christlicher Heiliger – bezeichnen beide Attribute jedoch als Hindernisse für die spirituelle Entwicklung der *Frau*. Sie müssen »entfernt« werden, damit die Frau sich ungestört ihrem spirituellen Streben widmen kann. Häufig behaupten diese Mythen, daß Handlungen, durch die Frauen sich ihrer Schönheit oder anderer typisch weiblicher Attribute berauben – die also gegen sie selbst gerichtet sind –, für sie selbst von Nutzen seien, weil sie sich dadurch von der patriarchalischen Forderung zu heiraten befreien und sich dann ihrer spirituellen Entwicklung widmen könnten. Von den Frauen wird verlangt, daß sie »um des Vaters willen« ihren eigenen Körper opfern – mit anderen Worten: um der patriarchalischen Gesellschaft willen, die sie zwingt, ihre Macht derjenigen der Männer unterzuordnen und den weiblichen Körper und seine Sexualität aufzugeben, um im religiösen Bereich einen den Männern gleichgestellten Status erlangen zu können. Diese Imperative entstanden nicht nur aus einem Unbehagen der Männer heraus, keine Macht über schöne Frauen zu haben, die nicht heiraten und ihr Leben der eigenen spirituellen Entwicklung widmen wollten, sondern auch aus dem Bemühen, die weibliche Sexualität zu negieren, *wenn sie nicht der Kontrolle von Männern unterlag.* Die Mythen, die in der Übergangsperiode zwischen dem Primat der Göttinnenverehrung in alter Zeit und dem späteren Primat der Götterverehrung entstanden (so der Mythos von Miao-Shan), veranschaulichen diese neue Ordnung, unter der die alten Attribute umgekehrt und der religiösen Herrschaft des Patriarchats entsprechend neu definiert wurden.

Die Miao-Shan-Legende enthält auffällige Hinweise auf die alte, eng mit der weiblichen Fruchtbarkeit verbundenen Gottheit. Miao-Shans Rückkehr »von den Toten« wird durch das Essen eines magischen Pfirsichs möglich, der Frucht, die in der chinesischen Mythologie das weibliche Genital repräsentierte, dessen Saft als das Lebenselixir angesehen wurde. Die Chinesen glaubten an einen *im Westen gelegenen* Garten, in dem es magische Pfirsiche gebe, wobei anzumerken ist, daß der Westen nach der chinesischen Mythologie von der Großen Mutter beherrscht wurde. Wie bereits erwähnt, erhält Miao-Shan später von einem ihrer Schüler, einem Fisch, eine magische Perle; ein Juwel, das stets als Kleinod der Meeresgöttin verehrt wurde. Der Körper der Meeresgöttin wird im chinesischen Mythos als das Tor (das »Perlentor«) bezeichnet, das alle Menschen bei ihrer Geburt und bei ihrem Tode passieren müssen. »In der Antike galten alle Perlen als weiblich, da sie der Sage nach aus zwei weiblichen Kräften entstanden waren, dem Mond und dem Wasser.«[26] Daß ein Fisch die Perle schenkt, hat ebenfalls etwas mit dem alten Symbolismus zu tun. »Das oval zugespitzte Zeichen der *Yoni* – bekannt als *vesica piscis*, ›Gefäß des Fischs‹ – war ein auf der ganzen Welt verbreitetes Symbol für die Große Mutter ... Die chinesische Große Mutter, Kwan-Yin (›Yoni aller Yonis‹), wurde häufig als Fischgöttin dargestellt.«[27] Somit bestätigt der Mythos der Miao-Shan auch die Bedeutung der Mutter für die Frau, denn er betont, daß die Macht der Frau von der Mutter herrührt. Dies aber muß in patriarchalischen Gesellschaften verborgen und die Mutter muß geleugnet werden.

Die Geschichte der Miao-Shan enthält also wichtige Verweise auf eine vergangene Kultur, und gleichzeitig beschreibt sie, welche Voraussetzungen erfüllt sein müssen, um problemlos in der neuen Gesellschaftsordnung zu leben. Ähnlich wie die Mythen des Hesiod ist auch dieser chinesische Mythos ein wichtiger Indikator für historischen Wandel. Er enthält wie eine Art universelles Unbewußtes sowohl die Erinnerungen an die Vergangenheit als auch das Bewußtsein der Strukturen der gegenwärtigen Realität. Miao-Shans Geschichte erinnert uns an die magische Qualität jener Zeit, in der die Beziehung zur Großen Mutter im Vordergrund stand, und sie zeugt von der Gewalt, die bei der *zwangsweisen* Einführung patriarchalischer Herrschaft unvermeidlich ausgeübt werden mußte. René Girard vertritt die These, daß alle Gesellschaften auf einer Art von Opfer basieren, dessen Brutalität durch die Religion legitimiert wird. Luce Irigaray weist nun darauf hin, daß das anfängliche Opfer in allen formalisierten Gesellschaften die Mutter und damit die Fruchtbarkeit betrifft. »Die Unterdrückung und Einverleibung der mütterlichen Genealogie durch die väterliche führt zu einer Nichtachtung der Fruchtbarkeit.«[28] In Miao-Shans Legende wird Mutterschaft eindeutig negativ gesehen, weil die Protagonistin nur durch deren Ablehnung zu spirituellem Fortschritt gelangen kann. Dieses Thema klingt auch in vielen späteren buddhistischen Geschichten über Frauen an, die bereits Mutter sind und die sich verpflichtet fühlen, ihre Rolle aufzugeben, um Erleuchtung zu erlangen.

Obwohl die Legende von Kuan-Yin in ihrer Form als Miao-Shan uralt ist, sind viele Spuren derselben noch im heutigen Bild der männlichen buddhistischen Gottheit Chenrezig enthalten. Die Göttin war bekannt als »die, deren Augen alles sehen« und als »Großes Erbarmen«, während Chenrezigs Name im Tibetischen »all-sehend« bedeutet und einer seiner Beinamen »Großer Erbarmungsvoller« ist. Miao-Shan lebte auf der Insel *P'oo too*, während Chenrezig im *Po ta la* residieren soll, und dies ist auch der Name des Palastes seiner angeblichen Inkarnation auf Erden, des Dalai Lama, in Lhasa.[29] Miao-Shan wird gewöhnlich in weißen Gewändern abgebildet und als Gestalt mit eintausend Armen und Augen verehrt. Chenrezig ist ebenfalls weiß (obwohl er eigenartigerweise der roten Buddha-Familie angehört), und auch er wird unter anderem mit tausend Armen und Augen dargestellt. Miao-Shan besaß eine magische Perle, eine magische Frucht, und sie gelangte auf einer Lotosblüte sitzend nach *P'oo too*. Chenrezig hält in seiner vierarmigen Gestalt eine Gebetskette aus Perlen, einen Lotos und ein magisches rundes Juwel in Händen. Außerdem soll er aus einer Lotosblüte geboren worden sein.

Sowohl in China (Kuan-Yin) als auch in Japan (Kannon) bedeutet der Name dieser Göttin wörtlich übersetzt »auf die Klänge schauen«. Auf einigen Darstellungen trägt die Göttin ein Baby oder hält ein rundes Objekt, das eine Frucht als Symbol für Fruchtbarkeit darstellen soll. Getty stellt in ihrer Untersuchung der Göttin fest:

> Das einfache Volk betet die Gottheit als »Göttin der Gnade« an, während die Priester und die gebildeteren Schichten sie als männlichen Gott verehren, denn er soll auf der rechten Hand von Amitabha sitzen ..., was keiner Frau, ohne Verdienst angesammelt zu haben, möglich ist.[30]

Amitabha, die buddhistische Gottheit, die über das Reine Land der Buddhas des Westens regiert, könnte durchaus eine Adaptation der taoistischen Königin-Mutter des Westens sein, die zum männlichen Buddha in einem ausschließlich Männern vorbehaltenen Reinen Land (der Westlichen Richtung) umgewandelt wurde. Indizien für diese Möglichkeit enthält ein buddhistisches Sutra mit dem passenden Namen »Lotos-Sutra«, in dem Amitabha tatsächlich, wenn auch nur für einen Augenblick, als weiblich und als Mutterfigur dargestellt wird. Dies ist umso erstaunlicher, wenn man bedenkt, daß nach quasi-dogmatischer buddhistischer Vorstellung verdienstvolle Wesen nur in männlicher Form in Amitabhas Reines Land gelangen können.

Die bereits im Zusammenhang mit Chenrezig erwähnte Dolma, die unter westlichen Buddhisten gewöhnlich Tara genannt wird, hat im tibetischen Buddhismus die Rolle der wichtigsten weiblichen Gottheit und einer Art von Mutter-Buddha inne. Sie wird meist in ihrer grünen Form verehrt, jedoch auch in weißer Form als Gefährtin des Chenrezig. Einundzwanzig (in magischen Zahlen ausgedrückt: sieben mal drei) Formen von Dolma sind bekannt. Auch Dolma weist die Zeichen auf, die der frühen legendären Form von Kuan-Yin zugeschrieben werden: Sie hat Augen auf ihren Hand- und Fußflächen und hält eine Lotosblüte. Auf japanischen Darstellungen hält sie (als Kannon) einen blauen Lotos oder einen Granatapfel.

In ihrer weißen Form als Junguli wird sie bei Schlangenbissen angerufen und hält in einer ihrer vier Hände eine weiße Schlange. In Japan wird die Schlangengöttin als Emanation von Sarasvati angesehen, der als weiße Schlange verehrt wird. Es wird vermutet, daß ihre Verehrung auf eine Legende des 6. Jahrhunderts zurückgeht, derzufolge es im Norden Chinas einmal »ein Königreich gab, in dem die Frauen sich Schlangen als Partner nahmen.«[31] In diesem Zusammenhang sollte auch darauf hingewiesen werden, daß die sexuelle Energie, die in der Praxis des Hindu-Tantra durch Mitwirkung einer *Shakti* (einer Gefährtin) geweckt wird, als *Kundalini* bezeichnet und als Schlange dargestellt wird.

Alle diese Assoziationen, Legenden und Mythen lassen klar erkennen, daß die Lotosgöttin ein uraltes Symbol des weiblichen Geschlechts und weiblicher Fruchtbarkeit ist. Die spätere Geschlechtsumwandlung und die Einverleibung der weiblichen Attribute in die männliche Form der Gottheit weisen auf eine gesellschaftliche Entwicklung hin, die die weibliche Geschlechtlichkeit als primäres Objekt der Verehrung verdrängte. Der Abwendung von der Mutter-Verehrung und von mit der Gestalt der Mutter verbundenen »abergläubischen« Vorstellungen folgte eine Hinwendung zur organisierten Rationalität, die im »Gesetz des Vaters« ihren Ausdruck fand.

Ein weiterer Hinweis auf den Geschlechtswandel der Lotos-Göttin und auf die Unterdrückung des Weiblichen ist in der Bedeutung des Mantras *Om Mani Padme Hum* enthalten, dem Mantra des Chenrezig. Häufig wird dieses Mantra übersetzt als »Verehrung dem Juwel im Lotos«, und dies wird oft als Anspielung auf tantrische sexuelle Praktiken interpretiert, wobei »Juwel« für den Phallus und »Lotos« für die Vagina stehen soll. Doch widersprechen viele Kenner der tibetischen Kultur dieser Interpretation.

Zunächst einmal ist gegen diese Deutung einzuwenden, daß sich zwar *Padma* eindeutig auf die Vagina bezieht, es jedoch keineswegs als ebenso erwiesen gelten kann, daß *Mani* ein Äquivalent zum Phallus ist. In einigen Sanskrit-Wörterbüchern wird für *Mani* die Bedeutung »Eichel« (*glans penis*) genannt, *doch interessanterweise auch die Bedeutung* »Klitoris«[32]. In fast allen typischen Beispielen für Texte, die sich der von Bharati so genannten tantrischen »intentionalen Sprache« (*intentional language*)[33] bedienen, taucht als Metapher für Phallus im Sanskrit stets das Wort *Vajra* und im Tibetischen immer das Wort *Dorje* auf. Hingegen bedeutet *Mani* im Sanskrit wörtlich übersetzt »Juwel« oder »Edelstein«. Die tibetischen Äquivalente hierfür, *mutig* und *norbu*, enthalten keineswegs die Konnotation des Phallus, sondern sie bringen die Gottheit Chenrezig mit ihrer älteren, weiblichen Form und mit den Legenden über Perlen und Juwelen in Verbindung. A. H. Francke weist in einem Artikel über die Bedeutung des Mantra darauf hin, daß das »e« von *padme* der »Vokativ eines weiblichen Substantivs ist, das mit ›a‹ endet.«[34] Seiner Meinung nach wendet sich das Mantra »an eine weibliche Gottheit mit Namen *Manipadma* – an die ›Gottheit *des* Lotos-Juwels‹«[35] (Kursivsetzung von J. C.) – oder an die Göttin Perlen-Lotos; ein Beiname, den man mit Recht Kuan-Yin und den alten weiblichen Formen der Gottheit geben könnte, die Chenrezig vorausgegangen sind. So verstanden wäre das Mantra eine machtvolle Invokation der weiblichen Geschlechtlichkeit, d. h. der Göttin der Klitoris-Vagina.

In diese Richtung deuten auch die alten Schriften Longchenpas, in denen es heißt, man solle, um die eigene Schutzgottheit anzurufen, »deren (sic) Namen in Sanskrit aussprechen, ihm die Silbe Om voranstellen und die Anrufung mit Ah oder Hum beenden.«[36] Francke vertritt die These, daß auch bei anderen Mantras, die sich scheinbar auf männliche Gottheiten bezögen, tatsächlich der Vokativ benutzt wurde, was bedeute, daß sie ebenfalls an eine Frau gerichtet seien. Als Beispiele erwähnt er Manjushri und Vajrapani, die oft mit Chenrezig zusammen als Dreiheit dargestellt werden. Er äußert die Vermutung, daß sich das Mantra womöglich an die Gefährtin der jeweiligen Gottheit wende, weil diese als mächtiger angesehen worden sei als der Gott selbst. Wahrscheinlicher erscheint mir, daß die eifrigen Missionare des indischen Buddhismus es sich zum Ziel gesetzt hatten, in Tibet alle Zeichen zu vernichten, die das Volk mit der »alten Religion« in Verbindung brachte. Vielleicht wurden die alten Mantras im Laufe der Etablierung des Buddhismus einfach mit den nach der Geschlechsumwandlung männlichen Gottheiten verbunden.

Nach dem Glauben der Hindus ist alles Wasser der Erde weiblich und mütterlich, und sie nennen den kosmischen Lotos, der aus dem Meer emporwächst, »die Höchste Form der Erde« oder »die Göttin Feuchtigkeit«[37]. Diese wird im Mythos als die Mutter-Gottheit personifiziert, durch die das Absolute in die Schöpfung eintritt. Wie Joseph Campbell schreibt, wurde die Mutter-Göttin des alten Indien, der die Buddhisten die Gottheit Prajnaparamita nachempfunden haben und die später auf einem Lotos sitzend und mit einem Lotos in der linken Hand dargestellt wurde, »von ihrem Lotos entfernt, und statt ihrer nahm Brahma diesen Platz ein.«[38] Der Grund hierfür, so Joseph Campbell, war »das Eintreffen der patriarchalischen Krieger-Hirten«[39], die ihre eigenen patriarchalischen Götter etablierten. Während Joseph Campbell in China die Rückkehr der Göttin

Kuan-Yin »zu ihrer archetypischen Natur«[40] beobachtet, sieht er in der tibetischen Repräsentation der Lotos-Gottheit, die später in männlicher Form verehrt wurde, den Niedergang und Verlust des Aspekts der Fruchtbarkeit und insbesondere der spezifisch weiblichen Geschlechtsmerkmale.

Daß alle drei männlichen Gottheiten, Chenrezig, Manjushri und Vajrapani, ursprünglich weiblich gewesen sein könnten, ist eine interessante These, insbesondere weil dann ihre triadische Form mit den vielen Manifestationen der Göttin in dreifacher Gestalt in Verbindung gebracht werden könnte, die in anderen Regionen der alten Welt verehrt wurden. Doch ist von einigen Kommentatoren gegen diese These eingewandt worden, daß der triadischen Erscheinung von Gottheiten eine phallische Symbolik zugrunde liegt. Ihrer Meinung nach basiert die sogenannte »Weiblichkeit« einiger Eigenschaften und Aspekte männlicher Gottheiten auf der Entstehung einer männlichen Gottheit, der das Mutter-Bild einverleibt wurde, statt daß sie es völlig ablöste. Im Sinne dieser These ist Chenrezig als »eine entsexualisierte Mutter«[41] bezeichnet worden, »*im schlimmsten Fall weiblich*, im besten *asexuell* jugendlich.«[42] (Kursivsetzung von J. C.)

Bilder dieser Art, die das Weibliche in Besitz nehmen und dem Männlichen einverleiben und mit dem Gebrauch derogativer Formulierungen (»im schlimmsten Fall weiblich«) verknüpft sind, zeigen, zu welchen Spitzfindigkeiten ein zeitgenössischer freudianischer Interpret der tibetischen Ikonographie greifen muß, um die historische und ikonographische Kategorisierung des Weiblichen als minderwertig theoretisch zu begründen. Übrigens führt Mary Daly in ihrer Interpretation des Dionysos-Mythos ein ähnliches Beispiel für die Einverleibung des Weiblichen an, indem sie vergleicht und gegenüberstellt, wie Apollo und Dionysos in der griechischen Mythologie gesehen wurden und welche Rolle sie als Symbole innerhalb der modernen christlichen Theologie spielen. Während Apollo als Repräsentation überschäumender Männlichkeit angesehen wird, deren Einfluß die gesamte Moderne beherrscht hat, verkörpert Dionysos, ebenso wie Chenrezig, das Mutter-Bild und wird als seinem Wesen gemäß »weiblich« beschrieben. Ebenso wie Chenrezig wird auch er aus einem Körperteil eines männlichen (Vater-)Gottes geboren – aus der Lende des Zeus, nachdem Zeus Semele vernichtet hatte, die Dionysos ursprünglich in ihrem Körper trug. Einige christliche Theologen scheinen heute für die Rückkehr des Dionysos als eines Ideal-Modells der Androgynie, das das Weibliche in sich aufgenommen hat, einzutreten, doch warnt Daly Frauen nachdrücklich vor den Gefahren, die mit solchen Bildern verbunden sind. So schreibt sie: »Im ›Lichte‹ dieser Elemente des dionysischen Mythos kann uns die männliche Faszination durch den allzu femininen Dionysos mit Recht verdächtig erscheinen, denn dessen mythische Anwesenheit gibt eine Vorahnung von den Versuchen, *Frauen überhaupt auszuschalten*.«[43] (Kursivsetzung von J. C.)

Am Beispiel Tibets läßt sich beobachten, wie der Prozeß der Degradierung des Weiblichen verlaufen kann: Zuerst wird der Mythos der Lotos-Göttin, ihre Merkmale und sogar ihre wichtigste Eigenschaft, die Fähigkeit zu gebären, einem männlichen Gegenspieler einverleibt, und dann wird allmählich ihre eigenständige Rolle zu der auf das Männliche bezogenen Rolle der Mutter oder Gefährtin des Mannes reduziert. Andere weibliche Gottheiten, die einmal Aspekte der weiblichen Göttlichkeit repräsentierten, beispielsweise als zornige, zerstörerische Kräfte, erleiden das gleiche Schicksal. Dadurch wird sichergestellt, daß in der Ikonographie die männliche Subjektivität in den Vordergrund rückt.

Männliche Gottheiten wie der Buddha behalten ihre Integrität als zentrale Subjekte und werden nie als »Gefährten« einer bestimmten weiblichen Gottheit beschrieben, wohingegen weiblichen Gottheiten, die manchmal noch unabhängig verehrt werden, dennoch stets als Gefährtinnen männlicher Gottheiten bezeichnet und gesehen werden. Selbst im Fall der ikonographischen *Yab-Yum*-Darstellungen erscheint stets der Mann als Subjekt: Er zeigt sein Gesicht, wohingegen seine Gefährtin, in sexueller Vereinigung mit ihm, dem Betrachter stets den Rücken zuwendet.

Das Symbol des Lotos ist in der tibetischen Ikonographie zu einem allgegenwärtigen Element der Darstellung von Gottheiten geworden – der Lotos ist der Thron, auf dem die Buddhas, Götter, Göttinnen oder Lamas sitzen. Und als ob dies nicht genug der Symbolik wäre, erspart der Lotos spirituell »gereinigten« Männern außerdem auch noch den Makel, von einer Frau geboren zu werden. Das Attribut »Lotos-geboren« ist ein Äquivalent für den Zustand der Erleuchtung oder für die Geburt aus der Reinheit anstelle der auf dem »weltlichen« Wege erfolgten Geburt. Das Attribut des »Lotos-Geborenen« wird insbesondere Padmasambhava (tibet.: *Guru Rinpoche*) zugesprochen, wie sein Sanskrit-Name zeigt (*Padma* = »Lotos«). Dieser Mythos dissoziiert ebenso wie viele andere Mythen über die Geburt des »Helden« das Männliche von der menschlichen Mutter, indem er die Geburt des Protagonisten in den Bereich des Wunders verlegt, sie also aus der Sphäre des Weiblichen entfernt. Willy Fischle, ein zeitgenössischer Erforscher der Mandala-Symbolik weist auf genau diese Tatsache hin. Seiner Interpretation zufolge verkörpert der Lotos-Kreis im tibetischen Mandala die Reinheit der Geburt Padmasambhavas, einer Reinkarnation des Buddha. Da die Geburt des Buddha als »von der weiblichen Seite her nicht ausreichend rein« angesehen wurde, mußte die Geburt seiner späteren tibetischen Inkarnation »durch Weiterentwicklung verbessert werden.«[44] Mit anderen Worten: Nicht nur der Empfängnis des Buddha wurde eine symbolische Bedeutung gegeben, sondern auch der tatsächliche Vorgang der Geburt, der den Körper einer realen Frau erfordert, mußte innerhalb des tibetischen Systems »reinem« Symbolismus weichen.

Daß die Lotos-Göttin im tibetischen System zu einer männlichen Gottheit umgewandelt wurde, ist jedoch nur ein Aspekt ihres veränderten Status, denn abgesehen davon wurde sie innerhalb der tibetisch-buddhistischen Ikonographie offensichtlich auch mit einer neuen und andersartigen Manifestation der Großen Mutter assoziiert. Als Prajnaparamita (tibet: *yum.chen.mo.* – »große Mutter«), der Repräsentation transzendenter Weisheit, bleiben ihr einige Charakteristika der alten Göttin erhalten, doch hat Joseph Campbell zu dieser Adaptation angemerkt: »Das alte Symbol der Lotos-Göttin ... hat einen radikalen *Bedeutungswandel* erfahren.«[45] (Kursivsetzung von June Campbell) Durch diesen Bedeutungswandel in Verbindung mit der Verwandlung weiblicher in männliche Formen wurde ein System geschaffen, in dem es zu dem scheinbar erhabenen Status des Weiblichen in der Ikonographie kein gesellschaftliches Äquivalent gibt. Joseph Campbell erklärt, daß eine Transfiguration der »mütterlichen Gottheit irdischer Güter und irdischen Glücks, der Fruchtbarkeit und des irdischen Lebens [zur] höchsten Repräsentation einer alles Weltliche transzendierenden Wachsamkeit«[46] stattgefunden habe. So großartig dies auch klingen mag, ist doch zu bedenken, daß die Transzendenz, von der in dieser Definition die Rede ist, letztlich nur für den Mann von Wert ist, der die Göttin durch seine Neudefinitionen geschaffen hat. Der weiblichen Gottheit, die stets aus *seiner* Perspektive und stets nur in Beziehung zu ihm gesehen wird, mangelt es an Substanz und an jener Subjektivität, die dem Mann zugestanden wird. So ist es zu erklären, daß die Große Mutter durch Verlust ihrer Bedeutung als uranfängliche Schöpferin (und Mutter) im Rahmen des neuen Systems zu einer Repräsentation reduziert wurde, die letztlich den gesellschaftlichen und politischen Interessen der männlichen Priesterschaft diente.

4. Monastizismus und die Entstehung der Linie der Selbst-Geborenen

Durch die Etablierung des Buddhismus als tibetischer Staatsreligion wurde die Verehrung der alten Götter und Göttinnen allmählich durch eine neue soziale und ikonographische Hierarchie ersetzt. Getragen wurde diese Entwicklung durch die ausschließlich männliche Priesterschaft der Lamas, die schon bald nicht nur die religiöse, sondern auch die politische Macht in Händen hielt. Im Laufe der Zeit entstanden verschiedene Sekten oder Schulen, zwischen denen sowohl politische als auch spirituelle Rivalitäten aufkamen. Letztendlich ging es bei diesen Kämpfen darum, daß die monastische Hierarchie versuchte, ihre Vormachtstellung gegenüber älteren Traditionen zu sichern, die dem spirituellen Laienstand größere Bedeutung beimaßen.[1] Doch es gelang dem Monastizismus trotz seiner Dominanz nie, die älteren nicht-klösterlichen Traditionen völlig zu verdrängen, so daß in der tibetischen Gesellschaft stets sowohl verheiratete als auch an die Mönchsregel der sexuellen Enthaltsamkeit gebundene Lamas hohe Machtpositionen bekleideten. Ausschließlich die klösterliche Tradition pflegte nur eine der vier großen Schulen, die der Gelugpas, und in dieser entwickelte sich der Dalai Lama im Laufe der Zeit zum politischen und religiösen Oberhaupt aller Tibeter.

Ohne Zweifel standen die Lamas beim tibetischen Volk in hohem Ansehen. Ihre Macht basierte in erster Linie auf einer komplizierten Institution, die sich über die Jahrhunderte entwickelte und die die *De-facto*-Vergöttlichung gewisser hoher Lamas und ihrer Nachfolger einführte. Mit Hilfe dieses Systems – des sogenannten Tulku-Systems (tibet.: *sprul.ku*)[2], der Nachfolge aufgrund von Reinkarnation – gelang es den Lamas, sich in Tibet nicht nur spirituelle Macht, sondern auch die Herrschaft im gesellschaftlichen und politischen Bereich anzueignen. Die Übernahme des Tulku-Systems durch alle großen Schulen des tibetischen Buddhismus ermöglichte letztlich die Durchsetzung der patriarchalischen Bestrebung, die weltliche und spirituelle Macht dauerhaft in die Hände von Männern zu legen. Die zentrale Rolle der Lamas beeinflußte darüber hinaus die philosophischen und ikonographischen Aspekte der Religion, so daß die Vorstellung der generellen Überlegenheit des Mannes alle Aspekte des Lebens in Tibet durchdringen konnte.

Der Lama erfüllte innerhalb der tibetischen Gesellschaft die verschiedensten Aufgaben. Seine Funktion ähnelte in vielerlei Hinsicht derjenigen des Schamanen, der Vermittler zwischen dem Göttlichen und dem Weltlichen war und damit als einziger in der Lage, andere Menschen in die Mysterien des spirituellen Lebens einzuweihen und ihnen beim Übergang von diesem Leben in das nächste zu helfen. Ebenso wie in alten Zeiten den Schamanen suchten die Tibeter auch den Lama häufig auf, um von ihm Arzneien zu bekommen, exorzistische Rituale ausführen, Orakel befragen oder Anrufungen rezitieren zu lassen. Selbst die schamanistische Praxis, durch trance-ähnliche Zustände mit Geistern in anderen Dimensionen zu kommunizieren, griff die tibetisch-buddhistische Staatsreligion auf, indem sie offizielle »Orakel« einsetzte, die den Geist einer Gottheit beschwören und mit seiner Hilfe Vorhersagen über die Zukunft treffen sollten.

Während man diesen Orakelpriestern jedoch lediglich die Fähigkeit zugestand, mit Gottheiten zu kommunizieren, wurden einige Lamas sogar als *Verkörperungen* von Gottheiten auf Erden verehrt. Ein Lama fungierte also nicht nur als Schamane, Heiler,

Lehrer und Wahrer spiritueller Macht (tibet.: *dbang.*), einer Macht, die nur durch eine religiöse Initiation übertragen werden konnte, sondern er übermittelte auch göttliche Gnade. Dies galt beispielsweise für die Oberhäupter der großen Schulen. Sie wurden als Inkarnationen von Gottheiten wie Avalokiteshvara, Padmasambhava und Manjushri und außerdem als Inkarnationen (Tulkus) oder gar »Aspekte« früherer berühmter Lamas angesehen.

Den Titel »Lama« (tibet.: *bla.ma.*) erhielten und erhalten nur Menschen, die ihn durch Reinkarnation »erben« oder die ihn sich durch langjähriges Studium oder lange Meditationspraxis »verdienen«. Er ist jedoch immer dem Sanskrit-Begriff *Guru* gleichgesetzt worden, dessen esoterische Bedeutung in allen tantrischen Schriften betont wird. Obgleich diese Schriften erkennen lassen, daß die esoterische Bedeutung des Guru oder Lama wesentlich mehr beinhaltet als lediglich die Verehrung eines bestimmten Mannes, versäumen es einige Kommentatoren – so eifrig sie auch auf die Bedeutungsgleichheit der beiden Begriffe *Guru* und *Lama* hinweisen mögen –, sich tiefergehend mit der Etymologie des Begriffs »Lama» zu beschäftigen. »Leider ist sowohl der tibetische Begriff *bla-ma* als auch der Sanskrit-Begriff *Guru* aufs Schrecklichste mißbraucht worden, wobei dahingestellt bleiben mag, ob dies aus Unwissenheit oder aufgrund des Strebens nach Selbstverherrlichung geschehen ist ... Das Wort *bla-ma* entspricht dem Sanskrit-Wort *Guru*, das die beiden Bedeutungen ›gewichtig‹ (schwer) und ›leicht‹ (ätherisch) hat. Da [beim Guru] ein Überfluß an Fähigkeiten besteht, ist Gewichtigkeit ein zutreffendes Attribut, und da [bei ihm] keine Einschränkungen durch Böses bestehen, ist auch das Attribut Leichtheit adäquat. Diese Bedeutung bezieht sich auch auf die uranfängliche reine Wahrnehmungsfähigkeit (*primordial pristine cognitiveness*).«[3] So engagiert dieser Autor die Etymologie des Sanskrit-Wortes *Guru* untersucht und so sehr er sich bemüht, den tieferen Sinn dieses Wortes zu ergründen, so zurückhaltend ist er bei der Untersuchung des Wortes »Lama«. Aufgrund der eindeutig weiblichen Endung ist die Etymologie dieses tibetischen Wortes ganz und gar unzweideutig. Die Silbe »la« (tibet.: *bla*.) bedeutet »überragend« und kann auch »Seele« oder »Leben« bedeuten. Und die Silbe »ma« (tibet.: *ma*.) ist eindeutig das Wort für Mutter, und sie weist in vielen Wortverbindungen auf die Weiblichkeit des betreffenden Begriffs hin. Mehrere tibetische Lamas haben mir bestätigt, daß die Silbe »ma« im Wort Lama sich auf die Mutter bezieht und daß der Lama als Repräsentant der höchsten Form der Mutterschaft angesehen wird. Im *Tibetan-English Dictionary* von Chandra Das wird als wörtliche Übersetzung des Wortes *Lama* der Ausdruck »Seelenmutter« oder »all-erhaltende Mutter des Universums« angegeben.[4] Der Verfasser zitiert außerdem das tibetische Sprichwort: »Vor dem Lama existierte nicht einmal der Name des Buddha.«[5]

Dieses Sprichwort kann man sowohl im historischen als auch im symbolischen Sinne verstehen. Im banalsten Sinne könnte es bedeuten, daß es den Lama (d.h. den männliche Priester) von dem Augenblick an gab, als der Buddhismus in Tibet zur Staatsreligion erhoben wurde. Man könnte aus dem vieldeutigen Satz aber auch herauslesen, daß Sprache und patriarchalische Religion vor der Verehrung der Großen Mutter nicht existierten. Es gibt überwältigende Belege dafür, daß die patriarchalische Herrschaft irgendwann während der Bronze-Zeit[6] entstand und die Verehrung der Großen Mutter ablöste, die ihrerseits bis weit in die paläolithische Zeit zurückreichte. Es erscheint möglich, daß vor ihrer Verehrung die patriarchalische Sprache, die mit dem Prozeß des »Benennens« assoziiert wird, nicht existierte, und ganz sicher hat es in jener Zeit keine Vorstellung von einer höchsten männlichen Gottheit gegeben. Wenn man das oben erwähnte Sprichwort schließlich noch auf der Ebene der symbolischen Interpretation untersucht, so erinnert es sehr stark an die psychoanalytische Theorie, daß jeder Mensch zunächst eine Beziehung zur Mutter und zum Mütterlichen entwickelt und dies dem Eintritt in die symbolische Ordnung vorangeht, in der die Sprache und das »Wort des Vaters«[7] sich manifestieren. Das

Sprichwort läßt sich also entsprechend der tibetischen Vorliebe für dreifache und manchmal sogar vierfache Interpretationen (einer »äußeren«, »inneren« und »geheimen« Bedeutung) verschieden verstehen.

Chandra Das erwähnt im *Tibetan-English Dictionary*, daß die tibetischen Gelehrten selbst auf die vorbuddhistischen, hinduistischen Einflüsse in der Etymologie des Wortes »Lama« mit der eigenartigen weiblichen Nachsilbe hingewiesen haben. Es ist kaum anzunehmen, daß dieser Begriff erst nach der staatlichen Institutionalisierung des Buddhismus im 8. Jahrhundert entstanden ist, als in Tibet bereits eine patriarchalische königliche Herrscherlinie existierte. Wenn das Wort eigens als Ausdruck für die männliche Priesterschaft erfunden worden wäre, so hätte man sicher die männliche Endung *pa* verwendet und es würde *Lapa* heißen. Deshalb vermute ich, daß das Wort *Lama* in Tibet schon *vor* der Entstehung der hierarchischen Theokratie der »Lamas« gebräuchlich war und daß es vielleicht ursprünglich für die tantrischen Priesterinnen des alten Indien geprägt wurde oder für die schamanistischen Anhängerinnen der Großen Mutter in vorbuddhistischer Zeit. Wir können diese ungewöhnliche Übertragung eines weiblichen Begriffs auf die etablierte männliche Priesterschaft als ein weiteres Indiz dafür ansehen, daß die Frau zu einem früheren Zeitpunkt in der Geschichte Tibets eine wesentlich wichtigere Rolle gespielt haben muß als seit der Zeit der Lama-Herrschaft.

Die Priesterherrschaft, die sich um das 13. Jahrhundert fest etablierte – der Zeit, in der sich auch das Tulku-System durchsetzte –, bildete die Grundlage für das Feudalsystem, das Tibet mehr als 700 Jahre beherrschte. Nach dem Niedergang der von Ur-Religionen geprägten Gesellschaften, in deren Traditionen Frauen oft wichtige Machtpositionen innehatten und in denen Polygamie ebenso wie Polyandrie eine Rolle spielte, schuf das buddhistische System, auch »Lamaismus« genannt, eine völlig andere Form der Herrschaft. In ihrem Aufsatz »Primordial purity and every day life« reflektiert Anne C. Klein darüber, weshalb

Frauen in der tibetischen Gesellschaft und in den Institutionen des tibetischen Buddhismus nicht die gleichen Rechte hatten wie Männer. Nachdem die Autorin Beispiele für die Situation der tibetischen Frauen zu Hause, bei der Arbeit, in der Erziehung und im Bereich der religiösen Praxis angeführt hat, gelangt sie zu dem Schluß: »Die tibetische Gesellschaft war insbesondere in den Bereichen politischer und ökonomischer Macht hierarchisch strukturiert«[8], und: »Überall wo hierarchische Strukturen eine Rolle spielten, wie im klösterlichen und im theokratischen politischen System ... wurden Frauen von der Macht ausgeschlossen.«[9]

Klein ist jedoch der Ansicht, daß es in der tibetischen Ikonographie Bilder des Weiblichen gibt, die eine soziale Befreiung der Frau als möglich erscheinen lassen. Sie meint insbesondere die Bilder, die das Weibliche mit ursprünglicher Reinheit oder mit Leerheit assoziieren. Ich werde jedoch zeigen, daß sich durch die Interdependenz des weltlichen und des religiösen Bereichs in der tibetisch-buddhistischen Gesellschaft in Verbindung mit den starken historischen Einflüssen des Schamanismus, des Bön und des Tantra eine Religion und Ikonographie entwickelten, deren Bilder des Weiblichen bestenfalls ambivalent waren, da sich nach der Machtübernahme des hierarchisch-buddhistischen Systems auch die Bedeutung der Symbolik veränderte.

Das Tulku-System war bei weitem der entscheidende Faktor dafür, daß sich der tibetische Buddhismus in der uns bekannten Form entwickelte. Nachdem es von den Anhängern von Dusum Khyenpa, dem ersten Karmapa-Lama, zu Beginn des 13. Jahrhunderts eingeführt worden war, übernahmen es schon bald auch alle übrigen Schulen, und es breitete sich in der gesamten Welt des tibetischen Buddhismus einschließlich der Mongolei, Bhutans und Nepals aus. Das Tulku-System garantierte, daß sich buddhistische Lamas nach ihrem Tode als männliche Kinder »reinkarnierten«. Die als Reinkarnationen »Erkannten« wurden schon in frühem Alter, also als kleine Jungen, aus ihren Familien genommen und als Oberhaupt eines Klosters inthronisiert, das sie angeblich bereits in ihrem vorherigen Leben geleitet hatten. Das Tulku-System stützt sich auf die buddhistischen Lehren über die Wiedergeburt, denen zufolge es sechs Bereiche der Existenz[10] gibt, in die jedes fühlende Wesen (d. h. jedes Wesen mit einem Geist) nach seinem Tode wiedergeboren werden kann. Dabei hängt der Bereich oder Ort der Wiedergeburt von den Handlungen oder vom *Karma* (tibet.: *Lay/las.*) des betreffenden Menschen im Laufe seines Lebens ab. Unter allen sechs Bereichen der Existenz wird der menschliche Bereich als der günstigste angesehen, weil angenommen wird, daß ein Wesen nur im menschlichen Zustand Buddhaschaft und Befreiung vom Kreislauf der Wiedergeburten beziehungsweise von Samsara erlangen kann. Diese Befreiung vom Zyklus des Todes und der Wiedergeburt gilt im Buddhismus als letztendliches Ziel der religiösen Praxis. Nach Ansicht der Tibeter beinhaltet das Erlangen eines »kostbaren menschlichen Körpers« aber auch, ohne Mängel an den Sinnesorganen geboren zu werden sowie nicht in »primitive Stämme, zu denen noch keine Religion vorgedrungen ist.«[11]

Da die Tulku-Theorie in die soeben beschriebenen buddhistischen Lehren eingebettet war, ist es kaum überraschend, daß die tibetischen Bauern das Tulku-System bereitwillig als spezielle tibetische Ausdrucksform des Buddhismus akzeptierten. Nach der Tulku-Theorie war der Lama (oder Guru), der ihrer Gemeinschaft vorstand und dessen Macht sich in seinem beträchtlichen Wissen sowie auch in seinem Reichtum und Ansehen manifestierte, wenn nicht eine Inkarnation des Buddha selbst, so doch zumindest ein spirituell sehr weit entwickeltes Wesen, vielleicht ein *Bodhisattva*[12], der über die Weisheit und die Fähigkeiten verfügte, mit Hilfe seiner wunderbaren, aus der Meditation erwachsenen Kräfte seine nächste Wiedergeburt nach Belieben zu wählen. Es erschien diesen Menschen auch keineswegs merkwürdig, daß der Lama sich dafür entschied, ausgerechnet in ihrer Mitte wiedergeboren zu werden, statt in irgendeinem anderen

Land oder gar als irgendein anderes Wesen in einem der anderen Bereiche der Existenz.[13] Angesichts der Isolation und des Isolationismus Tibets hätte sich tatsächlich kaum jemand eine andere Möglichkeit vorstellen können. Den »entdeckten« männlichen Kindern wurde ein erstaunliches Maß an Macht zugesprochen, und sie wurden unverzüglich in den Status des »Göttlichen« erhoben.

Anders als die herkömmlichen Königsdynastien ermöglichte das tibetische Tulku-System, die Regentschaft über ein Kloster nach dem Tode des Abts einem Kind zu übertragen, das mit dem Verstorbenen nicht blutsverwandt und meist jünger als fünf Jahre war. Bis zum 17. Jahrhundert wurde dieses System so ausgebaut, daß mit seiner Hilfe nicht nur die klösterliche, sondern auch die gesamte weltliche Macht kontrolliert werden konnte. Eigens zu diesem Zweck wurde die Position des Dalai Lama geschaffen, des Oberhaupts der sogenannten »Gelbmützen-Sekte«, auch Gelugpa genannt, die sich durch Verhandlungen mit den mächtigeren Herrschern Chinas und der Mongolei die politische Macht in Tibet sicherte. Ein Tibeter hat einmal geäußert, das tibetische System verbinde »populäre Demokratie mit metaphysischer Monarchie.«[14] Obwohl dieses System meines Erachtens nie und nimmer als demokratisch bezeichnet werden kann, da die neuen Inkarnationen stets von einer kleinen Elite von Lamas ausgewählt wurden, die dem Verstorbenen in irgendeiner Weise nahestanden, erscheint mir die Idee einer metaphysischen Monarchie einer näheren Untersuchung wert. Tatsächlich sieht Robert A. Paul in seiner Untersuchung der Symbolik des tibetischen Systems Parallelen zwischen der alten Idee des »göttlichen Königs« und dem tibetischen Tulku-System, das er als relativ moderne Variante der alten Vorstellung vom »göttlichen König« versteht. Paul vertritt die Ansicht, daß »politische und religiöse Autorität stets mit ödipaler Symbolik verbunden ist.«[15] Er hält das tibetische System für nichts anderes als eine weitere Manifestation des universellen Gesetzes, demgemäß die Herrschaft in Händen von Männern liegen muß und diese, um herrschen zu können, mit anderen Männern um den Zugang zu Frauen oder um die Kontrolle über sie kämpfen müssen. Die Vorstellung vom göttlichen König taucht in den Mythen vieler Kulturen als archetypische Gestalt auf, die in verschiedenen Erscheinungsformen als heilig und als Verkörperung von Kontinuität sowie der Struktur und des Wertesystems innerhalb der Gesellschaft angesehen wird – Eigenschaften, die trotz der Unvermeidlichkeit seines Todes erhalten bleiben müssen. Dieser Aspekt ist auch im Tulku-System zu finden.

Zudem deutet die Verbindung der männlichen Erbfolge mit gewissen Merkmalen aus Traditionen, in denen die Verehrung der Mutter-Göttin eine wichtige Rolle spielte, darauf hin, daß dieses System eine Adaptation der Legenden vom göttlichen König sein könnte. In der keltischen Praxis des »göttlichen Opfers« wurde der König als Inkarnation Gottes und als Gefährte der Königin während einer bestimmten, festgesetzten Zeit verehrt und dann geopfert und durch einen jüngeren Mann ersetzt. Anstelle dieses Menschenopfers trat später die Opferung von Tieren oder von symbolischen Objekten zu bestimmten Zeiten im Jahr, so daß der König selbst nicht mehr zu sterben brauchte. Im tibetischen System wird der sterbende Lama zwar nicht geopfert, doch da es für das System wichtig ist, daß sein Geist fortbesteht, wird mit Hilfe esoterischer Rituale festgestellt, wohin sich seine Seele nach seinem Tode begibt. Auf diese Weise ist dafür gesorgt, daß der »König« nicht wirklich »stirbt«.

In der Geschichte Tibets und in der Frühzeit des tibetischen Reiches gibt es, wie ich bereits gezeigt habe, sowohl gewisse Anzeichen für Opferpraktiken (für Menschen- wie für Tieropfer) als auch für die Verehrung der Göttin. Beispielsweise wurde in der Mythologie der frühen Bronzezeit der König über den rituellen Königsmord »mit dem sterbenden und wiederauferstehenden Mond identifiziert.«[16] In der Zivilisation des Nahen Ostens war »das beherrschende Konzept das der Göttin eines Zeitalters, wobei letzteres mathematisch aufgrund der Durchquerung von sieben Sphären definiert wurde, und der König, der rituell ermordet wurde, der inkarnierte Gott war, ihr immerwährend lebender, immer wieder sterbender Gemahl.«[17]

Wie bereits an früherer Stelle erwähnt, hat die Zahl Sieben eine wichtige magische Bedeutung. Sie wurde mit den Mondphasen assoziiert, und sie taucht sowohl in den Überlieferungen des Bön als auch in denjenigen des Buddhismus sehr häufig auf. Beispielsweise sollen in alten Zeiten jedes Jahr zur Zeit des siebten Vollmonds in Karma Tang, an der Quelle des Gelben Flusses in Tibet, ein weißes Pferd und sieben Schafe geopfert worden sein. Nach der Mythologie des tibetischen Buddhismus soll der König des Universums sieben mit Juwelen geschmückte Begleiter gehabt haben. Am interessantesten jedoch sind die Hinweise mehrerer tibetischer Gelehrter darauf, daß im »prähistorischen« Tibet die sieben mythischen Könige der Yar-Lung-Throne eines Opfertodes starben, wenn ihre jeweiligen Söhne dreizehn Jahre alt wurden. Diese Hinweise machen verständlich, warum das neue buddhistische System die Idee des immerwährend lebenden »göttlichen Königs«, mit dem die Tibeter bereits aus ihrer Mythologie vertraut waren, übernahm und es benutzte, um die weltliche Herrschaft der Mönchsorden zu etablieren. Die Wurzeln des Tulku-Systems, das die spirituelle und weltliche Macht in den Händen der Lamas konzentriert, liegen im religiösen Ritual und in der Initiation, die »vom ›älteren Mann‹ an ›jüngere Männer‹, die Schüler, übermittelt wird, wodurch eine Übermittlungslinie oder ein System der Übertragung von Macht und Wissen entsteht.«[18]

Das Tulku-System, das vielfältige Aspekte des Mythos vom göttlichen König enthält, die aus einem völlig anderen kulturellen Kontext stammen als dem des patriarchalisch-tibetischen Systems, schreibt dem Weiblichen jedoch nicht den Wert zu, den es in jenen anderen Kontexten einmal gehabt haben muß. Für den Bestand des gesamten religiösen und sozialen Systems Tibets ist es aber von größter Bedeutung. »Indem die Notwendigkeit der geschlechtlichen Fortpflanzung vollständig negiert und damit *die Anwesenheit von Frauen* innerhalb des Systems *unnötig gemacht* wurde, wurde die patrilineare Tendenz noch einen Schritt weitergetrieben.«[19] (Kursivsetzung von J. C.)

In alten Zeiten basierte die Übermittlung königlicher Macht und religiöser Traditionen in den meisten Gesellschaften auf dem Prinzip der Blutsverwandtschaft und der sexuellen Fortpflanzung. Hingegen wurden die buddhistischen Lehren in Tibet ausschließlich mündlich tradiert, wobei das Tulku-System eine zentrale Rolle spielte. Nach Paul wird der Tulku, nachdem er als Inkarnation eines verstorbenen Lama erkannt worden ist, »ähnlich wie die mythischen Könige der Vorzeit zur Position des ›Göttlichen Königs‹ erhoben. Dies bedeutet, daß er aller Bindungen zu anderen Sterblichen beraubt wird, wie sie durch Verwandtschaft, durch menschlichen Kontakt oder durch Eheschließungen entstehen. Er hat kein Königshaus und braucht weder zu heiraten noch Kinder zu bekommen, denn *er ist sein eigener Nachfolger.*«[20] (Kursivsetzung vom Autor) Anders als in anderen spirituellen Traditionen war deshalb auch keine »Königin« erforderlich, zumal die meisten reinkarnierten Lamas Mönche waren und ehelos lebten. Die Mutter des Kindes wurde aus dem System ausgeschlossen; ihre Aufgabe bestand lediglich darin, den Jungen auszutragen, woraufhin sie ihn der Obhut des klösterlichen Systems überließ. Sie wurde dadurch nicht nur von der Macht ausgeschlossen, sondern repräsentierte innerhalb des Systems auch theoretisch eine Abwesenheit. Zwar war es nicht möglich, die Notwendigkeit eines weiblichen Körpers völlig zu negieren, doch wurde die Frau als potentielle Linienhalterin generell negiert.

Die metaphorische Leugnung der Mutter und ihrer Geschlechtlichkeit ist meines Erachtens von entscheidender Bedeutung für die Aufrechterhaltung des Systems. »Skeptiker mögen einwenden«, schreibt Paul, »daß selbst ein reinkarnierter Lama doch letztlich von einer Frau geboren worden ist ... Doch kann der Symbolismus die wahren Paradoxe der Existenz nur mindern oder verbergen, sie aber nicht völlig eliminieren.«[21] Diese ambivalente Äußerung, die ihrerseits die tatsächliche Rolle der

Frauen bei der Aufrechterhaltung des Tulku-Systems »mindert oder verbirgt«, befürwortet letztlich den Ausschluß der Frauen von der religiösen und weltlichen Macht, indem sie für jenen Symbolismus eintritt, der die männliche Macht innerhalb des Systems als universell und möglicherweise irreduzibel hinstellt.

Versteht man das Tulku-System als symbolische Repräsentation eines ödipalen Kampfes, so müssen sich gewisse Elemente dieses Kampfes in der tatsächlichen Struktur des Systems wiederspiegeln, und die symbolische Lösung einzelner Elemente dieses Kampfes muß sich in den komplexen Institutionen des tibetischen Buddhismus manifestieren. Aufgrund des historischen Kontexts der tibetischen Kultur könnte man mutmaßen, daß die Tulku-Männer Mythen nachlebten, denen zufolge ältere Männer von jungen getötet werden müssen und dennoch überleben, und umgekehrt. Durch die ungewöhnliche Form der Nachfolge, die die Tibeter entwickelt haben, wird dies nicht nur symbolisch erreicht, sondern ihre patrilineare Tradition erfolgt außerdem auch noch *asexuell*, ohne (sichtbare) Mitwirkung von Frauen. Paul schreibt:

> Der reinkarnierte Lama ist der lebende Beweis dafür, daß die Behauptung des Mönchs, eine asexuelle Fortpflanzung sei möglich, zutrifft, womit *der ewige Traum des männlichen Geschlechts* in Erfüllung gegangen ist. Der Tulku repräsentiert die Unsterblichkeit nicht der Spezies, sondern des Individuums ... die Bestätigung der Fähigkeit, eine sich selbst genügende männliche Welt zu schaffen und dadurch die Zwietracht säende Gegenwart von Frauen überflüssig zu machen.[22] (Kursivsetzung von J. C.)

An der Tatsache, daß Paul die Phantasien der tibetischen Mönche über die Fortpflanzung und Schaffung einer homoerotischen Welt, in der ausschließlich Männer leben, als Erklärung für die Existenz des tibetischen Tulku-Systems heranzieht, geht hervor, daß er Freuds Theorie nicht nur als eine Theorie des Individuums, sondern auch als eine Theorie der Gesellschaften und Kulturen versteht. Seiner Ansicht nach sind die kulturellen und religiösen Strukturen der tibetisch-buddhistischen Gesellschaften auch von psychologischen Faktoren der beteiligten individuellen Männer abhängig.

Die Vorstellung einer sogenannten »universellen Konstante« beinhaltet aber weit mehr, nämlich, daß in allen Gesellschaften und zu allen Zeiten ein Kampf zwischen jüngeren und älteren Männern um Macht und Autorität und um den *sexuellen Zugang zu Frauen* stattfindet. Diesen Kampf versteht Paul als Erreichen einer symbolischen Lösung von Situationen, in denen jüngere Männer ältere Männer töten müssen, und umgekehrt, jedoch gleichzeitig beide Seiten auf irgendeine Weise überleben müssen. Aus der männlichen Perspektive der Freudschen Theorie ist diese Lösung, die so wichtig für das Wohlgefühl und die Subjektivität *der Männer* zu sein scheint, nichts weiter als »die *phylogenetische* Grundlage jeder gesellschaftlichen Organisation des Menschen.«[23] Weiterhin stellt Paul fest: »Der individuelle Ödipuskomplex ist nur die sich innerhalb der Kernfamilie manifestierende kleinste Einheit eines Komplexes, dessen Wurzeln in der *kybernetischen Kontrolle* über das gesamte Sozialsystem liegen.«[24] (Kursivsetzung von J. C.)

Es ist höchst aufschlußreich, welche Worte Paul benutzt, um die dem Ödipuskomplex zugeschriebene Macht zu beschreiben. Der Begriff der Phylogenese, womit die Geschichte der Evolution gemeint ist, setzt sich aus den beiden griechischen Wörtern *Phylo* – »Rasse« und *Genesis* – »Ursprung« zusammen. Indem Paul postuliert, der männliche Komplex sei die phylogenetische Basis von allem, impliziert er, daß die männliche Erfahrung die entscheidende Rolle spielt. Sie allein ist demnach als letztendlicher Ursprung aller Dinge anzusehen und deshalb der Inbegriff unangreifbarer Autorität. Der männliche Ödipus-Komplex wird damit zum entscheidenden Faktor in der Evolution aller Völker erhoben, womit wiederum der universelle und evolutionäre Charakter der männlichen Macht impliziert wird. Das verbindende

Element dieser männlichen Macht über alle Volks- und Landesgrenzen hinweg ist somit der Kampf zwischen Männern um den sexuellen Zugang zu Frauen und die Streitigkeiten zwischen Männern um die religiöse und politische Herrschaft.

Ob jedoch die Vorstellung von männlicher Macht und Göttlichkeit, die in derartigen Mythen wurzelt, mit Recht universell und zeitlos genannt werden kann, wie dies von Freudianern wie Robert A. Paul unterstellt wird, ist eine ganz andere Frage. Und nicht nur das! Die These, daß männliche Macht und Göttlichkeit auf universellen Normen basieren, die es zwingend erforderlich machen, daß Männer im Einklang mit ihrer speziellen Beziehung zu ihren Vätern – und somit nach Maßgabe des sogenannten ödipalen Kampfes – ihre gesellschaftliche Position sichern (und zu allen Zeiten gesichert haben), hat unmittelbare Konsequenzen für die Position der Frauen in dieser Sicht der Welt und dafür, wie das Weibliche innerhalb dieses Denksystems repräsentiert wird. Eine tiefergehende Analyse der historischen Wurzeln des tibetischen Systems, das auch heute noch das »göttliche Königtum« zu propagieren scheint, zeigt, daß die Bedeutung der Frau innerhalb dieses Systems allmählich in den Hintergrund gedrängt wurde. Sie erhellt außerdem, daß es so etwas wie universelle und zeitlose Kategorien, die den Mann zum Subjekt und die Frau zum Objekt machen, nicht gibt. Die Entwicklung und Verbreitung philosophischer Vorstellungen und Ideen hängen vielmehr offensichtlich von den sich ständig verändernden sozialen Strukturen ab oder stehen in einer engen Beziehung zu denselben.

Viele Rituale und Praktiken, die historisch im allgemeinen matrifokalen Gesellschaften zugeordnet werden, sind in Tibet teilweise noch bis in die jüngste Zeit hinein erhalten geblieben. Schon von daher ist die These, das patriarchalische tibetische System, so wie es heute existiert, beruhe auf universellen und historischen Konstanten im Leben von Männern, nicht haltbar. Damit will ich keineswegs behaupten, daß die Traditionen, die dem patriarchalischen System der Lama-Herrschaft vorangingen, letzterem *per se* überlegen waren. Ich möchte aber dazu anregen, die Entwicklung des tibetischen Systems innerhalb eines wesentlich größeren historischen Rahmens zu sehen, weil es nur dadurch möglich wird, das paradoxerweise ständig sich verändernde Kontinuum zu erhellen. Wenn versäumt wird, die Existenz der machtvollen mit der Großen Mutter verbundenen Traditionen und ihre spätere Adaptation unter anderen sozialen und kulturellen Bedingungen zur Kenntnis zu nehmen, entsteht eine einseitige Sicht der Realität, eine Sichtweise, die durch Privilegierung des Männlichen gegenüber dem Weiblichen dualistische Vorstellungen stärkt. Ich halte es durchaus für möglich, daß sich das religiöse System Tibets nach seiner Befreiung von der geographischen Beschränkung auf die isolierte Ursprungsregion so verändert, daß jene einseitige Sichtweise überwunden und es sowohl der westlichen Philosophie gerecht wird als auch die Präsenz von Frauen in einem anderen gesellschaftlichen Kontext berücksichtigt.

Das tibetische System nur als eine andere Form des ödipalen Kampfes anzusehen – in dem Männer ihre psychologischen Kämpfe um Macht und Kontrolle über Frauen austragen müssen – erscheint mir nur dann stimmig, wenn dieser ödipale Kampf nicht als universelle Konstante beschrieben wird, weder hinsichtlich der Dimension der Zeit noch hinsichtlich des Ortes. Insbesondere versäumt es die Theorie der Universalität, auf die Willfährigkeit der Frauen innerhalb des Systems und auf ihre Empfindungen einzugehen, die ebenso bedeutsam sind wie die Erfahrungen, die Männer in der Vater-Sohn-Beziehung machen.

Wenn man das tibetische System in Zusammenhang mit den Mythen vom göttlichen König sowie mit den Freudschen Vorstellungen über den psychischen Überlebenskampf des Mannes betrachtet, wird deutlich, daß die patriarchalische Dominanz sowohl auf historischen Faktoren politischer Macht in der Gesellschaft beruht als auch auf den individuellen psychodynamischen Kämpfen des Mannes. Letztere lassen sich wiederum auf die Vorstellung zurückführen, die das männliche Kind in von Männern dominierten sozialen Strukturen entwickelt. Paul hat völlig recht, wenn er sagt, daß das von den Lamas entwickelte System eine gewisse idealisierte männliche Phantasie erfüllt, insofern dem männlichen Element Priorität eingeräumt wird und die gesellschaftlichen Institutionen eine Art Unsterblichkeit gewähren. Wesentlich wichtiger für Frauen ist jedoch der Umstand, daß dieses ausgeklügelte System *seine Existenz* möglicherweise genau jenen komplizierten Konstrukten *verdankt*, mit deren Hilfe es das Weibliche benutzt und es gleichzeitig ausschließt oder leugnet.

Im Laufe der Jahrhunderte, in denen das patriarchalische Denken seine Ausdrucksformen der Überlegenheit verfeinert hat, ist die weibliche Stimme, Erfahrung und Perspektive des »Seins« entweder zum Schweigen gebracht, unterdrückt, übersehen oder bei der Schaffung bestimmter sozialer und philosophischer Systeme »einverleibt« worden. Luce Irigaray schreibt: »Die größte Schuld des Volkes der Männer ist, ein Geschlecht seines sittlichen Bewußtseins und seiner Wirklichkeit als Geschlecht beraubt zu haben.«[25] Der Ausschluß des Weiblichen als Subjekt seines eigenen Seins ist im tibetischen Buddhismus nicht weniger bemerkenswert als in jedem anderen patriarchalischen System. Da jedoch die reiche Philosophie und Ikonographie dieser religiösen Lehre den gegenteiligen Anschein erweckt, ist eine Erforschung der Mechanismen, die die Unterdrückung der Frau hervorgerufen haben, in diesem Fall besonders wichtig.

Die Manifestationen der weiblichen Identität, wie sie sich in den alten tantrischen Schriften Indiens spiegeln, sind im patriarchalischen tibetischen System, das Frauen auf der religiösen Ebene keine Gleichheit und Gleichwertigkeit zugesteht, nicht erhalten geblieben. Ganz offensichtlich ist das Tulku-System, das dem Mann in der tibetischen Gesellschaft die zentrale Position sichert, die Ursache dafür, daß die Stellung der Frau gegenüber ihrer früheren Rolle erheblich verschlechtert wurde. Doch um die Implikationen der speziellen Art von Phallozentrismus zu untersuchen, die sich im tibetischen sozialen, religiösen und kulturellen System entwickelte, müssen wir uns eingehender mit der Frage befassen, wie sich diese ungewöhnlichen gesellschaftlichen Strukturen auf die Individuen auswirken, die innerhalb derselben ihre Rollen spielen.

5. »Frei von den Unreinheiten des Schoßes«
Göttliche Geburt und die abwesende Mutter

Das äußerst reale menschliche Drama, das sich abspielt, wenn ein kleiner Junge als Inkarnation eines toten Lama »erkannt« und dann in die ausschließlich von Männern bewohnte Domäne des Klosters gebracht wird, sparen die Lebensgeschichten bekannter Lamas meist völlig aus, oder diesem Geschehen wird nur wenig Bedeutung beigemessen. Man kann nur mutmaßen, wieviel Schmerz diese Jungen empfanden und immer noch empfinden, wenn sie ihre Mütter verlassen und in die reine Männerwelt des Klosters überwechseln, oft in einem zarten Alter, in dem ihr Identitätsgefühl und ihre Beziehung zur Welt noch in der Entwicklung begriffen ist. Man kann sich kaum vorstellen, wie verheerend sich die radikale Veränderung der Lebensumstände auf das kleine Kind, das später zum Dalai Lama wurde, ausgewirkt haben muß, als es 1937 im Alter von noch nicht einmal drei Jahren gefunden und von seiner Familie getrennt wurde. Der italienische Forscher Fosco Maraini hat dies sehr anschaulich beschrieben.

Mit dem Tage seiner Amtseinsetzung im Potala-Palast beginnt für dieses mehr oder minder durch Zufall ausgewählte Kind ein völlig neues Leben. Statt des gewohnten bescheidenen Häuschens der Eltern, der vertrauten Küche, der bäuerlichen Umgebung, der Felder und Blumen, der Spiele mit Freunden gleichen Alters, bewohnt der Junge nun eine ganze Suite in dem riesigen Komplex von Palästen, Tempeln, Mausoleen, Verliesen, Sälen, Säulengängen, Bibliotheken und Küchen, aus denen der Potala-Palast besteht. Seine Eltern bekommen eine eigene Suite, in der sie leben können, und sein Vater wird mit dem Titel *Kung*, »Graf«, geehrt. Doch nach den ersten Monaten bekommen er und die Mutter den Sohn immer seltener zu Gesicht. Der neue Dalai Lama muß sich wie jeder andere Mönch völlig vom normalen weltlichen Leben lösen. Er erhält sogar einen anderen Namen.[1]

Maraini bezeichnet die Erziehung des jungen Dalai Lama als eine »sehr strenge Prozedur«, bei der »jedes Detail genau vorgeschrieben ist.«[2] Auch die Bußpraktiken, die Verpflichtung zur Teilnahme an stundenlangen religiösen Zeremonien und die Mönchsdisziplin der Gemeinschaft, deren Oberhaupt er war, forderten dem kleinen Jungen ungeheuer viel Geduld und Kraft ab. Die Umgebung, in der er aufwuchs, war »kurz gesagt, ein ganzer Hofstaat mit sehr strengen und detaillierten Verhaltensvorschriften, *aus dem Frauen völlig ausgeschlossen waren.*«[3] (Kursivsetzung von J. C.)

Über diese Erfahrung schreibt der Dalai Lama in seiner Autobiographie: »Nun begann eine etwas unglückliche Zeit in meinem Leben. Meine Eltern blieben nicht lange, so daß ich in dieser völlig neuen und unvertrauten Umgebung schon bald allein war.«[4] In einem Bericht über die »Erkennung« des 6. Dalai Lama und seine Überbringung in das Kloster im Alter von zwei Jahren und acht Monaten heißt es: »Noch neun Jahre später erinnerte sich die Mutter mit Gram an den Schmerz, den sie wegen der plötzlichen Trennung empfunden hatte.«[5] Um wieviel größer mag der Kummer des Kindes selbst gewesen sein? Unzählige junge Tulkus in ganz Tibet müssen diese Erfahrung in ganz ähnlicher Form gemacht haben. Sie, die ohnehin schon unter dem Verlust ihrer Familie litten, wurden zusätzlich auch noch gezwungen, sich an das asketische Klosterleben anzupassen und sich einer äußerst strengen Erziehung zu unterwerfen. Es kann kein Zweifel daran bestehen, daß sich eine solche Erfahrung gravierend auf die psychische Entwicklung solcher Kinder auswirken muß. Der 14. Dalai Lama zum Beispiel erinnert sich daran, daß er im Alter von drei Jahren von seinem zu physischer Gewalttätigkeit neigenden Onkel »in Angst und Schrecken versetzt worden«[6] sei. Andere Mönche von niedrigerem Status als der Dalai Lama erzählten mir, man habe ihnen in ebenso zartem Alter gedroht, wenn sie weiterhin in der wenig behaglichen Atmosphäre des Gemeinschaftsschlafraums das Bett nässen würden, werde man ihnen den Penis abschneiden.

Für die Kinder, die gezwungen werden, die Härten dieser höchst ungewöhnlichen Kindheit zu ertragen, gibt es nur wenig, das sie für die erlittenen Entbehrungen entschädigen kann. Aber nicht nur die jungen Tulkus werden dieser harten Erziehung unterworfen, sondern auch all die anderen kleinen Jungen, die von ihren Eltern schon in frühester Kindheit den Klöstern übergeben werden. Es wird geschätzt, daß in der traditionellen tibetischen Gesellschaft jeder dritte tibetische Mann Mönch war, und es ist bekannt, daß viele dieser Männer bei ihrem Eintritt ins Kloster noch keine sieben Jahre alt waren – und letzteres ist auch heute noch so.

Die einzige Zuwendung und Nähe erleben diese Mönchskinder zumeist in Beziehungen, die sie innerhalb der engen Grenzen ihrer ständig überwachten Umgebung entwickeln. Manchmal bieten ältere Mönche wie derjenige, den der Dalai Lama in seinen Erinnerungen beschreibt, den kleinen Jungen körperliche Zuwendung und Nähe. Insbesondere von Beginn der Adoleszenz an suchen die Jungen die Nähe von Altersgenossen und oft auch ersten sexuellen Kontakt. Später werden ihnen manchmal geheime Beziehungen zu Frauen ermöglicht. Diese können völlig »weltlicher« Natur sein oder im Rahmen tantrischer Rituale für fortgeschrittene Übende stattfinden, bei denen reale sexuelle Kontakte eine wichtige Rolle spielen.

Der Mangel an körperlicher Nähe in der Kindheit ist jedoch nicht die einzige Facette im Leben des jungen Tulku, die ihn von anderen Kindern unterscheidet. Da er in einer Atmosphäre aufwächst, in der ihm die Menschen in seiner Umgebung aufgrund der ihm zugedachten Rolle stets mit großer Ehrfurcht begegnen, erhält er nie die Möglichkeit, sich selbst als einen gewöhnlichen Menschen zu erleben und eine eigene Identität zu entwickeln, denn ihm ist ja bereits der Name, der Geist und die Verantwortung eines verstorbenen, als göttlich verehrten Lamas übertragen worden. In der hermetisch abgeschotteten Umgebung, in der er lebt und in der alle anderen oft in jeder kleinsten Geste und in jedem seiner Worte einen Ausdruck seiner Weisheit und Göttlichkeit sehen, lernt das Kind schnell, seine eigenen Bedürfnisse zu unterdrücken und den Mantel des »Lama« anzulegen, dessen Aufgabe es ist, für andere die »Große Mutter« zu sein. Da er selbst von seiner leiblichen Mutter gänzlich verlassen worden ist, kann man es nur als Ironie des Schicksals bezeichnen, daß er gezwungen wird, nun seinerseits anderen gegenüber eine mütterliche Position einzunehmen. Doch wenn man bedenkt, welches Maß an »Anderssein« ein solches Kind empfinden muß, dann ist eine Identifikation mit dem Weiblichen, das aus männlicher Perspektive und in männlichen Ideologien bereits als »anders« definiert wird, nicht völlig unangemessen. Das »Anderssein« des Tulku manifestiert sich in der ungewöhnlichen Umgebung, in der er aufwächst, in jeder nur erdenklichen Weise.

Die Erfahrung des jungen Tulku ist davon geprägt, daß er stets im Zentrum der allgemeinen Aufmerksamkeit steht, umgeben von Hunderten und manchmal sogar Tausenden von Anhängern, die sich vor ihm niederwerfen und von seiner Hand Segen empfangen, jedoch nie auf völlig normale Weise mit ihm kommunizieren. Das Isolationsgefühl des Kindes, das durch die plötzliche Trennung von der Mutter und von Frauen generell entsteht, muß dadurch noch stärker werden.

Auch in der religiösen Praxis wird den jungen Mönchen eine

ganz spezielle Sicht der Frau vermittelt Sie wird einerseits als unrein und als Gefahr für die sexuelle Enthaltsamkeit dargestellt – also als minderwertig und der Kontakt zu ihr als verunreinigend –, und andererseits wird sie idealisiert und ihr Bild auf eine Weise überhöht, die ermöglicht, es für die religiöse Praxis zu benutzen. Daß diese in jeder Hinsicht extreme Konditionierung bei den jungen Mönchen im besten Fall Befangenheit und Ängstlichkeit Frauen gegenüber, im schlimmsten jedoch Frauenhaß erzeugen muß, ist wohl leicht einzusehen.

Um die psycho-philosophische Sicht des Weiblichen im tibetischen Buddhismus zu entschlüsseln, werde ich nun zunächst die Position der Mutter des göttlichen Sohnes untersuchen, der einzigen Frau, zu der der junge Tulku zwangsläufig eine intime Beziehung hat. Es wird sich zeigen, daß ihre Rolle von zentraler Bedeutung für die Entwicklung der tibetisch-buddhistischen Sicht des Weiblichen ist.

Schon die frühen Bön-Schriften nennen gewisse Kennzeichen der Mütter göttlicher Lamas, die später auch in buddhistischen Texten auftauchen. Beispielsweise heißt es, daß Shenrab, der Begründer des Bön und für die Bön-Anhänger das Äquivalent zu Shakyamuni Buddha, in einem seiner Leben im Himmel von einer Göttin geboren worden und sein Vater ein Kuckuck gewesen sei. Die Mutter selbst ruft aus: »*O Sohn, geboren von einer Jungfrau, Du bist ein Sproß, der gewachsen ist, ohne daß ein Same gesät wurde.*«[7] (Kursivsetzung wie im Original) Die jungfräuliche Mutter, die Helden oder Gottheiten gebiert, existiert natürlich nicht nur in der Mythologie östlicher Religionen. Ihre fast universelle Bedeutung basiert wahrscheinlich auf dem alten Glauben, daß die Große Mutter zur parthenogenetischen Fortpflanzung in der Lage sei. Marija Gimbutas schreibt, daß die archäologische Forschung immer wieder auf die Fähigkeit von Göttinnen zur »jungfräulichen Geburt« (zur parthenogenetischen Fortpflanzung) stößt.[8] Als in späteren Zeiten das Konzept der Vaterschaft fest im gesellschaftlichen Bewußtsein verankert wurde, scheint an die Stelle des Motivs der jungfräulichen Mutter-Göttin das des »göttlichen« Vaters getreten zu sein, der in religiösen Legenden oft als mythisches Säugetier, als Vogel und manchmal auch als die Gottheit selbst dargestellt wird.

In der Mythologie des Buddhismus wird die Abwesenheit der Mutter des göttlichen männlichen Kindes durch die Legenden über Gautama Buddhas Mutter, Königin Maya, sowie durch die Berichte über die Mütter aller vorherigen Buddhas begründet. Um völlige Reinheit zu garantieren, erschien es offenbar nicht als ausreichend, daß die Mutter eines zukünftigen Erleuchteten nur aufgrund ihres guten *Karma* ausgewählt wurde, sondern es galt außerdem als unabdingbar, daß sie nach der Geburt nur noch eine Woche zu leben hatte. Ihr baldiger Tod garantierte, daß das »Gefäß«, das dem Buddha den Eintritt in die Welt ermöglicht hatte, nicht mehr durch sexuellen Verkehr verunreinigt werden konnte. Diese mythologische Vorstellung ist in Tibet erhalten geblieben, und von tibetischen Laien wird häufig als Beweis für die besondere Heiligkeit eines bestimmten Lamas angeführt, daß dessen Mutter unmittelbar nach seiner Geburt gestorben sei. Andererseits wird die Menschlichkeit der Mutter häufig der Göttlichkeit ihres Sohnes gegenübergestellt. Über Königin Maya heißt es: »Diese Mutter mag von edler Geburt gewesen sein, doch ansonsten war sie eine normale sterbliche Frau.«[9]

Die Berichte über die Geburt von Tulkus enthalten gewöhnlich Hinweise auf Erfahrungen der Mutter *vor* der Geburt, insbesondere vor der Empfängnis des Kindes, sowie über Aktivitäten des Tulku, während er sich noch im Mutterleib befand. Ungewöhnliche Träume oder Ereignisse werden als Beweis für die sich entwickelnden spirituellen Fähigkeiten des Kindes angeführt. Häufig träumt die Mutter während der Schwangerschaft, daß eine Gottheit oder ein mystisches Tier in ihren Körper eindringt. Dies soll darauf hinweisen, daß das Kind nicht aus einer normalen sexuellen Vereinigung zwischen Menschen, sondern aus dem Kontakt mit einem göttlichen Wesen hervorgegangen ist. Oft heißt es auch, das Kind habe bereits unmittelbar nach seiner Geburt sprechen können und habe sich schon bald als der Gesuchte und als der heiligen männlichen Übermittlungslinie zugehörig zu erkennen gegeben.

> Während ihrer Schwangerschaft träumte seine Mutter, Guru Padmasambhava sei zu ihr gekommen und in sie eingedrungen. Viele verheißungsvolle Zeichen tauchten auf. Als der Junge geboren wurde, machte er einen Schritt in jede der vier Richtungen, setzte sich mit überkreuzten Beinen in das Zentrum und sagte: »Om Mani Padme Hum Hri! Ich empfinde Mitleid mit dem Leiden der Menschheit, denn ich bin der Karmapa!«[10]

Auch die übermenschlichen Qualitäten des Kindes werden hervorgehoben, indem darauf hingewiesen wird, wie sehr es sich von seinen Eltern unterscheidet, die häufig aus ärmlichen Verhältnissen stammen, jedoch stets als tief gläubig bezeichnet werden.

> Als er geboren wurde, saß er mit überkreuzten Beinen da, rieb sich das Gesicht und sagte: »Ich bin der Karmapa!« In dieser Position blieb er drei Tage lang sitzen, und sein Vater war davon so beeindruckt, daß er sich vor ihm niederwarf. In diesem Augenblick stand das Kind auf, sagte »Om-Ah-Hum!« und fing an zu lachen. Seine Mutter band ihre Schürze los und versuchte, das Kind damit zu umwickeln, doch der Junge befreite sich und sagte: »Oh, nein, nein!« Dann wurde versucht, ihn in ein Schaffell zu hüllen, und dies ließ er geschehen.[11]

In diesen erstaunlichen Berichten über die Geburt von zwei Kindern, die dazu bestimmt waren, zu verschiedenen Zeitpunkten Oberhaupt der Karma-Kagyü-Schule zu werden, sind die entscheidenden Aspekte des Tulku-Systems zu erkennen: Das Kind muß göttlichen Ursprungs sein; es muß außergewöhnlich frühreif sein; es muß demonstrieren, daß es über Macht und Wissen verfügt; und es muß alles Weltliche und insbesondere alle Attribute des Weiblichen zurückweisen und in eine ausschließlich männliche Welt eintreten, um seine Göttlichkeit unter Beweis zu stellen.

Nach dem Tod eines Tulku wird dessen reinkarnierter Nachfolger gewöhnlich aus einer Gruppe von Kandidaten ausgewählt, und zwar von einer männlichen Elite. Die Visionen und Träume der verschiedenen Mütter und die mit ihren Angaben verbundenen Omen werden dabei durchaus berücksichtigt, doch obliegt es letztlich jenen männlichen Mächtigen, das göttliche Kind zu »erkennen«. Dies garantiert natürlich, daß der gewählte Kandidat den Interessen der paternalistischen Übermittlungslinie entspricht. Indem die »weltlichen« Bedürfnisse und Wünsche der Mutter in den Hintergrund gedrängt werden – die Göttlichkeit rangiert in diesem System ja vor den normalen menschlichen Beziehungen –, kann die männliche Übermittlungslinie die mütterliche Rolle übernehmen. Im Gegensatz zu gewissen Ansätzen im Christentum, neben dem Sohn auch seine Mutter als göttlich anzuerkennen, sieht die tibetisch-buddhistische Tradition strikt nur den Tulku selbst als göttlich an, seine Mutter hingegen lediglich als nützliches Gefäß für seine angeblich selbstgewählte Geburt.

Allerdings muß die Göttlichkeit der Tulkus nach den Schriften nicht nur durch Übereinstimmung mit schriftlichen Aussagen des verstorbenen Lamas über seinen Nachfolger, sondern auch durch Träume und Omen der Mutter der erneuten Inkarnation bestätigt werden. Gewöhnlich beinhalten solche Träume, daß im Augenblick der Empfängnis ein göttliches Wesen, ein Lebewesen oder ein symbolisches Objekt in den Körper der Mutter eingedrungen sei. Doch wird in den zahlreichen Berichten über solch wunderbare Geburten nicht ein einziger Fall erwähnt, in dem die Mutter sich selbst im Traum als göttlich erlebte. Im angeblich autobiographischen Bericht über die Geburt von Yeshe Tsogyal, der Gefährtin Padmasambhavas, heißt es, daß ihre

Mutter von einer goldenen Biene träumte, die »in die Fontanelle ihres Mannes eindrang und darin verschwand.«[12] Weiter berichtet Yeshe Tsogyal, daß ihre ersten Worte als Baby unmittelbar nach ihrer Geburt eine Lobpreisung ihres zukünftigen Gefährten gewesen seien sowie dessen, daß ihr Körper »frei von den Unreinheiten des Schoßes sei.«[13] Derartige Formulierungen, in denen der Gegensatz zwischen dem »göttlichen« Kind und der »weltlichen« Mutter zum Ausdruck kommt, sind auch in philosophischen Schriften häufig zu finden. So beschreibt beispielsweise das Mahayana-Uttara-Tantra über die »Unveränderliche Kontinuität der Wahren Natur« die Buddha-Natur durch eine Reihe von Metaphern für die in befleckten Phänomenen enthaltene Vollkommenheit. Die Buddha-Natur wird als »ein König ... ein zukünftiger Herrscher der Menschen im Schoße einer unglücklichen, häßlichen Frau« bezeichnet, und ihr Erscheinen als die »Geburt des göttlichen Kindes«, das den »Unreinheiten des Schoßes« entflieht.[14] Wird die Metapher der Erleuchtung auf diese Weise in geschlechtsbezogenen Begriffen kodiert, so repräsentiert der weibliche Körper stets das unvollkommene oder gefährliche Behältnis der (männlichen) Buddha-Natur, und er wird gewöhnlich mit anderen Metaphern des verschmutzten Zustandes assoziiert, beispielsweise mit dem »verwesenden Lotos«, »dem Bienenschwarm«, der Hülse, dem Schmutz, dem Erdboden, der Schale der Frucht, mit zerlumpten Fetzen ... und mit der Gußform aus Ton.«[15]

In Yeshe Tsogyals »Autobiographie« wird auf die Nicht-Göttlichkeit ihrer Mutter auch durch die Bemerkung hingewiesen, daß die erste Nahrung, die sie ihrer Tochter angeboten habe, »gewöhnlich« gewesen sei und daß diese sie nur gegessen habe, »um meine Mutter glücklich zu machen.«[16] Bilder dieser Art tragen sicherlich nicht dazu bei, das weibliche Geschlecht oder gar seine eigenständige Heiligkeit hervorzuheben, obwohl Yeshe Tsogyal ja selbst eine Frau war und sie in ihrer »Autobiographie« eindeutig als sehr wichtig und *ihr* Status als göttlich dargestellt wird.

In der gesamten tibetischen Literatur ist kaum etwas über die Rolle der Mutter nach der Geburt des zum Tulku erkorenen Kindes zu finden, abgesehen von der Feststellung, daß sie einwilligt, es dem Kloster zu überlassen, und daß sie sich körperlich und emotional von ihm distanziert. Trungpa Tulku, einer der ersten tibetischen Lamas, die sich nach der Besetzung Tibets durch die Chinesen im Westen niederließen und dort zu lehren begannen, liefert uns einigen Aufschluß darüber, wie er persönlich diesen Prozeß erlebte. In seiner Autobiographie berichtet er, seine Mutter habe ihn verlassen, als er fünf Jahre alt gewesen sei. Anfänglich hatte sie ihn nach seiner Inthronisierung noch jeden Tag besucht. Trungpa schreibt: »Ihre Besuche wurden allmählich immer seltener, bis sie schließlich, nachdem ich sie zwei Wochen lang nicht gesehen hatte, zu mir kam, um mir zu sagen, sie werde nun nach Dekyil zurückkehren. *Ich vermißte sie, wie nur ein kleiner Junge seine Mutter vermissen kann.*«[17] (Kursivsetzung von J. C.) Was die Bedeutung der Mütter von *Tulkus* für dieselben angeht, so beschreibt er nur beiläufig seine eigene Beziehung zu seiner Mutter und deren Einfluß auf seine Entwicklung und sein Leben. Er schreibt, seine Mutter sei schüchtern gewesen und er habe sie als Kind einmal nach seinem Familiennamen gefragt. »Ich erinnere mich auch, daß ich sie einmal gefragt habe, ob ich ihr Sohn und aus ihrem Körper hervorgekommen sei ... ›Nun‹, antwortete sie, ›vielleicht bin ich ein nicht-menschliches Wesen, ein unter-menschliches Wesen. Ich habe den Körper einer Frau; ich bin von minderwertiger Geburt.‹«[18] Trungpa schreibt über dieses Gespräch: »Wir erlebten einen intensiven Augenblick der Verbundenheit.«[19] Und er fügt noch hinzu: »*Durch die Weisheit meiner Mutter habe ich viel über die Prinzipien der menschlichen Gesellschaft gelernt.*«[20] (Kursivsetzung von J. C.)

Da Trungpa schon in einem so frühen Alter gezwungen war, in der ausschließlich männlichen klösterlichen Gemeinschaft zu leben, ist es sicherlich bezeichnend, daß er sich ausgerechnet an diese Unterhaltung mit seiner Mutter erinnert, denn sie enthält im Grunde alle wesentlichen Elemente des Tulku-Systems. Die

Tatsache, daß Trungpa die ergreifende Aussage seiner Mutter über sich selbst als Ausdruck ihrer Weisheit interpretiert, unterstreicht, wie stark er selbst von einem System konditioniert war, in dem Männer den Status des Göttlichen erreichen können, während lebenden Frauen generell nur die Rolle minderwertiger Gefäße zugestanden wird. Hochinteressant ist auch, daß Trungpa aus dieser Aussage seiner Mutter Folgerungen für sein Verständnis der »Prinzipien der menschlichen Gesellschaft« ableitet, denn in der Äußerung der Mutter sind tatsächlich die entscheidenden Elemente des tibetischen patriarchalischen Systems enthalten, der einzigen »menschlichen Gesellschaft«, die er kennengelernt hatte. Wir sollten einmal versuchen, uns den herzerweichenden Kummer eines solchen Kindes vorzustellen, das plötzlich mit den Härten des klösterlichen Lebens konfrontiert und gezwungen wird, sich eine neue Identität anzueignen, während es noch versucht, das Trauma des Verlassenwerdens von der eigenen Mutter zu verarbeiten. Kann es verwundern, daß Männer, die so etwas in ihrer Kindheit erlebt haben, als Erwachsene kaum Schwierigkeiten damit haben, die für den tibetischen Buddhismus so typischen ambivalenten Lehren über das Weibliche zu übermitteln? Ist es wirklich verwunderlich, daß die Beziehungen, die diese Männer später zu Frauen eingehen, von geringschätziger Distanziertheit geprägt sind und daß diese Lamas versuchen, ihre Beziehungen zu Frauen geheimzuhalten, um keine Verpflichtungen eingehen zu müssen, das gesamte Geschehen kontrollieren und aufgrund dessen weiterhin ihre Position innerhalb der ausschließlich männlichen Hierarchie behalten zu können?

Schon die Lektüre von Trungpas Gedicht »Namenloses Kind« macht verständlich, wie leicht es für einen Menschen mit solchen Kindheitserfahrungen gewesen sein muß, das Phänomen der sogenannten »Selbst-Geburt« zu akzeptieren und sich dadurch in den Bereich des Spirituellen und Göttlichen zu erheben. Nur ein spiritueller Kontext vermag wohl auf eine für die Betroffenen akzeptable Weise die Lebensumstände zu erklären, in die ein Tulku durch seine »Erkennung« hineingezwungen wird.

> Plötzlich tritt ein leuchtendes Kind ohne Namen in Erscheinung. ... An dem Ort, wo Metallvögel krächzen, kann der augenblicklich Geborene keinen Namen finden. ... Weil *er keinen Vater hat*, hat er keine Familienlinie. Er hat nie Milch gekostet, weil *er keine Mutter hat*. Er hat keine Spielgefährten, weil *er keinen Bruder und keine Schwester hat*. Da er kein Haus hat, in dem er leben kann, hat er keine Wiege. Weil *er kein Kindermädchen hat*, hat er nie geweint. Es ist keine Zivilisation da, deshalb hat er kein Spielzeug. ... Da es keinen Bezugspunkt gibt, *hat er nie ein Ich gefunden*.[21] (Kursivsetzung von J. C.)

Dieses Gedicht, das die Gefühle des sogenannten »selbst-geborenen« Kindes ausdrückt, kommt einer Beschreibung der wörtlichen Bedeutung des Wortes Tulku (tibet.: *sprul.sku*) – »illusorischer Körper« – sehr nahe. Unser derzeitiges Verständnis der psychischen Entwicklung von Kindern läßt keine Zweifel daran, daß das Tulku-System tatsächlich die im obigen Gedicht beschriebene Wirkung hervorrufen kann, denn es versetzt das erwählte Kind in eine Situation, in der es sich von seiner Familie verlassen fühlt, von der »realen« Welt abgeschnitten ist und vielleicht sogar das Gefühl entwickelt, seine gesamte Existenz sei »illusionär«. Da ihm schon in sehr frühem Alter die normalen sozialen Kontakte verweigert werden, mit deren Hilfe ein Kind eine normale Identität entwickeln kann, muß er sein »altes Ich« mit Hilfe seiner neuen Identität unterdrücken und ihm jegliche Bedeutung absprechen. Für Trungpa wurde seine ursprüngliche Identität später zu einer Quelle der Faszination wie auch der Verwirrung. Dies geht aus seinem Bericht über sein Gespräch mit seiner Mutter ebenso hervor wie aus der simplen Tatsache, daß er seine Erinnerung daran offensichtlich wachhielt und sie später in seinen Schriften als sehr wichtig bezeichnete. Aufgrund der ambivalenten Position, in der zu leben das Tulku-System ihn zwang, ist es keineswegs verwunderlich, daß er eine so ungewöhnliche Sicht der Welt entwickelte. Nachdem der Junge seine ursprüngliche Identität aufgegeben und statt dessen die eines Toten angenommen hatte, fühlte er sich vermutlich weder in der einen noch in der anderen heimisch. Angesichts dieser einzigartigen Position ist zu begreifen, daß er gegenüber den Inkonsistenzen und Dualitäten, die die Realität ausmachen, eine Haltung der Gelassenheit entwickelte, denn die Alternative wäre für ihn mit Sicherheit Verzweiflung gewesen. In seinem Gedicht »Namenloses Kind« schreibt Trungpa: »Die Welt des Kindes hat keinen Anfang und kein Ende. Für das Kind sind Farben weder schön noch häßlich. Es hat keine vorgefaßte Meinung über Geburt und Tod. ... Das Kind existiert ohne vorgefaßte Meinungen.«[22] In der Sprache der Madhyamika-Schule der buddhistischen Philosophie verstanden sind solche Aussagen keineswegs ungewöhnlich. In der Sprache der Psychoanalyse verstanden beschreiben sie Empfindungen aus einer Zeit vor dem Eintritt eines Menschen in die Welt der Sprache, einer Zeit, in der das Kind seinen eigenen Körper und den seiner Mutter noch nicht als getrennt zu erleben vermag. Nach genau dieser Zeit sehnt sich der heranwachsende Tulku später in seinem Leben – eine Sehnsucht, die zutiefst geprägt ist durch seine Erinnerung an die Beziehung zu seiner Mutter, von der er gewaltsam getrennt wurde.

Anhänger des tibetischen Buddhismus rechtfertigen die Ereignisse, die das »Erkennen« eines Tulku begleiten, natürlich mit der unanzweifelbaren Göttlichkeit des Kindes. Dies beinhaltet für sie, daß ein Tulku von normalen menschlichen Beziehungen ohnehin nicht abhängig ist. Der Glaube, daß Tulkus nicht an die Grenzen der konditionierten Existenz gebunden sind, impliziert, daß sie nicht den emotionalen Reaktionen und der begrenzten Perspektive gewöhnlicher Menschen unterliegen. Aus psychoanalytischer Sicht jedoch sind die traumatischen Erfahrungen, die diese Jungen trotz aller Unterstützung ihrer neuen Umgebung am Anfang ihres Lebens machen, von großer Bedeutung für die Entwicklung ihrer Identität (ihres Ich) sowie auch für den Charakter ihrer späteren Beziehungen zu anderen Menschen.[23] Es erscheint mir bedeutsam, daß sowohl der Dalai Lama als auch Chögyam Trungpa als erwachsene Männer über den Verlust ihrer Mutter auf eine Weise gesprochen haben, die zum Ausdruck bringt, daß dieses Ereignis für sie eine *menschliche Bedeutung* hatte, also nicht nur eine *spirituelle*. Das Verhalten Trungpas, der in seinem späteren Leben schwer alkoholkrank war und der in seinen persönlichen Beziehungen und in seinen Aktivitäten ständig am Rande der Gefahr lebte, konnte von seinen Anhängern stets als für die Tradition der »verrückten Yogis«[24] typisch interpretiert werden. Aus einer ganz »normalen« menschlichen Perspektive betrachtet, muß man sein späteres Verhalten sicherlich mit seinen frühen Traumata in Verbindung bringen.

Das Tulku-System sieht die Mutter nicht als eine Teilhaberin an den Machtstrukturen an, sondern betrachtet ihren Körper als ein für den Prozeß als Ganzes zwar wichtiges, aber untergeordnetes Element. Natürlich ist die Mitwirkung der Mutter für die Aufrechterhaltung des gesamten Systems *tatsächlich* unverzichtbar, und zwar sowohl bei der Feststellung der göttlichen Omen während der Empfängnis und Schwangerschaft als auch in Form ihrer Einwilligung, ihren Sohn aufzugeben. Um gegenüber dem System der Linienhalter zumindest ein gewisses Gefühl der eigenen Souveränität zu erhalten, bestätigen die Mütter der Tulkus stets die Heiligkeit ihrer Kinder, indem sie über göttliche Visionen, Omen und Zeichen im Zusammenhang mit ihrer Geburt berichten. Da sie Angehörige einer zum Farbenprächtigen und Dramatischen tendierenden Kultur sind, träumen sie natürlich ebenso wie alle Menschen in den Zeichen und Symbolen, die ihre Kultur als Ausdruck ihrer psychosozialen Organisation entwickelt hat.

Doch indem das tibetische System die Mutter als »bloßes Gefäß«[25] benutzt und sie, nachdem sie diese Funktion erfüllt hat, von allem weiteren ausschließt, fördert es eine patrilineare Ideologie, die letztlich den Sohn gegenüber der Mutter bevorzugt. Durch die Implikation, ein Lama sei aufgrund seiner wunderbaren Kräfte in Wahrheit »selbst-geboren«[26] und könne die Mittel und die Art seiner eigenen Wiedergeburt selbst bestimmen, wird darüber hinaus die Vorstellung genährt, die männliche Nachfolgelinie mache lediglich *Gebrauch von* der Frau, sie sei also keinesfalls *von ihr abhängig*. Diese Täuschung wiederum setzt den Wert der Frau noch weiter herab und schreibt dem patriarchalischen System die Fähigkeit symbolischer männlicher Mutterschaft zu, da erleuchtete Männer über Zeit und Ort ihrer Wiedergeburt angeblich frei entscheiden können. R. A. Paul schreibt: »Das Ziel einer durch den Vater ermöglichten Wiedergeburt besteht darin, die Sterblichkeit zu überwinden, die in der phänomenalen Welt der Frau implizit gegenwärtig ist, und eine Zeitlosigkeit oder eine unveränderliche absolute Qualität zu erreichen, die mit Männlichkeit assoziiert wird.«[27]

In dieser Aussage kommt zum Ausdruck, daß die Dissoziation vom Weiblichen bei Männern durch den Wunsch motiviert ist, das Profane und Weltliche zu überwinden, das in vielen Schriften als dem Weiblichen verwandt bezeichnet wird. Deshalb lehnt auch Tsogyal, die selbst eine Frau ist, den Schoß als »unrein« ab, und sie betrachtet ihre Mutter in ihrem Bemühen, ihr Nahrung zu geben, als profan. Würde sie diese männliche Sichtweise *nicht* übernehmen, so begäbe sie sich aus dem Bereich des Heiligen und aus dem der männlichen Nachfolgelinie, und damit würde sie den Imperativen der Gesellschaft selbst zuwiderhandeln. Während die profane Mutterschaft verächtlich gemacht wird, wird die symbolische männliche Fortpflanzung in Form der Tulku-Linie zum Grundstein der Vorstellung, daß das Heilige männlich sei. Ich bin davon überzeugt, daß dieser zutiefst unbewußte Mechanismus tatsächlich durch die Psychopathologie der involvierten Männer entstanden ist, so daß die Ausgrenzung der Frauen und der metaphorische Prozeß der »männlichen Mutterschaft«, den die Mönche entwickelten, als institutionelle Struktur die weibliche Intimität ersetzt. Mary Daly äußert die Ansicht, daß die Dissoziation des Weiblichen vom Männlichen *allen* patriarchalischen Mythen und Religionen zugrunde liegt, die ihre Bedeutung aus Symbolen herleiten, die das Männliche glorifizieren und das Weibliche ausgrenzen. Vaterschaft oder »männliche Mutterschaft«, so vertritt sie, ist von immenser Bedeutung für die Aufrechterhaltung des gesamten Systems und deshalb auch für die Mythen, Religionen und sozialen Strukturen aller patriarchalischen Gesellschaften. So verstanden, entspricht die Bedeutung der Mutter des göttlichen Lama-Königs derjenigen anderer mythischer Mütter, etwa der von Semele, der Mutter des Dionysos, über die Mary Daly schreibt, sie könne »als Inbegriff des *patriarchalischen Ideals* der Mutter als bloßes Gefäß angesehen werden.«[28] (Kursivsetzung von J. C.)

Die mythische Assoziation der überflüssig gemachten Mutter mit dem göttlichen Sohn kommt in noch anderer Form im Bericht über das Leben von Tibets berühmtestem Asketen, Milarepa, zum Ausdruck, in dem seine Suche nach der Wahrheit beschrieben wird. Die Beschreibung beginnt damit, daß er sein Elternhaus verläßt und unter verschiedenen Lamas studiert. Nach vielen Jahren kehrt er in sein Heimatdorf zurück und stellt fest, daß seine Mutter inzwischen gestorben ist. In tiefer Trauer sucht er sein altes Zuhause auf, findet dort einen Haufen Knochen vor und erkennt intuitiv, daß es die seiner Mutter sind. Er legt die Knochen zu einem Haufen zusammen und setzt sich darauf, um zu meditieren. Nachdem er sieben Tage in dieser Position verblieben ist, erkennt er, daß alles weltliche Leben bedeutungslos ist. Sein Schmerz über den Tod seiner Mutter gibt ihm die Kraft, um seiner spirituellen Entwicklung willen alles Weltliche aufzugeben. Als er sich später an dieses Erlebnis erinnert, schreibt er: »Die Welt vermochte mich nun durch nichts mehr zu versuchen oder zu binden.«[29]

Aus der in diesen Worten und Handlungen enthaltenen Metaphorik läßt sich ableiten, daß der spirituelle Fortschritt des

Sohnes letztlich auf dem Erstarren der Lebensenergie der Mutter basiert. Mit anderen Worten, nur wenn das Weibliche seiner Lebenskraft beraubt und in die Position einer Abwesenheit verbannt wird, kann der Mann seine Angst vor der Sterblichkeit überwinden. Durch den Tod seiner Mutter gewinnt der Sohn die Freiheit, Erleuchtung zu erlangen. Wenn die Mutter durch die Macht der männlichen Nachfolgelinie aus dem Leben des Sohnes ausgegrenzt worden ist, ist sein Weg zum klösterlichen, spirituellen Leben frei. In jedem Fall gebührt der Beziehung des Tulku zur väterlichen Traditionslinie die Priorität. Wenn Milarepa, nachdem er die buddhistischen Lehren empfangen und unglaubliche Härten ertragen hat, die nur im Kontext der Lehrer-Schüler-Beziehung zu verstehen sind, zum »spirituellen Sohn« Marpas wird, wird die Linie der Lamas kraft der mit asexueller Reproduktion assoziierten Männlichkeit weitergeführt. Auch Trungpa Tulku preist in seinem Gedicht »Brief an Marpa« die Vorstellung von der männlichen Mutterschaft und ihre Bedeutung:

> Starker Marpa
> unser Vater
> ...
> Wir trauern um den Tod deines Sohnes
> ...
> Doch hast du mehr Söhne gezeugt.
> Den adlergleichen Milarepa, der in den Felsen lebt,
> den schneelöwengleichen Gampopa, dessen Hort in den
>   Gampo-Bergen liegt,
>   die elephantengleichen Karmapas, die majestätisch für
>   ihren jungen tigerartigen Chögyam sorgen, während
>   er durch fremde Dschungel streift.
> So wie es in deiner Tradition heißt: »Die Enkelkinder sind
>   vollendeter als die Eltern.«
> Dein Garuda-Ei entwickelt sich, während die ansteckende
>   Energie des Mahamudra die Welt erobert.[30]

Trungpa nennt in diesen Zeilen verschiedene Mitglieder der Kagyü-Tradition, darunter auch sich selbst, und er beschreibt sie als auf wunderbare Weise geborene Sprößlinge Milarepas, dem Garuda ähnlich, »dem himmlischen Falken der indischen Mythologie, der voll entwickelt aus dem Ei schlüpft.«[31]

Mit diesem Bild spielt er auf die Vorstellung des »selbst-geborenen«, voll entwickelten Sohnes an, der seine Existenz allein der väterlichen Traditionslinie verdankt. Doch wäre der Bedeutung der Übermittlungslinie nicht in angemessener Weise Rechnung getragen, wenn nicht auch ihr anderer wichtiger Aspekt zur Sprache käme – die Abwesenheit des Weiblichen. Trungpa erwähnt an einer Stelle dieses Gedichts Damema, die Frau Marpas, die sowohl Marpa als auch Milarepa auf ihrer Suche nach Erleuchtung unterstützt hat. Er verherrlicht die erdverbundenen Qualitäten Marpas und spricht von seinem »kräftigen Körper und seinem sonnengebräunten Gesicht, während er Damema *befiehlt*, Bier für die Pause zu bringen.«[32] (Kursivsetzung von J. C.) Nachdem Trungpa so die Rolle der Frau in Marpas Leben skizziert und damit definiert hat – der Mann als Herr, die Frau als Sklavin –, hat er die »Botschaft der Linie«[33] vollständig erläutert.

Die Geschichte Milarepas und seiner Beziehung zu Marpa ist nur eine von vielen Beschreibungen, in denen das Ideal einer perfekten Identifikation mit dem Meister als Schlüssel zur Erleuchtung dargestellt wird. Völlige Identifikation, durch Meditation erreicht, ermöglicht es dem »Sohn«, ohne Mitwirkung einer Frau durch den »Vater« geboren zu werden, eine Art Klonungsprozeß – eine »völlige Identität zwischen dem Prototyp und der Kopie, so wie sie durch sexuelle Fortpflanzung nicht erreichbar ist.«[34] Diese Praxis garantiert, daß das Tulku-System für die männliche Psyche zuträglich ist, und zwar nicht nur, weil es eine Möglichkeit bietet, der physischen Welt der Geschlechtlichkeit und der Fortpflanzung mit realen Frauen zu entkommen, sondern auch, weil es den Wunsch der Männer nach kreativem Ausdruck befriedigt, indem es ein Modell bereitstellt, das symbolisches Klonen ermöglicht. Die völlige Identifikation mit einem »Meister« als Schlüssel zur symbolischen Übermittlung der Lehren zwischen »Vater« und »Sohn« ist Frauen niemals möglich. Robert Paul bezeichnet dies als »das Recht auf Fortpflanzung durch Übermittlung einer symbolisch kodierten Lehre.«[35]

Es ist interessant, daß Luce Irigaray in ihrem Buch *Genealogie der Geschlechter* diesen Prozeß so klar identifiziert, indem sie schreibt:

> Das Problem liegt darin, daß der Vater der Mutter ihre Macht, Leben zu gebären, verweigert und der alleinige Schöpfer sein will. So stülpt er unserer körperlich-sinnlichen archaischen Welt ein Universum der Sprache und Symbole über, das in dieser nicht mehr verwurzelt ist, und er *treibt ein Loch in den weiblichen Schoß und den Ort weiblicher Identität*. In vielen patriarchalischen Traditionen wird auf diese Weise ein Pfahl, eine Achse in die Erde hineingetrieben, um den geheiligten Raum einzugrenzen. Dies definiert einen Versammlungsraum für Männer, der auf einem Opfer begründet ist. Den Frauen wird am Ende erlaubt, diesen Raum zu betreten, vorausgesetzt, sie tun es als *Zuschauerinnen*.[36] (Kursivsetzung von J. C.)

Genau das geschieht meiner Ansicht nach innerhalb des tibetischen Tulku-Systems: Es legt die Kontrolle über den Geburtsprozeß in die Hände von Männern, sieht die Negation der Mutter als Vorbedingung für männliche Heiligkeit an und bezieht die Frauen lediglich als Nicht-Teilnehmerinnen, als Zuschauerinnen, in das System ein.

Tsultrim Allione beschäftigt sich in ihrem Buch *Tibets weise Frauen* mit dem Thema der weiblichen Heiligkeit innerhalb des tibetischen Systems, indem sie die Lebensgeschichten einiger *Yoginis* (weiblicher Yogis) untersucht. Sie ist der Auffassung, diese Biographien seien für Frauen wichtig, weil sie gewisse Elemente enthielten, die sich von entsprechenden Lebensgeschichten von Männern unterscheiden.

> Der Unterschied zwischen einzelnen Individuen muß gewürdigt und sogar gefeiert werden ... Um als Frauen entwicklungsfähige Wege zur Befreiung zu finden, brauchen wir die Inspiration durch andere Frauen, die mit Erfolg auf ihre eigenen Energien vertrauten, *ohne sich an ihr Geschlecht zu fixieren*, und die durch diese Integrität die vollkommene Befreiung erlangten.[37] (Kursivsetzung von J. C.)

Allione bestätigt, daß Differenz für den Prozeß des Findens einer weiblichen Genealogie entscheidend ist. Doch scheint sie weniger überzeugt davon zu sein, daß dies in Form einer anderen Geschlechtsidentität zum Ausdruck kommen sollte. Als für Frauen relevante Unterschiede bezeichnet sie beispielsweise die Restriktionen, denen Frauen durch Ehe, Schwangerschaft, Gewalttätigkeit des Mannes und Depressionen aufgrund der familiären Situation ausgesetzt sind. Sie benennt also Probleme, die eng mit der Rolle der Frau als Mutter und der Mutter als Frau verbunden sind. Da die männliche Genealogie auf der *Fixierung* des Mannes auf seine eigene Geschlechtlichkeit basiert, ist schwer vorstellbar, wie Frauen etwas anderes sein könnten, als auf ihre eigene Geschlechtlichkeit *fixiert*. Alliones Aussage könnte beinhalten, daß für Frauen die Gefahr, sich auf die eigene *sozio-kulturelle Geschlechterrolle* zu fixieren, geringer ist als für Männer und daß sie deshalb in ihrer spirituellen Praxis leichter zum Erfolg gelangen können. In den Geschichten von Frauen kommt aber *Differenz* nur dann angemessen zum Ausdruck, wenn dieselbe drei spezifische Faktoren umfaßt: das Recht der Frauen auf eine eigene, von ihnen selbst entwickelte Subjektivität; die Etablierung echter weiblicher Genealogien und der Essentialismus einer weiblichen Göttlichkeit. Daß den Frauen dieses Recht verweigert wurde, ob völlig oder teilweise, war für die Aufrechterhaltung der Tulku-Ideologie entscheidend und ist es bis in unsere Zeit, in der männliche Kinder westlicher Abstammung dazu auserwählt werden, die Nachfolge verstorbener tibetischer Lamas anzutreten. Solange Frauen innerhalb der Grenzen des abgesteckten geheiligten Raumes als paradoxerweise *abwesende* Präsenzen festgehalten werden und ihre Unterschiedlichkeit den patriarchalischen Imperativen geopfert wird, wird ihr einzigartiger Beitrag zur menschlichen Zivilisation unbeachtet bleiben. Dies könnte für die Menschheit als Ganze schreckliche Konsequenzen haben.

Allione bezeichnet die Mutterschaft mit Recht als besonders wichtig im Kampf um die weibliche Subjektivität, denn es ist die *imaginäre und symbolische Beziehung* zur Mutter, die in patriarchalischen Gesellschaften, und nicht zuletzt auch im tibetischen Tulku-System, sehr oft geleugnet wird. Es ist zu vermuten, daß sich in den Biographien von Frauen die Aspekte des weiblichen Alltagslebens als entscheidend dafür herausstellen, wie Frauen in ihrer Spiritualität ein Gefühl der Autonomie entwickeln. Dies kommt in verschiedenen Geschichten über Ehe und Kindererziehung weiblicher Übender zum Ausdruck. Keith Dowman weist in seinem Kommentar über die weibliche Energie eifrig darauf hin, daß in diesem Bereich *Differenz* tatsächlich bedeutsam ist, aber als Mann geht er natürlich rasch darüber hinweg, welche Macht Frauen damit eigentlich haben. Über Yeshe Tsogyals Leben schreibt er:

> Man könnte den Status der Frauen in der Gesellschaft, in die Tsogyal geboren wurde, als dem der Männer praktisch gleichgestellt bezeichnen. *Natürlich handelte es sich um eine patriarchalische Gesellschaft*, doch abgesehen von *der grundlegenden Macht, über die die Frau als Mutter und Geliebte verfügt*, eine Macht, die unverheiratete Feministinnen bei ihrer Einschätzung des Status der Frau notorisch unterschätzen, waren Frauen in allen Bereichen menschlichen Wirkens aktiv.[38] (Kursivsetzung von J. C.)

Die Macht, deren Existenz Dowman so eloquent beschwört, ist jedoch genau die, die das tibetische System der männlichen Übermittlungslinien leugnet und die jede patriarchalische Gesellschaft aus Angst vor dem Mutterbild zu verbergen versucht. Vielleicht bereitet es Dowman Unbehagen, sich klarzumachen, daß nicht die »unverheirateten Feministinnen« die Mutterschaft entwertet oder die Rolle der »Geliebten« herabgewürdigt haben, sondern daß dies eine Folge der Unterdrückung des Weiblichen durch *alle* Mitglieder patriarchalischer Gesellschaften und ihrer Institutionen ist. Luce Irigaray vertritt die Ansicht, daß die Nicht-Anerkennung der Macht des Weiblichen mit der Leugnung ihrer Teilhabe am »geheiligten Raum« verbunden ist. »Der Riten und der sozialen Institutionen beraubt, bleibt den Frauen nichts anderes übrig, als ihre Auseinandersetzungen privat zu regeln.«[39] Dies bedeutet, daß gerade die Verborgenheit der Mutter (tibet.: *yum*) und der Geliebten (tibet.: *gsangs.yum*)[40] das Fundament des Tulku-Systems bildet und daß diese Verborgenheit von den Frauen keineswegs frei gewählt, sondern ihnen aufgezwungen wurde, um sie unter von Männern festgelegten Bedingungen in den geheiligten Raum einzubeziehen.

6. Vereint mit dem geheimen Anderen

Im geheiligten Raum des tibetischen Tantra existiert auch die geheime Gefährtin, *Songyum* genannt. Das Wort *Songyum*, ursprünglich eine Ehrenbezeichnung für die Ehefrauen der Laien-Lamas, wird auch im Sinne von »Sexualpartnerin« benutzt und bedeutet wörtlich »geheime Mutter«. Daß die Wörter für »Ehefrau« und »Mutter« im Tibetischen synonym sind, ist sicherlich signifikant.

Die Rolle der *Songyum* wird geheimgehalten, damit die hochgestellten Mönche im klösterlichen Kontext sexuelle Praktiken ausführen können, der Fortbestand des Systems dadurch jedoch nicht gefährdet wird. In der Öffentlichkeit kann der Lama weiterhin als Mönch auftreten, der an das Gelübde sexueller Enthaltsamkeit gebunden ist, obwohl er tatsächlich unter strikter Geheimhaltung sexuell aktiv ist. Selbst hochangesehene Lamas vom Range Longchenpas, eines berühmten Gelehrten des 14. Jahrhunderts, verhielten sich so. »Obgleich er äußerlich das Mönchsgewand trug, war er innerlich ein Yogi des Mantrayana und nahm sich jene Nonne zur geheimen Gefährtin, damit niemand etwas davon erführe.«[1] Dies war und ist jedoch nur möglich, wenn die beteiligten Frauen sowie die engsten Vertrauten des betreffenden Tulku sich zur Verschwiegenheit verpflichten.

Dieser Schleier der Verschwiegenheit wird auch in den Schriften nicht gelüftet, denn Hinweise auf reale Frauen im Leben berühmter Lamas werden in deren Biographien generell vermieden, oder ihre Existenz wird nur in metaphorischer Form angedeutet. Selbst in heute publizierten Büchern von Tibetern und ihren westlichen Anhängern wird die *Songyum* oft als visualisierte Gottheit bezeichnet, die nur in der Vorstellung des Mönchs existiere. Es wird behauptet, es handle sich dabei um die weibliche Gefährtin einer männlichen Gottheit, die der Meditierende visualisieren müsse, um zu gewissen Einsichten über die symbolische Vereinigung der sogenannten *Gegensätze* des Männlichen und des Weiblichen gelangen zu können. Doch ist dieses Visualisieren in Wahrheit nur ein Aspekt der Praxis, denn in der klösterlichen Realität nahm und nimmt der Lama insgeheim häufig die Dienste einer realen Frau in Anspruch – angeblich um zu besagten Einsichten zu gelangen. Als ich selbst die *Songyum* von Kalu Rinpoche, eines Tulku-Lama des klösterlichen Kagyü-Ordens, war, wußte nur eine einzige andere Person von dieser Beziehung, die mehrere Jahre andauerte und strengster Geheimhaltung unterlag. In der offiziellen Biographie dieses hoch angesehenen Lama, in welcher auch die Zeit beschrieben wird, in der ich als seine *Songyum* fungierte, wird an keiner Stelle mein Name erwähnt, und es sind nicht einmal metaphorische Hinweise auf eine »Gefährtin« darin enthalten.

Die Struktur des tibetischen Buddhismus entspricht im Grunde der einer Geheimgesellschaft. Dies kommt auch in einer Bezeichnung zum Ausdruck, die häufig als Synonym für diese Tradition verwendet wird: *Songwa Dorje Tegpa* (tibet.: *gsang.wa.rdo.rje.theg.pa.*), »Geheimes Vajrayana« oder »Geheimes Diamantfahrzeug«. Geheimhaltung spielte bei den religiösen Praktiken des tibetischen Buddhismus generell eine wichtige Rolle, und sie beinhaltet nicht nur, daß ausschließlich Initiierte an bestimmten Ritualen teilnehmen dürfen, sondern bezieht sich auch darauf, daß selbst vor der Mehrheit der Initiierten bestimmte Vorgänge strikt geheimgehalten werden. Daß es dabei unter anderem um Sexualität geht, kann insofern kaum überraschen, als diese Institution, die nach außen den Anschein aufrechterhält, ihre Mitglieder hielten sich an die für Mönche verbindliche Regel sexueller Enthaltsamkeit, in der uns bekannten Form vermutlich nicht mehr existieren würde, wenn bekannt geworden wäre, welche Bedeutung die Frau tatsächlich *innerhalb des Systems* hatte und hat. Meiner Meinung nach haben im wesentlichen zwei Elemente den Fortbestand der Geheimgesellschaft des tibetischen Buddhismus ermöglicht, nämlich die Degradierung der Mutter zum bloßen »Gefäß« für die Inkarnation der als heilig geltenden Tulkus und die Geheimhaltung der Rolle der *Songyum* innerhalb des klösterlichen Systems. In einer Studie über Geheimgesellschaften schreibt Mircea Eliade, in ihnen spiele Sexualität stets eine wichtige Rolle, und sie seien gewöhnlich »ein Versuch von Männern, ihr Leben von Frauen unabhängig zu machen beziehungsweise Macht und Einfluß der Frauen einzudämmen und abzuwehren.«[2]

Miranda Shaw, die in ihrem Buch *Erleuchtung durch Ekstase* den Status und die Rolle von Frauen im Tantra historisch untersucht, führt Beispiele aus Texten an, die oft über tausend Jahre alt sind und in denen über tantrische Lehrerinnen berichtet und immer wieder betont wird, wie wichtig es sei, die Frau in sexuellen Ritualen als gleichwertige Partnerin zu sehen. Shaw weist gleich zu Anfang ihres Buches darauf hin, daß die sexuellen Praktiken der tantrischen Tradition, für die sie sich am stärksten interessierte, »ihr esoterischster und am besten gehüteter Aspekt sind.«[3] Ungeachtet dessen beschreibt sie die angeblichen »Geheimnisse« in ihrem Buch in aller Ausführlichkeit, um ihre These zu stützen, daß Frauen, die Tantra praktizierten, zumindest vor tausend Jahren einen Status genossen hätten, der demjenigen der Männer ebenbürtig gewesen sei, und daß sie zumindest ebensoviel wie die Männer zur Erhaltung und Weiterentwicklung der Tradition beigetragen hätten. Shaw hofft, durch ihre Untersuchung den Ausführungen vieler anderer Autoren entgegentreten zu können, die, wie sie meint, versuchen, »eine Atmosphäre männlicher Dominanz auf diese Bewegung zu projizieren.«[4] Sie kritisiert die »westlichen Gelehrten und den Feminismus, die in ihrer Deutung der tantrischen Tradition die Beherrschung und Ausbeutung [der Frau] so sehr in den Vordergrund stellen.«[5] Ihnen wirft sie vor, sie hätten keinen Blick für die »äußerst subtile Balance zwischen wechselseitiger Abhängigkeit und Autonomie, die die Geschlechterbeziehungen in anderen Gesellschaften zuweilen kennzeichnet.«[6]

Sicherlich sind die Beobachtungen Shaws bedenkenswert, da sie uns darauf hinweisen, daß die Bedeutung der Frau innerhalb der tantrischen Tradition in alten Zeiten und in einem gänzlich anderen kulturellen Umfeld einmal eine völlig andere war – wohl nicht zuletzt deshalb, weil in jenem Umfeld auch die Beziehungen zwischen den Geschlechtern völlig anders geartet waren als in der tibetischen Kultur und erst recht in der modernen westlichen. Man kann aufgrund von Shaws Ausführungen eigentlich nur zu dem Schluß kommen, daß die Bedeutung der Frau in der tibetischen Tradition entweder mindestens seit fünfhundert Jahren in den Hintergrund gedrängt worden ist oder daß die tantrischen Lehren generell degeneriert sind und die Frauen im Laufe dieser Entwicklung den Kontakt zu ihrer eigenen Macht und zu ihrem Wissen als tantrische Linienhalterinnen verloren haben. Shaw nennt zwar einen Lama, der sich zur Kooperation bei der Übersetzung von Quellentexten und zur Erläuterung von Details der sexuellen Praktiken bereit erklärte, jedoch keine einzige Frau, die sie in der praktischen Anwendung der Lehren hätte unterrichten können, obwohl sie beteuert, daß »es unumgänglich ist, Kontakt zu einer dieser mündlichen Überlieferungen zu finden, die in Herz und Geist lebender Meister (männlicher und *weiblicher*) verborgen sind.«[7] (Kursivsetzung von J. C.) Da es also offensichtlich an Äußerungen lebender Frauen über die sexuellen Praktiken mit realen Männern innerhalb der tantrischen Tradition fehlt, drängt sich natürlich die Frage auf, wo die lebenden Meisterinnen des Tantra in der tibetischen Tradition geblieben sind und, sofern sie existieren, warum die Funktion, der Name und die Äußerungen solcher Frauen geheimgehalten werden müssen. Ersichtlich wird aus Shaws Buch hingegen, daß die Details der sogenannten »geheimen« Praktiken tatsächlich wohlbekannt und bereits in vielfältiger Form veröffentlicht worden sind. Wenn sich also die Geheimhaltung nicht auf die Details der sexuellen Praktiken bezieht, worauf dann? Meiner Meinung nach geht es dabei um die »verborgene« Subjektivität der Frau, entweder als Teilnehmerin an den sexuellen Praktiken oder als symbolische Gestalt. Ihre Präsenz, wenngleich unverzichtbar für den Fortbestand der Traditionslinie, wurde allmählich in den Hintergrund gedrängt und so unsichtbar gemacht. Anders ausgedrückt: Es sollte verhindert werden, daß reale Frauen dabei beobachtet werden konnten, wie sie sich in menschlicher Form in die Position des »Buddha« erhoben. Auch Shaw selbst vertritt diese Ansicht, allerdings läßt sie die Verborgenheit der Frau als eine *Notwendigkeit* erscheinen, so als komme in ihrem unterdrückten oder verborgenen Status eine Art *essentiell* weiblicher Natur zum Ausdruck.

> Die Frauen des tantrischen Buddhismus und ihre göttlichen Ebenbilder werden oft Dakinis genannt, übersetzt etwa: »Frauen, die im Raum tanzen« oder »Frauen, die sich in der Freiheit der Leerheit vergnügen.« Wie ihr Name schon andeutet, hinterlassen diese Damen keinen ausgetretenen Weg. Manchmal verlieren sich ihre Spuren schon dort in der dünnen Luft, wo sie zu ihren Abenteuern der Erleuchtung aufgebrochen sind, doch manchmal findet sich ihre Spur im dichten Unterholz alter Schriften wieder, unter den verschlungenen Ranken der Geschichte tibetischer Linienhalter ... *Die Spuren von Frauen des tantrischen Buddhismus sind manchmal dunkel und rätselhaft oder gar verborgen und verschleiert*, aber doch für jeden zugänglich, der herausfindet, wo sie zu suchen sind.[8] (Kursivsetzung von J. C.)

Doch es ist nicht allein dem organisatorischen Kontext des Systems anzulasten, daß die einstmals als bedeutend gewürdigte spirituelle Rolle der Frau in den Hintergrund gedrängt wurde. Die Macht des tibetischen Systems lag in den Händen von Männern, die häufig durch unglückliche Kindheitserfahrungen – durch die Trennung von ihrer Familie und insbesondere von ihrer Mutter – traumatisiert worden waren. Da die Rolle, die den Mönchen und Tulkus aufgezwungen wurde, ihnen bis zum Erreichen des Erwachsenenalters kaum die Möglichkeit zu irgendeiner freien Entscheidung ließ, muß ihre frühe Entfernung von der Mutter und aus der vertrauten Umgebung und ihre plötzliche Versetzung in die männliche Welt klösterlicher Disziplin in vielen von ihnen geheime Sehnsüchte nach der Mutter und nach der Intimität der Welt des Weiblichen erzeugt haben. Lacan vertritt in seiner Beschreibung der Sozialisation *aller* Kinder, daß »mit dem Eintritt des benannten Subjekts in den Bereich der Sprache und der Gesellschaftsordnung dessen unbenannte, unterdrückte Wünsche in den Untergrund verbannt werden.«[9] Die Sehnsüchte, die diese Jungen empfunden haben müssen, waren in der klösterlichen Umgebung tabuisiert. Es gibt jedoch Berichte darüber, daß Tulkus während ihrer Kindheit und Jugend häufig insgeheim mit ihren Müttern oder Schwestern zusammentrafen und daß nur ihre engste Umgebung über diese Begegnungen informiert war.

Die Tulkus waren also in der klösterlichen Männergesellschaft gezwungen, ihre Gefühle Frauen gegenüber generell zu verbergen. So gewöhnten sie sich daran, jeden Kontakt zu Frauen mit Heimlichkeit zu assoziieren. Wenn sie später die Möglichkeit hatten, sexuelle Beziehungen zu Frauen einzugehen, war die Heimlichkeit in solchen Dingen für sie bereits zur Norm geworden.

Interessant ist, daß Irigaray ähnliches über *alle* patriarchalischen Kulturen sagt, wenn sie schreibt: »Traditionen wie diese fördern nicht die Liebe zwischen Frauen und Männern. Liebende fallen zurück in eine Mutter-Sohn-Beziehung, und der Mann ernährt sich insgeheim weiterhin von der Frau, die für ihn immer noch die fruchtbare Mutter Erde ist.«[10]

Aus patriarchalischer Perspektive ist begreiflich, warum Geheimhaltung und Heimlichkeit ein solches Ausmaß angenommen haben und warum die Männer im Interesse der Traditionslinie und ihrer Macht konspirierten, um diese Geheimhaltung zu ermöglichen. Doch wie steht es mit den beteiligten Frauen? Wenn man bedenkt, daß es keine weibliche Übermittlungslinie gab, die die tantrischen Lehren auf eine den involvierten Frauen gemäße Weise vermittelte, und daß es für Frauen fast unmöglich war, sich mit den relevanten Schriften zu beschäftigen, da die klösterlichen Institutionen diese meist eifersüchtig hüteten, wie konnten die Männer sich dann die loyale Mitwirkung der Frauen sichern? Und was veranlaßte und veranlaßt Frauen noch heute dazu, sich auf eine heimliche sexuelle Beziehung mit einem hochgestellten Vertreter einer patriarchalischen Institution einzulassen? Brachte ihr tiefer Glaube an den als Buddha verehrten Lama sie dazu, über ihre Rolle Stillschweigen zu wahren und unerkannt als »*Dakinis*« dieser hohen Lamas zu fungieren? Oder gestalteten die Mächtigen die Situation, in der die sexuellen Kontakte stattfanden, so, daß den betroffenen Frauen kaum etwas anderes übrig blieb, als sich zu fügen?

Für das jahrhundertelange Schweigen der tibetischen Frauen gibt es viele Gründe. Sicherlich wurde ihnen das Gefühl vermittelt, sie seien auserwählt, an sehr wichtigen, streng geheimen Ritualen teilzunehmen, von denen Frauen ansonsten völlig ausgeschlossen waren. Diese geheime Rolle beeinhaltete für die Frau trotz der strikten Geheimhaltung ihrer Funktion eine gewisse Bestätigung. Außerdem konnte sie sich in dem Gefühl sonnen, sie partizipiere aufgrund ihrer sexuellen Beziehung irgendwie an der »Heiligkeit« eines besonders hoch angesehenen Würdenträgers, und die ganze Situation sei karmisch vorbestimmt. Zudem verstanden die meisten betroffenen Frauen ihre Einwilligung trotz der Restriktionen, die ihnen auferlegt wurden, vermutlich als »Prüfung ihres Glaubens« und sahen darin vielleicht eine gute Gelegenheit, ihr Wissen über das Dharma zu vertiefen und in »den geheiligten Raum« einzutreten.

Da die tibetischen Frauen in einer Kultur aufgewachsen und konditioniert worden waren, deren Zentrum das buddhistische Dharma und das Herrschaftssystem der Tulkus bildete, muß es ihnen völlig plausibel erschienen sein, die genannten Faktoren sowie auch die Vorstellung zu akzeptieren, daß sie durch Einwilligung in die geheimen sexuellen Aktivitäten »gutes Karma« für zukünftige Leben ansammeln würden.

Natürlich konnten die Umstände, die Frauen in dieser Situation zur Geheimhaltung veranlaßten, bei einer westlichen Frau wie mir, die erst im Erwachsenenalter zum Buddhismus konvertiert war, niemals so wirksam sein wie bei den Tibeterinnen. Da ich nicht in der tibetischen Kultur aufgewachsen und von ihr konditioniert worden bin, kam für mich geradezu zwangsläufig irgendwann der Punkt, an dem ich Sinn und Zweck der Geheimhaltung der Rolle der Frau hinterfragen und den Wert solcher Praktiken außerhalb der archaischen tibetischen Gesellschaft anzweifeln mußte. Meine Einwilligung, in eine geheime sexuelle Beziehung einzutreten, basierte vor allem auf der Verpflichtung zu Hingabe und Gehorsam, die für alle, die in der nächsten Umgebung der Lamas leben, von zentraler Bedeutung ist. Außerdem machte die Forderung, den Lama als göttlich anzusehen, es mir praktisch unmöglich, sein Urteilsvermögen bezüglich aller Fragen, die meine eigene spirituelle Entwicklung betrafen, anzuzweifeln. Durch diese beiden Faktoren – die Hingabe und die Anerkennung des Lama als göttliches Wesen – entstand im Kreis der engsten Schüler ein Gefühl der Zugehörigkeit, das niemand leichtfertig aufs Spiel gesetzt hätte, da wohl allen Angehörigen dieses Kreises klar war, daß es sich bei der ersten schwerwiegenden Meinungsverschiedenheit augenblicklich in Luft aufgelöst hätte. Unter diesen Umständen ist es wohl kaum verwunderlich, daß die Existenz einer echten egalitären »tantrischen« Praxis nie angezweifelt wurde, und ebensowenig, daß Frauen von derselben profitieren könnten.

All dies hat sicherlich mit dazu beigetragen, daß ich in Kalu Rinpoches Aufforderung, eine sexuelle Beziehung zu ihm einzugehen, einwilligte. Im übrigen hatte ich im Laufe der Jahre aus »inoffiziellen« Quellen gehört, daß es keineswegs ungewöhnlich sei, daß Lamas sexuelle Beziehungen unterhielten, und insofern war es für mich nicht völlig überraschend, daß auch ich mit einem solchen Antrag konfrontiert wurde. Bis zu jenem Zeitpunkt war meine Beziehung zu Kalu Rinpoche eine gewöhnliche Schülerinnen-Lehrer-Beziehung gewesen, wobei ich allerdings im Gegensatz zu vielen anderen den Vorteil hatte, mich auf Tibetisch mit ihm verständigen zu können.

Deshalb und aufgrund des Alters und des hohen Ansehens des Lama nahm ich völlig selbstverständlich an, daß eine geheime Beziehung nichts anderes als eine Erweiterung der religiösen Praxis sein könne und in den Bereich der geheimen tantrischen Praktiken fallen müsse. Tatsächlich jedoch lief das, was geschah, den ursprünglich eindeutig egalitären tantrischen Vorstellungen völlig zuwider, da ich mit Forderungen konfrontiert wurde, in denen weder Achtung meinem Körper und meiner Person gegenüber zum Ausdruck kam, noch Rücksicht auf meine Gefühle genommen wurde. Dies war letztlich der Grund, weshalb ich schließlich anfing, die Motive jener Mächtigen, die dieses aus einem gewissen Abstand betrachtet unglaublich anmutende System über Jahrhunderte am Leben erhalten haben, in Frage zu stellen. Und irgendwann sah ich mich dann nicht mehr in der Lage, weiterhin eine Beziehung zu einer angesehenen Autoritätsperson aufrechtzuerhalten, die ständig meine Persönlichkeitsgrenzen verletzte und von mir bedingungslose Unterwerfung erwartete. Als das Doppelleben mit all seinen Täuschungen, Verstellungen und Verheimlichungen, zu dem ich gezwungen worden war, für mich auf die Dauer untragbar wurde, stellte ich die ganze Situation in Frage und versuchte, die Hintergründe dieser äußerst merkwürdigen menschlichen und sexuellen Beziehung, auf die ich mich eingelassen hatte, zu begreifen.

Von Beginn meiner geheimen Beziehung an war mir völlig klar, daß alles, was innerhalb derselben geschehen würde, ob es sich nun um Initiationsrituale oder um persönliche Erfahrungen jeglicher Art mit dem Lama handelte, an ein Geheimhaltungsgelübde (*Damtsik*, tibet: *dam.tshig.*) gebunden war. Solche Gelübde können formell im Rahmen eines Rituals abgelegt werden, sie sind jedoch in anderen Fällen nichts weiter als eine informelle, aber deshalb nicht weniger schwerwiegende Verpflichtung zur Geheimhaltung. Erst in dem Augenblick, in dem meine sexuelle Beziehung zu Kalu Rinpoche real begann, wurde mir klar gesagt, daß jede Indiskretion meinerseits große Probleme zur Folge haben könnte: Ich könnte verrückt werden *oder sogar sterben*.

Zur »Veranschaulichung« der möglichen Folgen eines Verrats wurde mir erzählt, der Lama habe in einem früheren Leben eine Beziehung zu einer Frau gehabt, und diese habe ihm »Schwierigkeiten« gemacht. Deshalb habe er sie verhext, woraufhin sie krank geworden und schließlich gestorben sei. Auch hieß es, die Frau müsse ein mächtiger Dämon gewesen sein, und der Lama habe sie nur aufgrund seines Mitgefühls zu geheimen sexuellen Aktivitäten aufgefordert. Doch habe sie »unerträgliche Schwierigkeiten« gemacht und dadurch schließlich *die Position des Lama gefährdet*. Zusätzlich wurde mir auch an einem konkreteren Beispiel vor Augen geführt, was mir selbst zustoßen könnte: Als meine Beziehung zu Kalu Rinpoche bereits eine Weile bestand, starb plötzlich eine 20jährige Tibeterin, die seine zweite Songyum geworden war, wie es hieß, an einem Herzinfarkt. Dieser Vorfall versetzte mich in eine regelrechte Panik, und ich hatte das Gefühl, unter der Macht eines Tabus zu stehen. Menschen, die nie eine Tradition wie die tibetische von innen kennengelernt haben, mögen solche Ängste für völlig überzogen halten, doch in geschlossenen Gruppen dieser Art kann schnell eine autoritäre »Kultur der Insider« die Herrschaft übernehmen. Wie in vielen der zu Recht so verpönten modernen Kulten, die in den letzten Jahren so viel Aufsehen erregt haben, schienen auch in der Situation, die ich erlebt habe, Geheimhaltung und esoterische Rituale den Beteiligten (und so auch mir) Sicherheit zu garantieren, während jeder Schritt aus dem abgeschotteten Bereich heraus einem Brechen des Tabus gleichgekommen wäre und für mich unabsehbare Folgen hätte haben können. In ihrer Beschreibung der Wirkung von Tabus bemerkt Mary Daly:

> Frauen werden durch das phallozentrische Tabu terrorisiert und so davon abgehalten, den »Gegenstand« – unsere Selbst – zu berühren, in dem die *dämonischen* Mächte verborgen sind, eben unsere eigenen Elementalen Kräfte, die von den Besitzern/Besetzern verschleiert werden. Frauen sind paralysiert von dieser eingeimpften Furcht, unsere Kräfte würden sich, wenn wir sie berühren oder »unerlaubt« gegen die im Staate der Geilheit herrschenden Gesetze verwenden, als »Zauber« gegen die Täter – sprich uns selbst – wenden.[11] (Kursivsetzung von J. C.)

Der Zwang zur Geheimhaltung ist eine machtvolle Waffe, die Frauen davon abhalten kann, integere, ihren eigenen Interessen entsprechende Entscheidungen zu treffen. Denn das alte Grundprinzip tantrischer Sexualität – die partnerschaftliche sexuelle Begegnung zweier autonomer Individuen, die die spirituelle Entwicklung beider fördern soll – wird im tibetischen Tantra *ad absurdum* geführt, da dem männlichen Partner Macht über den weiblichen gegeben wird. Das tibetische System der Traditionslinien hält die geheimen sexuellen Aktivitäten der Linienhalter zwar für unverzichtbar, doch wird die Existenz ihrer Gefährtinnen praktisch negiert, indem sie völlig geheimgehalten, niemals über die Frau gesprochen und ihr Name nie erwähnt wird. Shaws Schlußfolgerung, daß gerade diese Situation die weibliche Erfahrung *ausmache* und darüber hinaus ein unverzichtbarer Bestandteil der Bemühungen weiblicher Übender, ihr Ich zu bezwingen, sei, übersieht eine auch im Sinne ihrer Argumentation verheerende Folge dieser Heimlichkeit, nämlich die Tatsache, daß es aufgrund der Geheimhaltung der Rolle der Frau innerhalb der überwiegend klösterlichen Traditionen des tibetischen *Vajrayana* für andere weibliche Übende keine sichtbaren Rollenmodelle gibt und sich infolgedessen kein Austausch zwischen Frauen entwickeln kann.

Da die »geheimen Gefährtinnen« generell dazu verpflichtet wurden, insbesondere die Begleitumstände der sexuellen Praktiken geheimzuhalten, wissen die betreffenden Frauen oft mehr über die »Rückseite« des Systems und über die hohen Würdenträger, mit denen sie intimen Kontakt haben, als die meisten männlichen Angehörigen der klösterlichen Hierarchie. Ich selbst habe erst nach dem Tode Kalu Rinpoches durchschaut, auf wie raffinierte Weise er seine sexuellen Beziehungen geheimhielt, und ich stelle diese Vorgänge nicht zuletzt deshalb heute so nachdrücklich in Frage, weil ich mir sicher bin, daß auch viele westliche Männer nur zu gerne auf ähnliche Weise ihre »Träume der Macht«[12] ausleben würden. Es erscheint mir erstaunlich, wie wenig einige westliche Tibetologen noch heute über diesen Aspekt des Lama-Systems zu wissen behaupten und wie sehr sie sogar selbst zur verfälschenden Mythenbildung beitragen. So schreibt Geoffrey Samuel (1993) in einer Studie über die Geschichte des tibetischen Buddhismus, in der er auch auf den Unterschied zwischen verheirateten Lamas und sexuell enthaltsam lebenden Mönchen eingeht: »Kalu Rinpoche war jedoch ein Mönch, kein Laien-Yogi, und er verbrachte den größten Teil seines Lebens in der klösterlichen Umgebung der *Gompa* von Pelpung.«[13] Daß Kalu Rinpoche zu Anfang seines Lebens viele Jahre im Kloster Pelpung in Tibet verbrachte, ist zutreffend, doch nachdem er Tibet im Jahre 1959 verlassen hatte, war er eine wesentlich längere Zeit Abt eines Klosters in Indien, und während eines großen Teils *dieser* Jahre lebte er *nicht* als Mönch, scheute jedoch die Konsequenzen, die ein Bekanntwerden seiner geheimen sexuellen Aktivitäten für ihn hätte haben können.

Mir ist dieser Punkt deshalb so wichtig, weil ich darauf aufmerksam machen möchte, *wie* verbreitet diese Praxis innerhalb des tibetischen Buddhismus war und ist, und weil ich ein Geschehen entmythologisieren möchte, das den involvierten Frauen ebenso schadet wie dem Großteil der männlichen Mönche und Laien-Anhänger, die nichts darüber wußten und wissen, was ihre Gurus von den Schülerinnen in ihrer nächsten Umgebung oft tatsächlich erwarten. Es geht hier nicht darum anzuprangern, was bestimmte Menschen in dem Glauben getan haben mögen, es handle sich um eine religiöse Praxis. Es geht vielmehr um den Kontext und die Implikationen dieser Überzeugungen und Praktiken, die irgendwann einmal mythisch überhöht worden sind und die seither zum Schaden vieler angewandt werden. Zahlreiche Beispiele aus der Vergangenheit belegen in überwältigender Weise, daß die Allianz von Religion, Sexualität, Macht und Geheimhaltung katastrophale Folgen für Individuen und ganze Gruppen haben kann und daß *in jedem System*, das auf dieser Allianz basiert, eine sehr große Gefahr des Mißbrauchs gegenwärtig ist.

Immer wieder sind nach dem Tode hochangesehener Lamas Einzelheiten über deren sexuelle Aktivitäten bekannt geworden. Und immer wieder war von den angeblich außergewöhnlichen Fähigkeiten bestimmter Lamas im Umgang mit »Dakinis« die Rede. Natürlich nehmen die Beschreibungen der realen Frauen, die an solchen Praktiken beteiligt waren, im Laufe der Jahrhunderte oft mythische Züge an. Weil es jedoch an *echtem Wissen* über das tatsächliche Geschehen fehlt – denn die Einzige, die darüber hätte Auskunft geben können, war die zum Schweigen verurteilte beteiligte Frau –, ist es natürlich nicht schwer, die sexuellen Aktivitäten nachträglich als tantrische Methode hinzustellen und sogar zu behaupten, nicht gewöhnliche Menschen, sondern göttliche Wesen hätten diese Praktiken vollzogen. Auch die Biographien einiger berühmter tibetischer Yogis wie Padmasambhava, Milarepa und Drugpa Künley enthalten konkrete Einzelheiten über deren Beziehungen zu Dakinis. Leser dieser Schriften akzeptieren derartige Vorgänge, weil sie sich als Anhänger der tibetisch-buddhistischen Tradition die »offizielle Position« zu eigen gemacht haben, diese berühmten Heiligen seien in ihrer spirituellen Entwicklung so weit fortgeschritten gewesen, daß alle ihre Aktivitäten, also auch die sexuellen, dem

Wohle aller Wesen gedient hätten. Die in den Geschichten beschriebenen spektakulären Wundertaten dieser Yogis lassen dieselben den Gläubigen nicht als Menschen, sondern als göttliche Wesen erscheinen.

Trotz aller bisher beschriebenen Zusammenhänge scheint mir immer noch nicht restlos erklärt zu sein, wie der Zwang zur Geheimhaltung im tibetischen Buddhismus eine so große Bedeutung erlangen konnte und weshalb nicht nur die Details der sexuellen tantrischen Praktiken dieser Geheimhaltung unterliegen, sondern auch so strikt verheimlicht wird, daß gewisse in der Hierarchie hochstehende Lamas das Mönchsgebot der sexuellen Enthaltsamkeit ignorieren, obwohl sie nach außen hin den Anschein erwecken, es zu befolgen. Auf die Frage, warum oft erst nach dem Tod eines wichtigen Lama Details über dessen sexuelle Beziehungen bekannt werden, habe ich immer wieder die Antwort gehört, gewöhnliche Menschen könnten solche Vorgänge mißverstehen und den Glauben an den betreffenden Lama verlieren, und dadurch könnten sie Gefahr laufen, ihr persönliches Vertrauensgelübde ihm gegenüber zu brechen, und außerdem könnten sie das Ansehen des Lama schädigen. Natürlich bedroht es tatsächlich die gesamte tibetische Mönchsherrschaft, wenn offiziell bestätigt wird, daß ein Lama, *der den Anschein erweckt, er lebe sexuell enthaltsam,* dies in Wirklichkeit *nicht* tut.

Diejenigen innerhalb der Mönchsgesellschaft, die aufgrund ihres engen Kontakts zu den höchsten Würdenträgern über das tatsächliche Geschehen informiert sind, lösen den Widerspruch zwischen Schein und Sein für sich, indem sie ihr Wissen entweder schlicht vor sich selbst und anderen leugnen oder indem sie den Maßstab des Akzeptablen so »modifizieren«, daß sich das Verhalten des Lama rechtfertigen läßt. Die meisten tibetischen Laien hingegen (und den westlichen geht es ebenso) waren und sind immer noch fest davon überzeugt, daß ihre Lamas den Mönchsregeln folgen und sexuell enthaltsam leben.

Nur eine Schule des tibetischen Buddhismus, die Nyingma-Schule, gesteht die Bedeutung von Frauen innerhalb des Systems offen ein. Deshalb sind die Linienhalter dieser Schule gewöhnlich verheiratet. Doch unterhalten auch viele Tulkus dieser Schule vor und im Laufe ihrer Ehe »geheime« Beziehungen, und Promiskuität unter dem Deckmantel der tantrischen Lehren ist auch unter den Nyingmapa durchaus üblich. Um ihre sexuellen Bedürfnisse befriedigen zu können, propagieren gewisse Lamas Sex als legitime Methode religiöser Praxis, oder sie benutzen diese Art religiöser Praxis als Vorwand, um sexuelle Beziehungen anzuknüpfen. Typisch für diese spezielle Form der Lehrer-Schülerinnen-Beziehung ist, daß sie gewöhnlich kurz und für den Lama unverbindlich ist und daß der Kontakt des Lama zur betreffenden Frau der Öffentlichkeit verborgen bleibt.[14]

Ich bin fest davon überzeugt, daß die Geheimhaltung bei *allen* derartigen Beziehungen so gut wie nichts mit den tantrischen Riten selbst zu tun hat, deren Details im übrigen aus den tantrischen Schulen Indiens und Nepals wohlbekannt sind.[15] Vielmehr ist der eigentliche Sinn und Zweck der Geheimhaltung, daß sie es dem Lama ermöglichen soll, *die Kontrolle über die Frau*, mit der er sich einläßt, zu behalten, so daß *allein er* über die Dauer der Beziehung und über die Bedingungen, unter denen sie stattfindet, entscheiden kann. Die Gefährtin wurde und wird auch heute noch wie eine Nicht-Person behandelt; sie unterliegt der Autorität der Traditionslinie und der Lehren, die ihre Rolle als sekundär definieren.

Durch meine intime Beziehung zu Kalu Rinpoche und durch die damit verbundene Schweigeverpflichtung geriet ich in eine Isolation, die es mir unmöglich machte, mehr als nur sehr oberflächliche Kontakte zu anderen Schülern und zu Freunden aufrechtzuerhalten. Dadurch hatten viele, die mir eigentlich sehr nahestanden, keine Möglichkeit, mich in irgendeiner Form zu unterstützen, beispielsweise indem sie mich mit von den meinen abweichenden Einschätzungen konfrontiert und mir geholfen hätten, die ethischen und moralischen Implikationen des Geschehens aus einer allgemein-menschlichen, nicht den Zwängen der *In-Group* unterliegenden Perspektive zu hinterfragen. Auf diese Weise habe ich persönlich erlebt, wie eine Frau selbst am Verbergen und an der Leugnung der sexuellen Beziehungen der Lamas mitwirken und dem System so das reibungslose Funktionieren (und letztlich das Überleben) ermöglichen kann.

Natürlich birgt die Übertragung eines solchen Systems auf die westliche Welt unüberschaubare Gefahren, denn in den westlichen Kulturen wird erwartet, daß religiöse und therapeutische Beziehungen gewissen ethischen Verhaltensmaßstäben entsprechen, die sexuellen Mißbrauch definitiv ausschließen. Im Westen wird es sicherlich nicht widerspruchslos hingenommen, wenn ein Lama geheime sexuelle Beziehungen zu seinen Schülerinnen (oder auch Schülern) unterhält, selbst wenn er den Eindruck zu erwecken sucht, gewöhnlicher Sex mit ihm sei automatisch tantrische Praxis, oder wenn er gar behaupten würde, eine geheime sexuelle Beziehung zu ihm wirke sich aufgrund seines angeblich hohen spirituellen Entwicklungsstandes automatisch positiv auf die spirituelle Entwicklung der betreffenden Frau aus (weil sie dadurch gutes Karma anhäufe).

Vorstellungen dieser Art negieren die Integrität der Frau als autonomes Individuum, als Wesen, das Beziehungen eingehen kann, die von gegenseitiger Achtung und gleichberechtigtem Austausch der Partner geprägt sind, Beziehungen, die nicht seitens der Frau jene Passivität und Unterwürfigkeit erfordern, die in den geheimen »tantrischen« Beziehungen von ihr erwartet werden.

In dieser gesamten Debatte ist natürlich auch zu bedenken, daß viele Frauen aufgrund ihrer Sehnsucht nach Nähe zum Lama, der für sie eine Vaterfigur ist, oft (bewußt oder unbewußt) *selbst* den Wunsch nach körperlicher Intimität mit ihrem Lehrer entwickeln. Geht die Phantasie, insgeheim sexuellen Verkehr mit einer idealisierten Vaterfigur zu haben, für eine Frau in Erfüllung und wird diese Beziehung später durch das Auftauchen einer anderen Frau beendet, so kann dies insbesondere sehr junge und in Beziehungen noch sehr unerfahrene Frauen aus dem seelischen Gleichgewicht bringen. Doch auch bei Frauen, die bereits in einer sexuellen Partnerschaft oder Ehe leben, kann die geheime Beziehung zu einem Lama schwerwiegende Folgen für das gesamte weitere Leben haben.

Erst später wird den »auserwählten Gefährtinnen« gewöhnlich klar, daß sie passiv in eine Situation eingewilligt haben, in der ihre Gutwilligkeit, ihr Vertrauen und ihr Glauben im Interesse der allmächtigen Übermittlungslinie ausgebeutet wurden. Diese Erkenntnis wirkt – so war es jedenfalls bei mir – um so schockierender, als sich ihr meist die ebenso vernichtende Einsicht zugesellt, daß die mutmaßlichen tantrischen Ideale und insbesondere der aufgrund der Darstellung in den Lehren erwartete egalitäre Charakter der tantrischen Praktiken in der realen Beziehung nicht die geringste Rolle spielten. – Dies kann nur Gefühle der Verwirrung und Depression auslösen.

Die Psychotherapeutin Diane Shainberg wurde in einem Interview mit der amerikanischen buddhistischen Zeitschrift *Tricycle* im Jahre 1991 gefragt, ob die Erfahrung von Frauen, die eine sexuelle Beziehung zu ihrem Lehrer gehabt hatten, auch nur in irgendeiner Hinsicht als »transzendent« bezeichnet werden könnte. Sie antwortete: »Niemals. In keinem der mir bekannten Fälle war die betroffene Frau in der Lage, dem Geschehen eine positive Bedeutung abzugewinnen, ... und in keinem Fall war sie in Kontakt mit ihren eigenen Bedürfnissen und Wünschen ... Sie hatte sich auf eine Autoritätsperson eingelassen, um Bestätigung zu finden, und dies war nicht geschehen ... All diese Frauen fühlten sich zum Sexualobjekt degradiert, und letztendlich blieb bei allen das Gefühl zurück, verlassen worden zu sein, und zwar nicht nur von der zuvor verehrten Autoritätsfigur, ihrem spirituellen Lehrer, sondern auch von der *Sangha* ... und letztlich auch, sich selbst verraten zu haben.« Auf die Frage nach eventuellem spirituellem oder sonstigem Gewinn, den solche sexuellen Kontakte den betreffenden Frauen angeblich bringen sollen, antwortete die Befragte: »Ich habe bei solchen Frauen nie etwas wahrgenommen, das auch nur im Entferntesten als Gewinn bezeichnet werden könnte. *Nichts.*« – Dieser Einschätzung kann ich mich aufgrund meiner eigenen Erfahrungen und Gefühle nur nachdrücklich anschließen.

Um einen tieferen Einblick in die Thematik der tantrischen Beziehungen im tibetischen Buddhismus zu geben, werde ich mich nun eingehender mit dem Wesen der geheimgehaltenen tantrischen Praktiken selbst beschäftigen und mit der Frage, ob und unter welchen Voraussetzungen diese für heutige Frauen noch eine positive Funktion erfüllen könnten.

Es gibt im tibetischen Buddhismus eine Reihe tantrischer Schriften, die sich mit der Philosophie und Praxis des sexuellen Rituals beschäftigen. Außerdem vermittelt auch eine Fülle farbenfroher Gemälde und Statuen einen lebhaften Eindruck von der Bedeutung der Sexualität in den tibetisch-tantrischen Lehren. Trotz dieser offensichtlich wichtigen Rolle des Tantra erschien dreien der vier großen Schulen des tibetischen Buddhismus das zölibatäre Mönchtum als das für die Erhaltung und Übermittlung von Macht geeignetere Instrument. Im Vajrayana verkörpern die Darstellungen der Götter in sexueller Vereinigung mit ihren Partnerinnen stets den *geheimen* und damit höchsten Aspekt der Lehren. Selbst eine so gütige und barmherzige Gottheit wie Chenrezig hat einen solchen geheimen Aspekt, *Pema Garchi Wongchuk* (tibet.: *padma.gar.gyi.dbang.phyug.*), der von roter Farbe ist und in Vereinigung mit einer tantrischen Partnerin dargestellt wird. Bildnisse des tantrischen Sexualakts zeigen in den weitaus meisten Fällen eine sitzende oder stehende männliche Gottheit, die ihr Gesicht dem Betrachter zuwendet, während die Gefährtin dem Betrachter den Rücken zukehrt. Viele sexuell enthaltsam lebende Mönche visualisieren in ihrer Meditationspraxis Darstellungen dieser Art, die *Yab-Yum* genannt werden, was wörtlich »Vater-Mutter« bedeutet. Alle großen Gelehrten und Yogis in der Geschichte des tibetischen Buddhismus bestätigen, daß unter den unzähligen Meditationspraktiken des *Vajrayana* die *Yab-Yum*-Praxis eine besonders wichtige Rolle spiele.

Nachdem Milarepa auf den Knochen seiner Mutter meditiert und sich daraufhin entschlossen hatte, allem Weltlichen zu entsagen, wandte er sich später der Praxis der *Karma-Mudra*[16] oder »geheimen Gefährtin« zu. In seiner Biographie finden wir eine Reihe von Details über seine sexuellen Begegnungen. Das gleiche gilt für die Biographie des sogenannten »verrückten Yogi« Drugpa Kunley, der seine zahlreichen sexuellen Beziehungen fast ausschließlich zur Förderung seiner spirituellen Bewußtheit genutzt haben soll. Milarepa weist in seiner Biographie immer wieder darauf hin, daß reale sexuelle Aktivitäten für den praktizierenden Yogi unverzichtbar seien. »Im Höchsten Tantra heißt es, [daß der qualifizierte Yogi] die Mägde des Himmels anlocken sollte ... Und es heißt darin auch, daß die beste unter allen Übungen *Karma-Mudra* ist.«[17] Longchenpa schreibt: »Ohne erleuchtetes Verstehen, das nur durch Kontakt zu einer *Mudra* erreicht werden kann, bleiben wir an die dreifache Welt gefesselt.«[18] Auch der Mystiker Naropa stellt fest: »Ohne Karma-Mudra kein Mahamudra«[19], und bestätigt damit die Vorstellung, daß männliche Übende ohne sexuellen Verkehr mit einer realen Frau – im Gegensatz zu einer lediglich visualisierten, imaginären sexuellen Beziehung in der Meditationspraxis – nicht die vollständige Erleuchtung erlangen können.

Es ist wohlbekannt, daß die sexuellen tantrischen Praktiken aus dem wesentlich älteren Hindu-Tantra stammen. In den Lehren dieser Tradition wird die weibliche Energie als die primäre und aktive angesehen und durch den Tanz symbolisiert. Außerdem gab es in jenem frühen indischen Tantra Priesterinnen, also Frauen, die die Lehren übermittelten. Pupul Jayakar, die die Verehrung der Großen Mutter in Indien untersucht hat, berichtet über Statuen der Mutter-Göttin aus Knochen, die in Uttar Pradesh gefunden und mit Hilfe der Carbon-24-Methode auf die Zeit um 20.000 v. u. Z. datiert wurden. Die Untersuchungen dieser Forscherin ergaben, daß Mythos und Initiation in der indischen Gesellschaft der Frühzeit von der Mutter an die Tochter weitergegeben wurden. Anzeichen dafür, daß diese Art der

Übermittlung in Tibet nach der Einführung des Buddhismus noch existiert hat, gibt es nicht. Die Biographien berühmter tibetischer Buddhistinnen wie Yeshe Tsogyal, Machig Labdrön und Drenchen Rema dokumentieren, daß die spirituellen Errungenschaften dieser Frauen dem männlichen System der Traditionslinien einverleibt wurden. Diese Frauen sind nie als Mitglieder einer ausschließlich weiblichen Übermittlungslinie dargestellt worden. Allerdings gibt es in der tibetischen Tradition uralte Diagramme, Bildnisse und Symbole, die aus einer älteren Philosophie hervorgegangen zu sein scheinen, welche Frauen eine gewisse Autonomie und die Fähigkeit zur Entwicklung einer positiven Identifikation zugestand.

Es ist also anzunehmen, daß durch die Entstehung jener speziellen Form patriarchalischer Macht, die das Tulku-System hervorbrachte, das Primat männlicher Subjektivität gefördert und gleichzeitig der Niedergang der Bilder weiblicher Subjektivität eingeleitet wurde. Dadurch verlor eine rein weibliche Traditionslinie die Grundlage, was wiederum zur Folge hatte, daß den Frauen innerhalb des Systems nur noch eine sekundäre (und minderwertige) Position zugestanden wurde. Die Tatsache, daß im tibetischen Tantra die eine Seite (die männliche) die andere (die weibliche) unter Androhung schwerwiegender Konsequenzen zum Stillschweigen zwingt, zeigt zudem deutlich, daß die tantrischen Beziehungen, wie sie im tibetischen Buddhismus üblich waren und sind, keineswegs als Beziehungen zwischen gleichgestellten Partnern bezeichnet werden können, da die Frauen innerhalb derselben praktisch keine Möglichkeit haben, selbst die Initiative zu ergreifen. Dies ist wohl letztlich auch der Grund für den Verfall der ursprünglich egalitären Prinzipien tantrischer Praxis im tibetischen Vajrayana.

Während also im frühen Tantra weibliche Subjektivität und die Macht der Mutterschaft von großer Bedeutung waren, eignete sich im Laufe der historischen Entwicklung der tantrischen Tradition in Tibet der Mann die zentrale Position an, indem er sich zum göttlichen Halter der Macht aufschwang. Dadurch trat der eigentliche Sinn und Zweck der Mitwirkung der Frau in den Ritualen immer mehr in den Hintergrund. Aus Sicht der Männer waren die Frauen unverzichtbare »Zutaten«[20] für die Geburt der Tulkus sowie für die sexuellen Aktivitäten, doch wurde ihnen eine autonome Position innerhalb der gesellschaftlichen Strukturen kaum zugestanden. Dieses System fördert die Passivität der Frauen und behindert ihr Bemühen, ihrer Differenz Ausdruck zu verleihen. Westliche Frauen, die sich heute vom verführerischen tantrischen Ambiente mit seinen Versprechungen, allen die Erleuchtung zu ermöglichen, angezogen fühlen, sind sich gewöhnlich über diese Tendenz des tibetischen Tantra nicht im klaren und können aufgrund dieser Unkenntnis in Situationen geraten, die ihrem Streben nach Autonomie alles andere als förderlich sind. Während westliche Männer die offensichtlich von männlicher Herrschaft geprägte Institution, in die sie eintreten wollen, gewöhnlich bereitwillig akzeptieren, fragen sich vermutlich viele Frauen, welche Rolle *ihnen* innerhalb eines Systems zugedacht ist, das ihre Bedeutung und ihren Wert nicht anerkennt.

Nur sehr wenigen Frauen sind innerhalb des tibetischen Buddhismus öffentlich hohe spirituelle Qualitäten zugestanden worden, und innerhalb der gesamten tibetischen Hierarchie gibt es keine einzige Frau in einer wichtigen Position. Eine gewisse Anerkennung genießen gewöhnlich Frauen, die entweder mit Lamas verheiratet oder die Mütter oder Schwestern von Lamas sind, und es gibt nur sehr wenige Frauen, die durch außergewöhnliche Erfolge in ihrer Meditationspraxis zu großem Ansehen gelangt sind. Obwohl heute viele Lamas ihre Schülerinnen ermutigen, indem sie beteuern, daß sie besonders eifrig und begabt seien, wird diesen Frauen die Rolle der Lehrerin und die Übernahme wichtiger Positionen innerhalb der Hierarchie weiterhin nur selten zugestanden.

Es drängt sich auch die Frage auf, warum speziell im Bereich der tantrischen Sexualpraktiken keine Tradition weiblicher Lehrender entstanden ist, obwohl so viele Lamas im Laufe der Jahrhunderte so viele Gefährtinnen gehabt haben. Und im Hinblick auf Miranda Shaws Thesen müssen wir uns natürlich fragen, warum es kaum Berichte von Frauen über ihr reales Leben und über ihre Rolle innerhalb des tibetischen Systems gibt, wenn sie, wie Shaw behauptet, wirklich als gleichberechtigte Partnerinnen an den sexuellen Ritualen teilgenommen haben.

Angesichts von Shaws Feststellung: »*Buddhismus* kann mit repressiven gesellschaflichen Bedingungen koexistieren«[21] (Kursivsetzung von J. C.), mit der sie die angeblich im tibetischen Tantra für Frauen real vorhandene Möglichkeit, auf gleichberechtigten Austausch zwischen den Geschlechtern hinzuarbeiten, zu untermauern versucht, frage ich mich, ob eine in einer Gesellschaft offen praktizierte tantrische Tradition wirklich unter »repressiven gesellschaftlichen Bedingungen« hätte existieren können, denn wie Shaw selbst schreibt, ist der ganze Sinn und Zweck von Tantra: »ein gepanzertes, [begrenztes] oder selbstsüchtig motiviertes ›Ich‹ aufzulösen.«[22] Stellen wir uns einmal vor, daß sich in einer Gesellschaft tatsächlich viele Menschen dieser Art kooperativer Praxis widmen und sie zudem auch noch lehren würden. Ich denke, es kann kein Zweifel daran bestehen, daß sich dies in geradezu revolutionärer Weise auf den Charakter der gesamten Gesellschaft und natürlich insbesondere der Geschlechterbeziehungen auswirken würde.

Da das alte weibliche tantrische Wissen meines Erachtens weitgehend verlorengegangen ist, dürften heutige Frauen kaum noch die Chance haben, jene symbolischen Mittel der Repräsentation zu nutzen, um innerhalb der modernen westlichen Gesellschaft zu echter Subjektivität zu gelangen. Die Bildnisse, die einst weibliche Subjektivität und Sexualität symbolisierten, wurden zwar im tibetisch-buddhistischen System beibehalten, aber größtenteils als »geheim« klassifiziert, und die Kontrolle über sie ging vollständig auf die Männer über. Und die sexuellen Gefährtinnen, die in alten Zeiten einmal die Männer in die sexuellen Rituale eingeweiht haben mögen, wurden von letzteren später zu bloßen Teilnehmerinnen degradiert, deren Rolle ausschließlich die männliche Traditionslinie definierte. Luce Irigaray hat sehr treffend formuliert, was geschieht, wenn Männer den Daseinszweck der Frauen definieren:

> Den Frauen ist also der Zweck ihres Tuns genommen, sie sind zur Teilnahmslosigkeit, zur Entsagung verurteilt, ohne dies gewählt oder gewollt zu haben. *Das, was bestimmte Mystiker oder Weise als Weg der Entsagung beschrieben haben, ist ihr tägliches Los.* Aber man kann von einem Volk nicht verlangen, für den Zweck des anderen Volkes heilig zu sein. Tatsächlich ist – Hegel hat das sehr gut begriffen – weder das Volk eins noch das Geschlecht. Aber ein Teil reklamiert das Recht auf das sittliche Bewußtsein für sich und läßt den anderen ohne Zweck und Wirklichkeit, es sei denn als sein Doppel, sein Schatten, sein Reparateur.[23] (Kursivsetzung von J. C.)

Padmasambhava, der erste bekannte Vertreter tibetisch-buddhistischer Herrschaft, erklärte seinen Anhängern selbstzufrieden, er habe das Reich der weiblichen Energie bezwungen. »Ich, Pema Jungne, dieses Große Wesen, auf wunderbare Weise erschienen, spontan manifestiert, ungeboren und todlos, habe Macht über die Heerscharen der Dakinis.«[24] Über die objektive Rolle der Frau sagte er: »Die Frau ist eine heilige *Zutat* des Tantra. Eine kundige Gewahrseins-Dakini ist notwendig ... Ohne sie können Reifung und Loslösung nicht vollendet werden.«[25] (Kursivsetzung von J. C.) – offensichtlich die Aussage eines Mannes, die an andere Männer gerichtet ist.

Da es schon seit langem keine weibliche Traditionslinie mehr gibt, die Frauen in einer ihren Interessen entsprechenden Form in den tantrischen Lehren unterrichtet und Repräsentationen weiblicher Sexualität entwickelt hätte, traten in der tantrischen Sexualpraxis immer stärker die Bedürfnisse der beteiligten Männer in den Vordergrund. Seit langem ist bekannt, daß Männer sich im Rahmen der tantrischen Praxis bemühen, während des

Geschlechtsakts ihren Samen zurückzuhalten. Diese Praxis wird in vielen Kulturen als für die Gesundheit des Mannes besonders förderlich angesehen. Milarepa pries die Vorzüge der Ejakulationskontrolle nicht nur wegen ihrer positiven Auswirkungen auf die Meditation, sondern erwähnte ausdrücklich auch, daß diese Methode den Lustgewinn steigere. In seinen Unterweisungen beschrieb er sowohl die Eigenschaften einer guten *Karma-Mudra* als auch verschiedene Techniken, durch die der Mann die Ejakulation verhindern und einen Zustand höchster Glückseligkeit erreichen könne. Er bezeichnete dieses Bemühen als »einen Pfad der Glückseligkeit – der Leere, des Nicht-Denkens und des Zwei-in-eins, einen Pfad der schnellen Hilfe durch eine Göttin.«[26]

Der spirituelle Sinn des Bemühens, den Samen im Körper zurückzuhalten, hängt mit der in vielen alten Kulturen bekannten Vorstellung zusammen, daß das Sperma durch die Wirbelsäule aufwärts in den Kopf getrieben werden müsse. In der Hindu-Tradition wurde das Sperma »Ojas« genannt, und es hieß: »Je mehr Ojas sich im Kopf eines Mannes befindet, um so mächtiger und intellektuell brillanter ist er und um so stärker ist seine spirituelle Kraft.«[27] Wie in den Kulten der vorgeschichtlichen Zeit wird hier Sperma offensichtlich mit der Gehirnsubstanz gleichgesetzt, und es besteht die Überzeugung, daß die Zurückhaltung des Spermas im Körper Glückseligkeit, Intelligenz, Gesundheit und ein langes Leben garantiert.

Das Zurückhalten des Spermas bildete das zentrale Element einer schamanistischen Philosophie des »Gegenteils«, die kunstvoll in die Lehren der tibetisch-buddhistischen Religion eingewoben ist, und zwar sowohl durch die Ikonographie als auch durch yogische Praktiken. Letztere zielen darauf, die Kontrolle über einen Aspekt des *Gegenteils* zu erlangen oder die Vereinigung mit demselben zu ermöglichen, ob dies nun eine Person ist oder eine Lebensfunktion im landläufigen Sinne betrifft. Beispielsweise werden durch die Atemkontrolle normale Körperfunktionen gestört; absolutes Stillsitzen über extrem lange Zeiträume ist aufgrund der physiologischen Beschaffenheit unseres Körpers gesundheitsschädlich; das Anhalten der Gedanken ist der normalen Gehirnaktivität entgegengesetzt; und das Zurückhalten der Ejakulation läuft der Physiologie der männlichen Sexualorgane zuwider. Sinn aller tantrischen Sexualpraktiken ist es, die männlichen und weiblichen Aspekte (wie auch immer diese definiert sein mögen) zu einer ganzen, einheitlichen Erfahrung zu integrieren. Eliade nennt dies »den Symbolismus des Gegenteils«[28], und er behauptet, daß die dem Erreichen dieses Ergebnisses dienenden Praktiken eine Erfahrung ermöglichen sollen, die angeblich sowohl dem Tod als auch der Göttlichkeit ähnelt – zwei Erfahrungen also, die Menschen *per definitionem* nicht machen können, solange sie sich in einem lebendigen menschlichen Körper befinden.

Der Schamanismus versteht den Tod als Vorspiel zur Wiedergeburt, und bei den Praktiken, die den Schamanen über das normale menschliche Leben hinausführen sollen, spielt der Tod eine zentrale Rolle. Der tantrische Yogi des tibetischen Buddhismus strebt im Grunde ein ähnliches Ziel an wie der Schamane, denn indem er versucht, in seinem derzeitigen Leben Erleuchtung zu erlangen, bemüht auch er sich, die Grenzen des normalen menschliche Lebens zu überschreiten. Dazu muß er die Grenzen des Todes überwinden und sich in den Bereich des Göttlichen erheben. Dies beinhaltet, daß der Yogi *aus der gewöhnlichen Zeit heraustritt*, deren Grenzen Menschen nur durch das Phänomen des Todes erfahren können. Durch Kontrolle des Atems und der Ejakulation versucht der tantrische Übende, in eine andere konzeptuelle Realität einzutreten, in der er seine eigene Göttlichkeit erkennt und nicht mehr an die lineare Zeit gebunden ist. »Damit ist gesagt, daß der Yogin ... die periodischen Erschaffungen und Zerstörungen der Universa (die kosmischen ›Tage und Nächte‹) wiederholt und in gewisser Weise ›noch einmal lebt‹.«[29] Dieser Versuch, die Kontrolle über die eigene körperliche Existenz zu erlangen, um außergewöhnliche Dimensionen der Zeit zu erfahren, spiegelt sich auch in einer Bezeichnung für Lamas, die einen besonders hohen Grad der Realisation erreicht haben: *Dusum Chenpa* (tibet.: *du.gsum.kyen.pa.*) – »der die drei Zeiten kennt«.

Doch welche Bedeutung hat der symbolische Bruch mit der linearen Zeit, und warum wird er so eng mit der Suche des Mannes nach Erleuchtung assoziiert? Die lineare Zeit ist die Zeit, die zu »vergehen« scheint, die historische, gemessene Zeit, die in den logischen Systemen aller Gesellschaften eine wichtige Rolle spielt. Wir werden ihrer gewahr, indem wir Anfänge und Enden erleben. Dies färbt unsere Vorstellung vom Eintritt in die Zeit oder gar von der Möglichkeit, dieselbe zu kontrollieren. Der Tod ist stets ein Bestandteil unserer Definition der linearen Zeit, da unserer Wahrnehmung gemäß an der Grenze, die das Ende des Lebens markiert, »die Zeit ausgeht«. Martin Heidegger schreibt in seinem Werk *Sein und Zeit*, daß das Bewußtsein der Unvermeidlichkeit des eigenen Todes die Grundlage einer authentischen Existenz sei. Diese Sichtweise vertritt auch Freud, wenn er die männliche Erfahrung der Authentizität (die phallische Existenz und Sexualität) mit der linearen Zeit assoziiert. Freud schreibt, daß Männer Kastration und Tod unbewußt häufig als gleichbedeutend ansehen und daß beide in einer engen Beziehung zu ihrer Orgasmuserfahrung stehen. Und tatsächlich wird der post-koitale Zustand des Mannes in mehreren Sprachen als »kleiner Tod« bezeichnet. Julia Kristeva vertritt in ihrem Aufsatz über Frauen und Zeit die These, daß die lineare Zeit »leichthin als männlich bezeichnet wird und ebensosehr zivilisatorisch wie obsessiv ist.«[30]

Der Tibeter Tarthang Tulku schreibt über die lineare Zeit, sie erwecke mit ihrem unerbittlichen Beharren auf der nicht abreißenden Kette einander folgender Augenblicke »den Anschein, alle Ausdrucksmöglichkeiten zu umfassen.«[31] Er weist auch darauf hin, daß wir zu dem Glauben neigen, »die gewöhnliche gelebte Zeit [sei] in Wirklichkeit eine verborgene, autonome Kraft, die uns umherstößt.«[32] Bis die Relativitätstheorie und die subatomare Physik das gesamte Raum-Zeit-Paradigma neuformulierten, konnte die Vorstellung von einem allgegenwärtigen Vater Zeit, der über unseren Weg durch das Leben wacht, als eine durchaus adäquate Metapher gelten. Doch wissen wir heute, daß Raum und Zeit unlösbar miteinander verbunden sind, so daß Körper-Raum für das Verständnis der Zeit, ihrer Grenzen und ihrer Eigenschaften von Bedeutung sein muß. Körper-Raum ist aber nicht unabhängig vom Geschlecht denkbar. Wenn der männliche Yogi versucht, einen Zustand jenseits der linearen Zeit zu erfahren, ist er gezwungen, seinen Körper-Raum und somit seine Sexualität zu benutzen, um das erleben zu können, was Tarthang »Große Zeit« nennt.

Eine solche Vorstellung von Zeit ist in den meisten Zivilisationen der Welt zu finden, besonders in solchen, deren Kunst und Literatur religiös inspiriert sind. Dieses Zeitkonzept umfaßt sowohl eine zyklische als auch eine monumentale Zeit. Die zyklische Zeit ist eine tiefere Strömung der menschlichen Erfahrung als die lineare Zeit, und sie scheint an der Grenze zwischen linearer und monumentaler Zeit zu liegen. Die Frau erlebt die zyklische Zeit durch die physiologischen Erfahrungen der Menstruation und der Empfängnis. Durch diese wird sie an ihre körperliche Realität gebunden und kommt mit der Raum-Zeit-Grenze in Kontakt. Die Erfahrung von Zyklen innerhalb des weiblichen Körpers, die die scheinbar ewigen Naturkräfte spiegeln (z. B. die Mondphasen und die Gezeiten des Meeres), deuten auch auf eine Affinität der Frau zur monumentalen Zeit hin, eine Affinität, wie sie Männer in dieser spezifischen Weise nicht haben. Von der monumentalen Zeit, die unmöglich zu beschreiben ist, heißt es, sie sei eine »massive Zeitlichkeit ohne Riß und ohne Entweichen.«[33] Sie wird oft als all-durchdringend, mystisch und außersprachlich bezeichnet und aufgrund dieser Assoziationen von Philosophen dem Bereich des Weiblichen und somit des Semiotischen zugerechnet. Auch Tarthang Tulku nennt sie »*die Muse*, die alle Künstler suchen; die Eigenschaft, die es uns ermöglicht, die ansonsten verborgenen Dimensionen all dessen, was das Leben ausmacht, wahrzunehmen und zu feiern.«[34] (Kursivsetzung von J. C.) Für den männlichen Übenden ist jene Muse stets weiblich. Indem der tantrische Yogi sich den normalen Regungen seines Körpers entgegenstellt, versucht er, seinen Körper und dessen natürliche Grenzen zu transzendieren. Er überschreitet metaphorisch die Grenzen der gewöhnlichen Zeit, so wie wir sie wahrnehmen, indem er den Bereich des Sprachlichen verläßt und in das heilige Reich des symbolischen Weiblichen eintritt, das in der tibetisch-buddhistischen Philosophie als Große Zeit und als Raum bezeichnet wird

Im sexuellen Ritual, das die Erfahrung dieser anderen Dimension der Raum-Zeit ermöglichen soll, versucht der männliche Übende, die Subjekt-Objekt-Dichotomie zu negieren, um *vereint* mit dem *anderen* sein zu können. Dadurch vermag er einen mythischen Seinszustand zu erfahren, in dem er sich mit allen Phänomenen eins fühlt und er keine Trennung mehr zwischen sich und dem »anderen« spürt. Dieser Zustand ähnelt jenem, den er in seiner Beziehung zu seiner Mutter erlebte, bevor sich in ihm die Vorstellung der Unterschiedlichkeit und der Trennung entwickelte.

Ein wichtiger Aspekt der Praxis, die dem Yogi ermöglichen soll, sich mit seinem sogenannten »Gegenteil« zu vereinigen, ist, wie bereits erwähnt, das Zurückhalten des Samens. Der tibetische Ausdruck für Samen ist *Tigle* (tibet.: *thig.le.*), was buchstäblich »Punkt« oder »Essenz« bedeutet. Metaphorisch entspricht dem physischen Samen *Changchubsem* (tibet.: *byang.chub.sems.*, Sanskrit: *Bodhicitta*), was wörtlich »Geist der Erleuchtung« bedeutet. Dieser Begriff wird in den Schriften in einer Vielzahl von Bedeutungen verwendet, unter anderem auch für Sperma. »Im Tantra kann das Wort *Bodhicitta* auch ›Sperma‹ und ›weibliche Sekrete‹ bedeuten, was der Aufforderung, *Bodhicitta* zum Wohle anderer anzusammeln, eine interessante Doppelsinnigkeit gibt.«[35] Von den verschiedenen Übersetzungen für *Tigle* und *Changchubsem* (die übrigens häufig synonym als Bezeichnungen für eine der männlichen Lebenskraft gleichgesetzte Essenz verwendet werden), sind »Samen-Essenz«, »weißes *Bodhicitta*« und »psychische Energie« die gebräuchlichsten. H. V. Günther übersetzt *Tigle* als »bioenergetischer Flow-Input«, zitiert die Definition Longchen Rabjampas, eines Gelehrten des 14. Jahrhunderts: »*Thig* bedeutet ›unveränderlich‹ (›nicht änderbar‹) und *le* ›alles umfassend, weil es sich überallhin ausbreitet‹«, und kommt zu dem Schluß: »*Thig-le* ähnelt dem, was wir ›genetischen Code‹ nennen und was in jeder Zelle präsent ist.«[36] Nach dieser Definition könnte das Wort *Tigle*, das in Schriften verwendet wird, in denen Methoden der Samenzurückhaltung beschrieben werden, auch im Sinne des Begriffs DNS benutzt werden.

Trotz der vielen Anwendungsmöglichkeiten dieses Begriffs existiert auch ein Gegenstück dazu, ein Ausdruck für die weibliche »Essenz«, die »rotes *Bodhicitta*« genannt wird. Der tibetische Ausdruck hierfür ist *Trag* (tibet.: *khrag*), was »Blut« bedeutet, oder auch *Dazen* (tibet.: *zla.mtsan.*) – »monatliches Zeichen«, ein Ausdruck, der sich eindeutig auf das Menstruationsblut bezieht. Natürlich können männliche und weibliche Essenz im physiologischen Sinne – d. h. als Sperma und Menstruationsblut – kaum synonym sein, da das eine während des Sexualakts eine Rolle spielt und das andere nicht. Es erscheint mir unwahrscheinlich, daß die plumpe Gleichsetzung des Menstruationsbluts mit dem Sperma in tibetischen Texten auf ungenügender Kenntnis der männlichen und weiblichen Physiologie und Sexualität basiert. Andererseits ist allerdings in tibetischen medizinischen Abhandlungen über die menschliche Physiologie zu lesen, daß aus »verfeinertem Knochenmark Sperma oder Menstruationsblut entsteht (das als der weibliche Same angesehen wird)«[37], womit die beiden Substanzen als Äquivalente dargestellt werden. Warum das rote Menstruationsblut als weibliches Äquivalent zum männlichen Samen bezeichnet wird, und *nicht* der gelbe *Corpus luteum* des Ovums, der als Träger der Lebenskraft das *tatsächliche* Äquivalent zum Sperma ist, darüber lassen sich nur Mutmaßungen anstellen. Offenkundig werden jedoch die Farben der beiden Flüssigkeiten, Rot und Weiß, im Tantra symbolisch mit dem Weiblichen und dem Männlichen assoziiert. In jedem Fall ist die

Assoziation des Menstruationsbluts mit der Fortpflanzung und mit dem Sexualakt ein Irrtum, denn die moderne wissenschaftliche Forschung hat festgestellt, daß das Ovum, wenn keine Befruchtung stattfindet, lange vor Beginn der Menstruation zerstört wird. Insofern enthält das Menstruationsblut eindeutig *keine* »Samenessenz«, so wie es beim Sperma der Fall ist. Nach neuesten Erkenntnissen hat das Menstruationsblut die Funktion, den weiblichen Körper vor Infektionen durch vagabundierende Spermien zu schützen; es ist also keineswegs nur ein Relikt der Ovulation und der nicht erfolgten Befruchtung, wie lange angenommen wurde.

Diese verwirrende Gleichsetzung finden wir auch in Keith Dowmans Erklärung tantrischer Praktiken. Er schreibt, daß »verfeinertes Sperma im Herzzentrum als ›Strahlen‹ gespeichert wird, ein langes Leben garantiert und der Haut einen gewissen Glanz verleiht.«[38] Er fährt fort: »Der Verlust von Samen hat in jedem Fall eine Verkürzung der Lebensspanne zur Folge und ist an einer bleichen Hautfarbe zu erkennen.«[39] Aus diesem Zitat wird deutlich, daß Dowman das Wort »Samen« im Sinne von *Sperma* benutzt, er also nicht den Gattungsbegriff »Samen-Essenz« meint, der auch das Menstruationsblut einschließen würde, eine Substanz, die unmöglich »zurückgehalten« werden kann und die mit dem Sexualakt nichts zu tun hat. In den Schriften wird das Wort »Samen« oft in der Bedeutung »Samen-Essenz« oder »*Bodhicitta*« verwendet, also als Ausdruck für den Stoff, den nach den tantrischen Lehren auch Frauen produzieren können sollen, bezieht sich dann aber doch wieder ganz konkret auf das männliche Sperma.

In vielen Fällen mag es möglich sein, Begriffe, die sich eigentlich auf das männliche Geschlecht beziehen, zumindest partiell zur Beschreibung der männlichen *und* der weiblichen Realität oder Erfahrung zu verwenden, doch in diesem speziellen Fall wird die Gleichsetzung einfach nicht den Tatsachen gerecht. Wenn das Wort »Samen« lediglich zur metaphorischen Beschreibung einer symbolischen Energie benutzt würde, die während der meditativen Visualisation durch Anwendung von Atemtechniken unter Kontrolle gebracht wird, bestünde für Männer keine Notwendigkeit, auf die Ejakulationskontrolle hinzuarbeiten. Doch ist das eindeutig *nicht* so, denn in den Schriften wird die Praxis der Atemkontrolle mit diesem spezifischen physiologischen Resultat in Verbindung gebracht.

Miranda Shaw setzt in ihrem Buch Menstruationsflüssigkeit und Samen zwar nicht gleich, doch klingt das, was sie über die Sexualsekrete schreibt, noch verwirrender als die traditionellen Darstellungen. Shaw unterscheidet zwei Arten von tantrischer Sexualität: Bei der einen Art vermischen sich die Sexualsekrete (und sie bezeichnet in diesem Zusammenhang das Sexualsekret der Frau, das der Mann zum Fließen bringen muß, als »*das weibliche Äquivalent zur Samenflüssigkeit des Mannes*«[40] (Kursivsetzung von J. C.); damit impliziert sie, daß der Mann die Ejakulation in diesem Fall zuläßt. Bei der anderen Art, die sie erwähnt, unterdrückt der Mann die Ejakulation und absorbiert das Sexualsekret der Frau, was die exakte Umkehr des normalen physiologischen Vorgangs beim Sexualakt ist. Shaw schreibt: »Die *Tantras* (sowohl die hinduistischen als auch die buddhistischen) betonen etwas stärker die Aufnahme der weiblichen Sekrete durch den Mann.«[41] Dies kommt natürlich auch in den Schriften zum Ausdruck, in denen es heißt, auf dem Weg zur Erleuchtung solle nicht ein Tropfen *Bodhicitta* vergossen werden.

Diese von Shaw erwähnte Praxis schreibt dem Mann eine passive und der Frau eine aktive Rolle zu, so wie es der ursprünglichen Geschlechterrollenzuordnung in den älteren Hindu-Tantras entspricht. Diese Zuordnung von Eigenschaften wurde in der sexuellen Ikonographie des tibetischen Tantra umgekehrt; das Weibliche repräsentiert hier Passivität. Es scheint fast so, als bezöge Shaw sich *darauf*, wenn sie an einer anderen Stelle schreibt: »Das Sammeln der Sekrete der Frau durch den Mann ... [bringt] den relativen Status von Mann und Frau innerhalb des Rituals zum Ausdruck, denn es versinnbildlicht, daß *die Macht von der Frau zum Mann fließt.*«[42] (Kursivsetzung von J. C.) Diese

Umkehr der Rollen und Prozesse des realen, physiologischen Sexualakts weist erneut auf die schamanistische Philosophie des »Gegenteils« hin, deren konkrete Umsetzung die alten Völker, die diese Vorstellungen entwickelten, durchaus für physiologisch möglich hielten. Durch die Hervorhebung dieser speziellen tantrischen Praxis im tibetisch-buddhistischen System ist jedoch meiner Meinung nach die ungleiche Bewertung der Rollen des Mannes und der Frau ungeheuer verstärkt worden mit der Folge, daß die Macht seit langer Zeit nicht mehr »zur Frau hingeflossen« ist, weder im metaphorischen noch im wörtlichen Sinne.

Ich stimme mit Shaw überein, wenn sie schreibt, daß jede degenerierte Form der tantrischen Rituale und Praktiken auf »kulturelle Kräfte, institutionelle Faktoren und gesellschaftliche Muster zurückzuführen ist, die die ursprüngliche tantrische Vision überlagert haben.«[43] Doch erscheint mir Shaws Intention, Tantra im Westen zu rekonstruieren, um Ziele wie »Verschmelzen der Identitäten ... Verlust der Ich-Grenzen, Selbstvergessenheit und die Aufhebung der Dualität von Subjekt und Objekt«[44] zu erreichen, aus verschiedenen Gründen als problematisch. Auch ich werde im weiteren Verlauf dieses Buches dafür plädieren, daß *alle* Identitäten und Ich-Grenzen als letztlich fließend und instabil verstanden werden sollten, doch bin ich der Meinung, daß die Vorstellung, der Körper des Mannes und der Körper der Frau (die in der Philosophie *durch ihre Geschlechtszuordnung bereits als Mann-Subjekt / Frau-Objekt vorgeprägt sind*) könnten zu einem einheitlichen Ganzen verschmolzen werden, einer näheren und äußerst kritischen Untersuchung unterzogen werden muß. Nach der modernen westlichen psychoanalytischen Theorie der Beziehung zwischen Subjekten ist die autonome Differenz einer der Schlüsselfaktoren für die Entwicklung einer gesunden weiblichen Subjektivität.

Vor diesem Hintergrund ist es sicherlich als reale Gefahr zu bezeichnen, daß die Frau vom Mann in eine phallozentrische Sinn-Arena einverleibt werden kann, in der »Einheit« gleichbedeutend mit »Mann« ist. Dieser Aspekt muß sehr gründlich reflektiert werden, wenn Mann und Frau jemals autonome und gleichzeitig unterschiedliche Individuen werden wollen, die in der Lage sind, auf harmonische Weise zueinander in Beziehung zu treten.

Wenn Yeshe Tsogyal einer Schülerin die Anweisung gibt: »Übe dich bis zur Perfektion darin, deine Samen-Essenz zurückzuhalten«[45], dann meint sie damit wohl kaum Sperma, sondern eine Form autonomer Energie, *die bewahrt werden muß*. In einer Neuinterpretation der alten Tantras müßte meiner Ansicht nach zum Ausdruck kommen, daß der geheime Bereich der Übung, von dem in vielen Schriften die Rede ist und der darauf zielt, weibliche Subjektivität zu kreieren, als Praxis der Erhaltung von *Differenz* zu verstehen ist, so wie sie in einem essentiellen Aspekt weiblichen Seins (d. h. in der Samen-Essenz) kodiert ist. Diese *Differenz* ist es, die während der meditativen Visualisation oder während des Übens der Atemkontrolle erhalten bleiben muß, und in der Tat trägt sie während *jeder* Form physischer Aktivität, einschließlich sexueller Intimität, zur Aufrechterhaltung eines offenen körperlichen Gewahrseins bei. Obwohl Männer *wie auch* Frauen durch gewisse Praktiken lernen können, die Kontrolle über ihre Atmung und über den Orgasmus zu erlangen und so ihr Lustempfinden zu verstärken, müssen nur die Männer lernen, die speziellen physiologischen Funktionen willentlich zu beeinflussen, die während des Sexualakts bei *ihrem* Orgasmus eine Rolle spielen.

Auf die Andersartigkeit der weiblichen Physiologie gehen zumindest ansatzweise die tantrischen Schriften anderer Traditionen ein. In ihnen wird der Schwerpunkt der Aufmerksamkeit vom weiblichen Genitalbereich auf andere Bereiche des weiblichen Körpers verlagert. Dies entspricht der heutigen westlichen Sichtweise, derzufolge die sexuelle Lust der Frau nicht so spezifisch an den Genitalbereich gebunden ist wie – zumindest deren eigenen Angaben nach – die der Männer. Die alten chinesischen

Schriften beschreiben die unterschiedliche Physiologie von Männern und Frauen sehr differenziert:

> In seinem Werk »Geheimnis der weiblichen Alchimie« sagt Liu Yiming (Liu I-ming): »Es gibt ein wahres Geheimnis über den Anfang der Schulung. Das Vorgehen ist *für Männer und Frauen so verschieden wie Himmel und Meer. Das Prinzip für Männer ist die Läuterung der Energie, das Mittel für Frauen ist die Läuterung des Körpers.*« Männer richten am Anfang die Aufmerksamkeit auf den Unterbauch, gleich unterhalb des Nabels. *Frauen richten am Anfang die Aufmerksamkeit auf die Stelle zwischen den Brüsten.*[46] (Kursivsetzung von J. C.)

Während die Chinesen die Brüste als das Zentrum der Energiekontrolle für Frauen ansahen, privilegieren die tibetisch-tantrischen Schriften und Bilder durch Vernachlässigung des weiblichen Aspekts die männliche Seite der Praxis. Indem in gewissen Schriften dieser Tradition ein Begriff für Energie als Bezeichnung für die Lebenskraft *beider* Geschlechter verwendet wird, wird der Mann gegenüber der Frau bevorzugt, weil eine *spezifisch* männliche biologische Realität mit einem angeblich universellen Phänomen in Verbindung gebracht wird. Über den Symbolismus des *Tigle* beispielsweise schreibt R. A. Paul, er habe »eindeutig die Konnotation des Urgrundes des Universums, *sowohl* in seiner Bedeutung *als Samen* als auch in derjenigen des reinen Geistes oder Denkens.«[47] (Kursivsetzung von J. C.) Aussagen dieser Art stellen die männliche Essenz als die Basis von allem hin – ein weiterer Irrtum, denn neuesten westlichen Erkenntnissen zufolge ist der Grundbaustein der gesamten Natur, *wenn wir ihm ein Geschlecht zuordnen wollen*, eindeutig weiblich.

So akzeptabel die metaphorische Verwendung des Begriffs *Bodhicitta* für bestimmte Geisteszustände oder auch für Energien, die im Körper fließen, sein mag, kann es für die Verbindung der männlichen Physiologie mit der Erleuchtung keine Rechtfertigung geben, *solange es kein anders geartetes physiologisches Modell gibt, das der Realität des Frauseins entspricht.* Heutzutage wird wohl kaum noch ein Sprachwissenschaftler abstreiten, daß die Verwendung des eindeutig und ausschließlich mit männlichen Assoziationen behafteten Wortes Samen zur Bezeichnung eines Konzepts von universeller Bedeutung nichts anderes ist als der Versuch, die Überlegenheit des Mannes in der Sprache selbst zu kodieren.

Dies und das eigentümliche Fehlen eines männlichen Äquivalents zur *Songyum* – das *Songyab* heißen müßte – läßt den Mann in den sexuellen tantrischen Ritualen als das einzig akzeptable *Subjekt* erscheinen. Er allein diktiert die Bedingungen, unter denen die Vereinigung stattfindet, und er allein definiert auch den Sinn des sexuellen Akts. Aus dieser Perspektive betrachtet könnte man Andrea Nyes Aussage über die Männlichkeit der Sprache paraphrasieren, indem man anstelle ihrer Beispiele aus der westlichen Alltagssprache tibetische Wörter einsetzt. »Männlichkeit«, so behauptet sie, »ist die positive Präsenz, um die herum die Bedeutung von Wörtern wie ›Vater‹, ›Mutter‹ und ›Kind‹ strukturiert wird und um die im weiteren aller Sinn strukturiert werden muß.«[48] Ich möchte dies wie folgt paraphrasieren: »Männlichkeit ist die positive Präsenz, um die herum die Bedeutung von Wörtern wie ›*Tulku*‹, ›*Songyum*‹ und ›*Tigle*‹ strukturiert wird und um die im weiteren aller Sinn im Kontext des tibetischen Buddhismus strukturiert werden muß.«

Das westliche Denken beginnt heute, diese einseitige Sicht der Wirklichkeit zu hinterfragen. Es erkennt, daß Philosophie, Sprache und Geschlecht in einer engen Beziehung zueinander stehen und über Jahrtausende eine Art Matrix für unsere Lebensweise geliefert haben. Die Darstellung der weiblichen Erfahrung als entweder im Verhältnis zur männlichen peripher oder als der vermeintlich maßgebenden männlichen »entgegengesetzt« wird heute nicht mehr fraglos hingenommen.

Yeshe Tsogyal, eine der berühmten frühen Vajrayana-Praktikerinnen, sagt: »Vereint die solaren (männlichen) und lunaren (weiblichen) Energien ... Während die Frau den Mann und der

Mann die Frau unterstützt, *werden die Prinzipien beider jeweils separat geübt.*«[49] (Kursivsetzung von J. C.) Diese Aussage ist wegen der darin verwendeten Analogie von Sonne und Mond hochinteressant. Obwohl Sonne und Mond gewöhnlich als gegensätzliche Kräfte angesehen werden, repräsentieren sie doch zwei voneinander unabhängige, einzigartige und *unterschiedliche* Wesenheiten. Allein ihre Assoziation mit der Erzeugung von Bedingungen, die als polare Gegensätze *kategorisiert* werden – Tag und Nacht oder dunkel und hell –, beinhaltet noch nicht, daß sie sich tatsächlich in einer Gegensatzbeziehung zueinander befinden. Die Unterschiedlichkeit der beiden Geschlechter und das Wirken unterschiedlicher Prinzipien, auf das Yeshe Tsogyel hinweist, impliziert die Notwendigkeit *separater* Übungen. Durch diesen Hinweis tritt sie der Ansicht entgegen, daß Männlichkeit und Weiblichkeit als voneinander unabhängige Phänomene austauschbar oder daß sie einfach Spiegelbilder voneinander seien. Und so wie diese hochinteressante Äußerung der Gefährtin Padmasambhavas ist *jede* Anerkennung von *Differenz* als einer wichtigen Variablen menschlicher Erfahrung ein bedeutender Schritt auf dem Weg zu einer für Frauen akzeptablen weiblichen Subjektivität.

7. Eine »Reisende im Raum« Die Bedeutung der Dakini und ihres heiligen Bereichs

In tibetischen Schriften gibt es zwar einige Beispiele für die Manifestation göttlicher Wesen im physischen Körper einer Frau, doch wurde den wenigen Frauen, die als Tulku anerkannt wurden (zu diesen Ausnahmen zählen Dolma und Dorje Phagmo), nie eine besonders wichtige Position innerhalb der Hierarchie zugestanden; die Mönchsorden erkannten lediglich die Existenz dieser weiblichen Inkarnationen an. Außerdem werden in verschiedenen Biographien einige besonders überragende weibliche Übende und Lehrerinnen erwähnt. Doch ändert all dies nichts an der Tatsache, daß die Übermittlung der Lehren und die Autorität der Traditionslinie nun schon seit langer Zeit ausschließlich in den Händen von Männern liegen.

Keith Dowman beschreibt die Bedeutung des Guru-Lama für die Erhaltung der tantrischen Übermittlungslinie auf folgende Weise:

> Auf dem Bodhisattva-Pfad ist kein Guru erforderlich. Doch sobald die komplexen, aber auch bereichernden Elemente des *Rätselhaften, des Paradoxen und der Dämmersprache* (*Sandhyabhasa*) in den Ausdruck des *Dharma* eingehen, benötigt der Aspirant einen Guru, einen Lama, der ihm den Sinn dieser Lehren auf adäquate Weise erklärt und ihn

mündlich dazu autorisiert (*lung*), sich mit ihnen zu beschäftigen und sie zu üben.[1] (Kursivsetzung von J. C.)

Aus diesem Zitat geht hervor, daß gewisse Belehrungen nur verstanden werden können, wenn ein dazu befugter Lama sie vermittelt. Es geht dabei um Lehren, die mit den Dakinis in Verbindung gebracht werden. Und obgleich nie ausdrücklich gesagt wird, daß der Guru oder Lama ein Mann sein muß, wird dies doch stets unterstellt. »Die Äußerungen und Anweisungen des Lama *sind* das *Dharma*. Sein Wort beansprucht für sich die Heiligkeit absoluter Wahrheit. ... Gehorsam dem väterlichen Präzeptor gegenüber endet für den Schüler auch nicht nach dem Parinirvana des Guru.«[2] (Kursivsetzung folgt dem Original)

Es gibt nur sehr wenige Ausnahmen zu der Regel, daß der Guru ein »väterlicher Präzeptor« – also ein Mann – ist. Diese seltenen Ausnahmen sind gewöhnlich in Traditionslinien zu finden, die ihrer Priesterschaft die Eheschließung erlauben, und selbst in diesen sind weibliche Gurus in den letzten fünfhundert Jahren kaum aufgetreten. Die Aussage, daß »*väterliche* Präzeptoren« notwendig sind, um die sogenannte »Dämmersprache«[3] der Dakinis zu erklären, spiegelt die Überzeugung, daß nur qualifizierte Männer im Besitz eines Wissens sind, das »auf den weiblichen Körper geschrieben« ist und sich auf eine bestimmte Philosophie des Weiblichen bezieht. Dies bedeutet, daß die männliche Traditionslinie, die über die vom Buddha und seinen erleuchteten männlichen Nachfolgern übermittelten Lehren verfügt, auch noch im Besitz des Wissens über Frauen und das Weibliche sein will.

Das *Vajrayana* hat im Gegensatz zu anderen buddhistischen Schulen durchaus differenzierte philosophische Anschauungen bezüglich des weiblichen Körpers entwickelt. Die Vorstellung, ein Vater-Guru sei unverzichtbar für das Verständnis und die praktische Anwendung der Lehren, die sich auf den weiblichen Körper beziehen und die durch Begriffe wie das »Paradoxe«, »Rätselhafte« und eine für gewöhnliche Sterbliche nicht entzifferbare Sprache charakterisiert sind, deutet auf die Komplexität dieser Anschauungen hin. Die Lehren, die diese komplexen Anschauungen vermitteln, wurden traditionell nur an Übende weitergegeben, deren Hingabe unerschütterlich war und die über eine für das Verständnis dieser Lehren ausreichende Intelligenz verfügten. Es handelt sich dabei um den Teil des tibetisch-buddhistischen Schriften-Kanons, der sich mit den tantrischen Sexualpraktiken befaßt.

Da es im tibetischen Buddhismus weibliche Gottheiten, eine sogenannte »weibliche Sprache« und ein weibliches Paradies gibt, könnte der Eindruck entstehen, daß diese Lehre im Grunde Männer und Frauen gleich behandelt. Nun garantiert die bloße Existenz solcher Symbole natürlich weder eine lebendige weibliche Tradition noch einen für weibliche Übende positiven und hilfreichen Symbolismus. Vielmehr hat das tibetische Tulku-System, wie ich bereits beschrieben habe, Frauen als Symbole und als passive Teilnehmerinnen assimiliert und einverleibt, und zwar so, daß nicht einmal die *Unverzichtbarkeit* ihrer Mitwirkung innerhalb des Systems auf angemessene Weise anerkannt wurde. Selbst die angebliche Existenz einer »*Dakini*-Linie« (eine irreführende Bezeichnung, weil die betreffende Linie lediglich mit Dakinis assoziiert, jedoch nicht von diesen selbst gehalten wird) garantiert nicht, daß Frauen ihre Position in der Philosophie oder Ikonographie verstehen. Kelsang Gyatso bezeichnet in seinem Buch über die Praktiken der Dakini-Linie eine männliche Gottheit als die primäre Quelle der Einsicht in »die Geheimnisse des Weiblichen«. Er schreibt: »Der erste Guru in der Traditionslinie dieser Unterweisungen ist Buddha Vajradharma [männlich], der *zweite* ist Buddha Vajrayogini [weiblich].«[4] (Kursivsetzung von J. C.)

Um das Verständnis meiner These bezüglich der Dakini zu erleichtern, habe ich den Rest dieses Kapitels in fünf Abschnitte unterteilt, die sich jeweils mit einer bestimmten Facette der Dakini-Problematik beschäftigen. Zunächst werde ich mich mit der

Etymologie des Wortes Dakini befassen, dann mit dem Wesen der Lehren, die mit der Dakini assoziiert werden, sowie damit, wie dieselben übermittelt werden. Anschließend behandle ich die Bedeutung ihres heiligen Bereichs und ihrer Sprache. Im nächsten Abschnitt geht es um die Weiblichkeit der Dakini, aus welcher ich Schlüsse über die Bedeutung der weiblichen Subjektivität ableiten werde.

DIE ETYMOLOGIE DER DAKINI
(TIBET.: »KHANDRO«)

Das tibetische Wort *Khandro* ist in allen Fällen seiner Verwendung mit dem Sanskrit-Begriff *Dakini* austauschbar, obwohl die Wörter in beiden Sprachen völlig unterschiedliche Wurzeln haben und es zweifelhaft ist, ob die beiden Ausdrücke wirklich synonym sind. Die Wurzeln des Wortes *Khandro* sind *kha* (tibet.: *mkha.*), was »Himmel« oder »Raum« bedeutet, und *dro* (tibet.: *'gro*), was »die Gehende« oder »die Reisende« heißt. Das Sanskrit-Wort *Dakini* wird definiert als »eine Art Dämonin (im Gefolge von Kali), die sich von Menschenfleisch ernährt«[5], und seine Wurzeln haben nichts mit der Bedeutung »Himmel« oder »Raum« zu tun. Das männliche Äquivalent zur Dakini, *Daka*, wird ebenfalls als »Begleiter Kalis« bezeichnet. Beide Ausdrücke sind eindeutig von Indien nach Tibet gelangt, und sie wurden innerhalb der buddhistischen Lehren zur Bezeichnung vieler verschiedener Göttinnen benutzt. Ein Wort, das manchmal im Tibetischen anstelle von *Khandro* verwendet wird, *Pamo*, hat sowohl ein männliches Gegenstück (*Pawo*) als auch Sanskrit-Äquivalente. Die Bedeutung der Wörter *Pawo* und *Pamo*, »Held« und »Heldin«, entspricht derjenigen der Sanskrit-Wörter *Vira* und *Sura*, die beide die Bedeutung »heldenhaft« haben. Das Ungewöhnliche am Wort *Khandro* ist, daß es keine männliche Entsprechung zu ihm gibt. Es ist auf den weiblichen Körper beschränkt, so wie der Begriff Buddha sich im allgemeinen auf den männlichen bezieht. Khandro scheint auch nicht aus den Sanskrit-Quellen des tantrischen Buddhismus hervorgegangen zu sein (so wie *Pawo* und *Pamo*), sondern aus der schamanistischen Vorgeschichte Tibets.

Der Begriff »Himmelsgängerin« enthält offensichtlich auch Konnotationen, die an jene alten Göttinnen denken lassen, die mit dem Himmel assoziiert wurden; und die Vorstellung des »Sich-durch-den-Himmel-Bewegens« deutet auf die magischen oder übernatürlichen Attribute hin, die diesen alten Gottheiten zugeschrieben wurden. Darüber hinaus läßt die philosophische Vorstellung einer »Reisenden im Raum«, eine ebenso zutreffende Interpretation des Wortes Khandro, eine esoterische Bedeutung vermuten, die mit den metaphysischen Attributen des göttlichen Weiblichen im Kontext des Raumes und der Zeit zusammenhängt. Ich habe bereits an anderer Stelle darauf hingewiesen, daß die Raum-Zeit-Dynamik – ein wichtiger Faktor für die Vorstellung des Weiblichen und für die weibliche Erfahrung der zyklischen statt der linearen Zeit – die Dakini in die ihr eigene Dimension des Paradoxen versetzt. Über diese Dimension schreibt Irigaray, sie biete »die Merkmale des Unbewußten ... seine Fließendheit und Beweglichkeit; seine Indifferenz gegenüber den Gesetzen der Logik (Identität und Nicht-Widersprüchlichkeit); seine Unfähigkeit, *über* sich selbst zu sprechen.«[6] Als Symbol, das ständig in Bewegung ist, besetzt die Dakini keinen Grund, sondern sie bewegt sich, wie ihr Name andeutet, im »Raum«. Diese Eigenschaft erweist sich als äußerst nützlich für den männlichen Praktizierenden, denn er kann von ihrer Nicht-Position auf jede ihm genehme Weise Gebrauch machen. Dowman bestätigt dies, wenn er schreibt:

> Das Wort *Dakini* oder *Khandroma* hat ein wertvolles neues Konzept in die westliche Welt eingeführt. Dieser Wert liegt gerade im *Fehlen* einer präzisen Definition; es umfaßt

ein ganzes Spektrum von Bedeutungen – das weibliche Prinzip, ein Augenblick spiritueller Integration, die Gefährtin des Guru, eine sexuelle Partnerin –, die insgesamt betrachtet *rätselhaft und paradox* erscheinen.[7] (Kursivsetzung von J. C.)

Natürlich irrt Dowman, wenn er meint, das tibetische Konzept der Dakini als rätselhaft und paradox führe etwas Neues in den westlichen Diskurs ein. Neu ist die *Art*, wie die Ideen bezüglich des Weiblichen durch Sprache, Philosophie und Ikonographie des tibetischen Buddhismus vermittelt werden, nur für jene Menschen des Westens, die nicht mit den parallelen westlichen Konzepten des Weiblichen vertraut sind, wie sie von der zeitgenössischen feministischen Philosophie und Psychoanalyse beschrieben und dekonstruiert werden.

Die Assoziation der Dakini mit dem Rätselhaft-Paradoxen rührt meines Erachtens daher, daß der tibetische Buddhismus, obgleich er von seiner Struktur her patriarchalisch ist, Gebrauch von sehr alten Symbolen macht, die zu einer völlig anderen Zeit und in einem völlig anderen kulturellen Milieu einmal eine gänzlich andere Bedeutung gehabt haben.

DIE GEHEIMEN LEHREN
DER DAKINI

In den frühen indischen Tantras, von denen sich die buddhistischen herleiten, wurde die Mitwirkung von Frauen auf jeder Ebene der Praxis als zwingend erforderlich dargestellt. Diese sehr alten Schriften enthalten auch Anzeichen dafür, daß es zur Zeit ihrer Entstehung weibliche Traditionslinien gab, in denen der Mythos und die Initiation von der Mutter an die Tochter weitergegeben wurde. Sogar in der späteren *Bhakti*-Bewegung[8], die erstmals im 5. Jahrhundert in Südindien auftauchte, lassen sich deutliche Anzeichen für das aktive Engagement von Frauen und für weibliche Autonomie finden, die bis in unsere Zeit erhalten geblieben sind, charakteristisch war für sie die Poesie in der »Muttersprache«.

Die tibetisch-buddhistischen Tantras dagegen stammen fast ausschließlich von Männern. Dies stellte sicher, daß die in diesen Schriften beschriebenen Praktiken und die Bildsymbolik den Bedürfnissen männlicher Übender entsprachen. Die alltäglichen Geschlechterpolaritäten und -dualitäten wurden benutzt, um Menschen, die nicht in den Feinheiten der philosophischen Tradition geschult waren, gewisse Ideen zu vermitteln. Den Mönchen wurden zum einen stereotype Bilder der Frau als Versucherin vermittelt, um sie zu sexueller Enthaltsamkeit anzuspornen, und zum anderen wurden ihnen für die Meditationspraxis als Repräsentationen des Transzendenten überhöhte Bilder des Weiblichen vermittelt – entweder in Form der idealisierten Mutter oder in jener der sexuellen Gefährtin.

Gewisse Schriften, die angeblich von den Dakinis selbst stammten, wurden streng geheimgehalten. Diese Texte waren mit schriftlichen Warnungen versehen, die sicherstellen sollten, daß sich nur diejenigen mit ihnen beschäftigten, die in der Lage waren, sie zu verstehen, und die gewillt waren, über ihren Inhalt zu schweigen. Insbesondere wurden Texte in hohen Ehren gehalten, die die Dakinis selbst verborgen haben oder Übenden offenbart haben sollen, die sie dann ihrerseits verbargen. Diese Texte waren gewöhnlich in »Dakini-Schrift«, einer Art Geheimschrift, in der sogenannten »Dämmersprache« geschrieben, und sie wurden *Terma* (tibet.: *gter.ma.* – wörtlich: »Mutter-Schatz«) genannt.

Entdeckt und interpretiert wurden sie später von yogischen Praktizierenden, sogenannten *Tertöns*, deren Aufgabe es war, die Bedeutung der Texte zum richtigen Zeitpunkt öffentlich bekannt zu machen. »Die Dakini-Chiffre, so sagt der Lama, kann nur ein initiierter *Tertön* verstehen«[9], und »Schatzfinder (*Tertön*) sind stets Emanationen (sprul-pa) von Guru Pema [Padmasambhava] oder Emanationen seiner Emanationen.«[10]

Obgleich dieses System von einer Frau, Yesche Tsogyal, begründet wurde, waren die *Tertöns* überwiegend Männer, von denen allerdings gesagt wurde, sie benötigten die Hilfe einer Partnerin, um diese Art der Praxis meistern zu können.

Der *Tertön* scheint den »wildesten« und am stärksten vom Schamanismus geprägten Teil der Praxis des tibetischen Buddhismus zu verkörpern. Die meisten Tertöns sind Männer, doch nur sehr wenige sind Mönche. Nach Tulku Thondup führen die meisten *Tertöns* tantrische Praktiken zusammen mit einer Gefährtin aus, und die Anwesenheit der richtigen Gefährtin ist eine wichtige Voraussetzung für die *Terma*-Entdeckung.[11]

Die Tradition der verborgenen Schriften wird also nicht nur deswegen mit dem Weiblichen assoziiert, weil die Texte von den Dakinis selbst stammen oder verborgen sein sollen und in der Dakini-Sprache verfaßt waren, sondern auch, weil ein männlicher *Tertön* eine sexuelle Beziehung zu einer Frau haben mußte, um solche Texte finden zu können beziehungsweise damit ein solcher ihm offenbart werden konnte. Weiterhin weist die Verwendung von Bezeichnungen wie »verborgen«, »geheim« und »mystisch« im Zusammenhang mit diesen Dakini-Schriften Parallelen zu Ideen anderer Kulturen auf, in denen die Frau mit dem Unbekannten oder mit der Natur assoziiert und ihr Körper als Metapher für die Mysterien der Welt angesehen wurde, die der Mann enthüllen oder »durchdringen«[12] mußte. In Tibet wurden die Dakini-Schriften oft in »Mutter Erde« verborgen, oder einem *Tertön* gelang es mit Hilfe seiner esoterischen Fähigkeiten, die mystische Hieroglyphe aus einem Aspekt von »Mutter Natur« – aus den Wolken, aus Felsen oder aus einem Gewässer – zu lesen. Die Anhänger des Bön glaubten, es gebe neun Meere von Schätzen, die sie mit Symbolen des Weiblichen wie Perlen und

Lotosblüten assoziierten. Diese Schätze konnte ein *Tertön* natürlich nur entdecken, wenn er die Initiation der Dakinis erhalten hatte – gewöhnlich durch eine sexuelle Beziehung zu einer realen Frau. »Wenn die Dakini uns nicht in ihre mystische Sprache (*mkha'-gro gsang-brda'-i dbang*) einweiht, tappen wir im Dunkeln«[13], schreibt Dowman.

Deshalb ist es nicht verwunderlich, daß die Dakini für männliche Übende, die Vollendung auf dem tantrischen Pfad anstrebten, *den Inbegriff* der geheimen, verborgenen und mystischen Qualität absoluter Einsicht repräsentierte, und daß ihr Name gleichzeitig zur Bezeichnung für eine sexuelle Partnerin wurde. In den Schriften wird nicht nur immer wieder auf ihre Fähigkeit, Übenden bei der Überwindung von Hindernissen auf dem Pfad zu helfen, hingewiesen, sondern sie wird darin auch als ein unverzichtbares Element der Praxis des Mannes bezeichnet, ob in symbolischer (in der Meditation) oder in realer Form (als sexuelle Partnerin). Unter den vier großen Schulen des tibetischen Buddhismus hat die der Nyingmapa die engste Verbindung zu dieser Tradition gehalten, einerseits durch ihre Laien-Lamas, und andererseits durch gewisse Praktiken, die den schamanistischen Wurzeln Tibets noch relativ nahe sind. Zu den wichtigsten Schriften der Nyingma-Schule zählt ein *Terma* mit Namen *khandro nying thig*, was manchmal als »Herztropfen der Dakini« übersetzt wird, wobei ich persönlich die Übersetzung »Das Mal des Geistes der Dakini« bevorzuge. Doch selbst innerhalb des relativ liberalen Systems der Nyingmapa hat der Lama die Kontrolle über die Lehren, die die Dakinis betreffen, und er übermittelt deren Bedeutung auf eine Weise, die hervorhebt und festschreibt, daß die Dakini zwar zweifellos unverzichtbar ist, jedoch lediglich als *Ergänzung* zur Zentralität und Subjektivität des Lama. Sie wird praktisch nie als Herrin ihres eigenen Bereichs dargestellt, sondern bezieht ihre Identität aus ihrer Rolle als *komplementäre* Kraft, soll sie doch den Übenden ermöglichen, einem Buddha ähnlicher zu werden. Diese Rolle der Dakini erscheint Männern natürlich plausibel, wohingegen sie für Frauen problematisch ist, da sie durch diesen Symbolismus in die Rolle der Helferin verbannt werden, ob als menschliche Gefährtinnen, als göttliche Wesen wie die Dakinis oder als Göttinnen in Amitabhas Reinem Land.

Nun könnte man erwarten, daß ein symbolischer Bereich, wie das Reine Land der Dakini ihn repräsentiert, die Antithese oder das Gegenstück zu Buddha Amitabhas ausschließlich Männern vorbehaltenem Reinen Land makelloser Männer ist, in das keine Frau in einem weiblichen Körper Einlaß findet. In diesem Land werden glückliche Wesen in männlicher Form aus einer Lotosblüte wiedergeboren, und sie genießen die Freuden eines Paradieses, in dem die einzigen weiblichen Gestalten wunderschöne Göttinnen sind, deren Aufgabe es ist, die Bedürfnisse und Wünsche der »selbst-geborenen« und »erleuchteten« Männer zu erfüllen.

Gäbe es eine ähnliche Art von Paradies, in das Wesen nur in weiblicher Form wiedergeboren werden könnten, dann müßte der Zugang zu diesem Reich, so könnte man vermuten, Wesen in weiblicher Form vorbehalten sein. Und wenn ein solcher weibliche Bereich den gleichen symbolischen Status genießen würde wie das Reich der männlichen Buddhas, dann müßte die Macht, die Lehren jenes Bereichs zu übermitteln, weitgehend in den Händen einer weiblichen Traditionslinie liegen. Nach Diana Paul taucht nur ein einziger Hinweis auf ein solches »Land der Frauen« auf, und zwar in einem chinesischen buddhistischen Sutra. Dort wird die Möglichkeit, daß eine Frau in einem Land der Frauen in einem weiblichen Körper Erleuchtung erlangt, als eine von vier geschlechtsbezogenen Möglichkeiten, Erleuchtung zu erlangen, aufgeführt.[14] In der gesamten tibetisch-buddhistischen Mythologie hingegen wird ein solches Reich der Frauen nirgends erwähnt. Das Reine Land der Dakini, im Tibetischen *Ngayab Kandro Ling* genannt, gibt uns aber einigen Aufschluß darüber, welcher Wert dem weiblichen Körper im Kontext des Vajrayana beigemessen wurde.

DER HEILIGE BEREICH DER
SPRACHE DER DAKINIS

Beschreibungen des Reinen Landes der Dakini deuten nun erstaunlicherweise auf eine eher egalitäre Repräsentation der Geschlechterbeziehung hin. Auf der weiblichen Seite scheint es also im Gegensatz zur männlichen keine Exklusivität der Geschlechtsgrenzen zu geben. Den Schriften ist zu entnehmen, daß männliche Übende Zugang zum Reinen Land der Dakinis haben, um dort Initiationen zu erhalten und sogar, so wie Padmasambhava, selbst den Dakinis Initiationen zu geben. Das Reine Land der Dakinis ist nicht nur das Ziel erleuchteter Frauen wie Machig Labdrön oder Yeshe Tsogyal nach ihrem Tode, sondern auch männliche Yogis wie Milarepa suchen es auf, und sie scheinen, nachdem sie dort angekommen waren, ihre männliche Form behalten zu haben. Diese Indifferenz gegenüber geschlechtsbezogenen Kategorien scheint wesentlich eher dem Geist der buddhistischen Lehre zu entsprechen als die hinderliche Hervorhebung des Geschlechtsaspekts in anderen Bereichen des tibetisch-buddhistischen Denkens. Doch berührt dies nicht die Probleme der Repräsentation, weil es für Frauen nicht um die Grenzen sozio-kultureller Geschlechtsidentität geht, sondern darum, wie die »Wahrheit« auf den weiblichen Körper geschrieben wird.

Da es also kein spiegelbildliches Nebeneinander des männlichen und des weiblichen Bereichs gibt, wird das symbolische Weibliche, das dem Einfluß der Frauen selbst entzogen ist, vollständig dem patriarchalischen System einverleibt. Dies ermöglicht es männlichen Angehörigen der Traditionslinie, nicht nur für sich, für den symbolischen männlichen Buddha und für seine Nachfolger in der Tradition zu sprechen, sondern auch für das göttliche Weibliche, was den Frauen selbst verwehrt bleibt. Diese Einseitigkeit schreibt die Dominanz der männlichen Macht fest und zeigt, daß jene komplexe Philosophie, die auf den ersten Blick den Anschein erweckt, Männern wie Frauen eine ihnen gemäße Symbolik anzubieten, es in der alltäglichen Wirklichkeit nicht schafft, eine egalitaristische Einstellung umzusetzen. Dieser Mangel wird in Äußerungen über die Dakini immer wieder deutlich, denn ihre symbolische Präsenz wird unablässig aus einer Perspektive kommentiert, in der der Guru ganz selbstverständlich *männlich* ist und die Frau ihn *ergänzt*.

Natürlich kann Weiblichkeit als fließendes Konzept soziokultureller Geschlechtsidentität durchaus von Männern interpretiert und erfahren werden. Dies ist nicht nur möglich, weil es sich um ein auf gesellschaftlichen Einflüssen basierendes Konzept handelt, sondern auch, weil Männer ebenso Zugang zum Weiblichen und natürlich auch zum weiblichen Körper haben wie Frauen – zunächst durch die symbiotische Erfahrung im Uterus der Mutter und später durch die körperliche Beziehung zu ihr oder einer anderen Frau. Doch geht es hier darum, daß die Bedeutung des weiblichen Körpers von einem Geschlecht (nämlich dem männlichen) definiert und Frauen zugeschrieben wird, und da es keine von jenem männlichen interpretierenden Subjekt anerkannte »Differenz« gibt, erscheint diese Zuschreibung als universell. Für Frauen ist eine derartige symbolische Einbeziehung des weiblichen Körpers problematisch, weil die Repräsentationen des Körpers die Subjektivität der Frau oft keineswegs bestätigen.

Die Grenzen der Subjektivität, die die männliche Symbolik in ihrer Repräsentation als Buddha und als Traditionslinie schützen, vermögen also im Fall der Frau nicht den Intrusionen der männlichen Psyche standzuhalten. Durch die unterschiedliche Gewichtung männlicher und weiblicher Subjektivität vermag sich der männliche Körper der Überwältigung durch den weiblichen zu entziehen. Dies stärkt seine eigene Subjektivität noch zusätzlich, indem es dem weiblichen Körper die seinige raubt.

Die Interpretation von Charakteristika der Dakini und ihres Bereichs weisen für Frauen noch weitere problematische Aspekte auf. Die Bedeutung der »Dämmersprache« beispielsweise enthüllt, *warum* die Dakini als weiblich repräsentiert wird, und gibt Aufschluß über die Verbindung zwischen dem Status des Weiblichen und der Sprache selbst. Die Texte, von denen gesagt wurde, sie seien in der »Dämmersprache« der Dakinis geschrieben, bestanden oft aus einer einzigen Silbe, oder sie waren in geheimnisvollen Schriftzeichen verfaßt, die ein eigens dazu befähigter Vertreter des spirituellen Pfades, ein *Tertön*, entschlüsseln mußte. Es bestand die Vorstellung, daß es sich um eine symbolische Sprache handle, deren musikalische Klänge fortgeschrittene Meditierende zu hören vermöchten und deren tiefer Sinn in einer einzigen mystischen Hieroglyphe kondensiert sein könne. Klang scheint in der Mythologie der Lehren eine wichtige Rolle gespielt zu haben, denn selbst in Traditionslinien, die sich der gewöhnlichen Sprache bedienten, hieß es oft, die Schriften seien dem Lama von den göttlichen Stimmen der Dakinis zugeflüstert worden.

Die »Dämmersprache« der Dakinis, die die Grenzen des normalen Verstehens und der Sprache, so wie wir sie kennen, sprengt, ist eine Metapher für göttliche Transzendenz, für einen Zustand der »Andersheit«, der durch den weiblichen Körper und insbesondere durch die weibliche *Stimme* der Dakini übermittelt wird. Allione definiert sie als eine Sprache, die sich nur übersetzen läßt »durch ›eine andere Weise des Wissens‹, das aus einem Raum entspringt, der weit entfernt ist von der lichten, rationalen, vom Logos beherrschten Welt, aber auch nicht den dunklen Abgründen des Unbewußten entstammt; [sie] kommt vielmehr aus einer Welt des Zwielichts.«[15] Allione erwähnt auch den »Gesang des Vajra«, von dem es heißt, er sei in der Dakini-Sprache verfaßt und seine Klänge würden »auf die persönliche Schwingung des Individuums einwirken und so eine Angleichung an die sphärischen Klänge des Universums erzeugen.«[16]

Das Konzept einer Sprache, die mit dem weiblichen Körper assoziiert wird und die weder im symbolischen noch im konventionellen Sinne zu verstehen ist, ist bemerkenswert, weil die weibliche Stimme im Diskurs häufig abwesend ist, zur Bedeutungslosigkeit degradiert oder als hysterisch hingestellt wird. Wie Julia Kristeva dargelegt hat, wird der symbolische Ausdruck von Sinn stets mit dem Weiblichen assoziiert. Dieser Ausdruck von Sinn, dem alles künstlerische Streben gilt, auch wenn es sich in den »Sprachen« der Musik, des Tanzes, der Poesie und der Kunst äußert, wurzelt in der frühen Erfahrung der vor-sprachlichen Beziehung zum »anderen«, wobei dies in den meisten Fällen die Mutter des Kindes ist. Selbst wenn ein Kind schon zum Zeitpunkt der Geburt von seiner Mutter getrennt wird, ist es neun Monate im Körper der Mutter gewesen, und es ist mittlerweile wissenschaftlich erwiesen, daß Klang, und insbesondere die Stimme der Mutter, eine sehr wichtige Rolle in der kindlichen Entwicklung spielt. Zu erwähnen ist in diesem Zusammenhang auch die Klangerfahrung, die das Baby nicht nur im Uterus, sondern auch während des ersten Lebensjahrs durch die Nähe des mütterlichen Herzens macht. Und der Klang des Herzschlags erinnert an den Klang der Trommel, ein Instrument, dem eine enge Verbindung zur Dakini zugeschrieben wird und das auch ihrem Reinen Land den Namen gegeben haben könnte, denn *Nyayab Khandro Ling* kann auch als »Dakini-Land des Trommelschlags« übersetzt werden. Es ist kein bloßer Zufall, daß der Klang einer Trommel Zuhörer dann in einen Zustand der Erregung versetzt, wenn sie so geschlagen wird, daß sie den schnelleren Schlag des menschlichen Herzens in Zeiten der Gefahr oder freudiger Erregung nachahmt.

Weil dieser vorsprachliche Zustand, für den eine besondere Intensität der Sinneserfahrung – insbesondere des Hörens, der Berührung, des Geruchs und des Geschmacks – charakteristisch ist, vor dem Eintritt in die Welt des »Gesetzes des Vaters«[17] liegt, wie Kristeva es nennt, wird er im allgemeinen mit dem Weiblichen assoziiert. Doch gibt es, wie Kristeva erläutert, auf der vorsprachlichen Entwicklungsstufe keine geschlechtliche Differenz, weil Kleinkinder noch kein Bewußtsein ihrer Geschlechtsidentität entwickelt haben. Obgleich diese Stufe *auf den Körper der Mutter bezogen* ist, existieren Paradox und Rätsel Seite an

Seite, ohne begrenzende Polaritäten, unter denen als eine der ersten die unterschiedliche geschlechtliche Identität auftaucht. Genau diese Polaritäten versucht alles künstlerische Bemühen zu beleuchten, indem es die Grenzen der Logik und der Vernunft zu überschreiten sucht, um die Rätsel und Paradoxe zu enthüllen.

DIE DAKINI
ALS ESSENTIELL WEIBLICH

In der westlichen Kultur wird die Inspiration von Künstlern und Autoren mit göttlichem Einwirken in Gestalt einer weiblichen Muse in Verbindung gebracht. Im tibetischen System dient der weibliche Körper einem ähnlichen Zweck. Die Dakini, die – so wie die Mutter von ihrem Kind in der vorsprachlichen Phase – eindeutig als eine die Geschlechtergrenzen überschreitende Gestalt angesehen wird, hat eine starke Verbindung zu den Primärgeräuschen. In einem gewissen Sinne kommt diese Assoziation der Kunst, des »Semiotischen« oder des »symbolisch Weiblichen« als »jenseits der Geschlechterrollen«, »anders« oder »transzendent« dem nahe, was Janice Willis zum Ausdruck bringt, wenn sie schreibt, daß die Dakini »nicht Frau«[18] (im Sinne biologischer Geschlechtlichkeit) sei, obgleich sie, wie die Autorin zugesteht, durch den Körper einer Frau repräsentiert wird. Diese paradoxe Aussage enthält zwar zweifellos einen wahren Kern, ist aber, wie ich zeigen werde, für die Frauen selbst äußerst problematisch. Willis versucht die weibliche Implikation des Begriffs »Dakini« zu neutralisieren, indem sie die Wörter, die sich auf sie beziehen, in Anführungszeichen setzt. Dadurch will sie darauf hinweisen, daß die Dakini für Männer ebenso relevant sei wie für Frauen, weil »sie« ganz einfach eine Energieform sei, die zwar im tantrischen Symbolismus stets als Frau dargestellt werde, aber in Wirklichkeit, so Willis, ein »*weibliches Prinzip*«[19] (Kursivsetzung von J. C.) ist.

Die Differenzierung, die durch die Bezeichnung der *Dakini* als »weiblich« statt als »Frau« eingeführt wird, beinhaltet, daß die Geschlechterklassifikation als willkürliche Facette des Seins hingestellt wird, die für Übende irrelevant ist, da diese ihre Eigenschaften als Energien statt als aus *weiblichem* Sein entspringend verstehen müssen. Dies ist nun die exakte Umkehrung der Argumentation, der wir bezüglich der Bedeutung des *Tigle* für Männer und Frauen folgen sollen. Während bei *Tigle* seine universelle Bedeutung in den Vordergrund gestellt wird, obwohl der Begriff eindeutig nur für Männer relevant ist, heißt es bei der *Dakini*, sie müsse als jenseits der Geschlechter stehend verstanden werden, obgleich sie eindeutig Frau ist. Zu diesem Paradox merkt Willis an: »›Sie‹ ist *nicht* ›Frau‹«[20] (Kursivsetzung entspricht dem Original), doch fährt sie fort: »Die Dakini ist die *notwendige Ergänzung*, die uns (ob männlich oder weiblich) zu ganzen Wesen macht. Um es anders zu formulieren: ›Sie‹ ist das, was uns fehlt und dessen Fehlen unsere vollständige Erleuchtung verhindert.«[21] (Kursivsetzung entspricht dem Original.)

Indem Willis behauptet, die Dakini sei nicht Frau (im Sinne der biologischen Geschlechtsidentität) sondern weiblich (im Sinne eines Prinzips) und stehe damit über den Geschlechterrollenkategorien, geht sie völlig über die Frage hinweg, *warum* die Dakini als Frau dargestellt wird und warum die Dakini in der gesamten tantrischen Mythologie vor allem die *sexuelle Gefährtin* des männlichen Lama ist. Da die Schriften wohl kaum implizieren, die Dakini als Frau könne auch die sexuelle Gefährtin einer Frau sein, ist diese Art dualistischer Etikettierung von Konzepten wohl letztlich schlicht androzentrisch und versucht lediglich etwas unbeholfen, der realen Existenz weiblicher Übender »gerecht zu werden«. So wie Frauen keine Verbindung zu Lehren haben können, die sich spezifisch auf die männliche Physiologie beziehen, können sie auch keinen Zugang zu Konzepten der Ganzheit haben, die irrigerweise unter Verwendung ihres Namens entwickelt worden sind. Autorinnen wie Shaw leisten durch die Wiederentdeckung der historischen Fakten über Tantra und die Position der Frauen innerhalb dieser Lehre sicherlich einen wichtigen Beitrag zum Verständnis der Rolle der Frau in der Geschichte des Buddhismus. Doch birgt jede unkritische Anpassung alter Sitten und Gebräuche an die heutige Situation, in der die Geschlechterbeziehungen einer anderen Art von philosophischer Überprüfung unterliegen, die Gefahr, die Probleme, denen wir als Menschen *heute* gegenüberstehen, übermäßig zu vereinfachen.

Meiner Ansicht nach ist die Dakini-Sprache nicht, wie Willis meint, nur »weiblich«, sondern sehr eng mit der weiblichen Geschlechtlichkeit verbunden. Diese Unterscheidung ist wichtig für das Verständnis der Einstellung des tibetischen Buddhismus zur Frau, wie sie im Symbolismus und in der Philosophie zum Ausdruck kommt. Denn es mag zwar leicht sein, die sozio-kulturelle Geschlechtsidentität vom männlichen oder weiblichen Körper zu abstrahieren, doch ist eine Abstraktion des menschlichen Körpers von seiner physischen Geschlechtlichkeit wohl unmöglich. Dies bedeutet: Auch wenn Männer und Frauen allesamt Varianten von Geschlechterrollenidealen sein mögen, die im buddhistischen Sinne letztlich eine illusionäre Manifestation sind, so sind sie als unterschiedliche Individuen trotzdem auf die Erfahrungen ihres jeweiligen physischen und damit geschlechtlichen Körpers beschränkt. Angesichts der lebendigen Darstellungen des weiblichen Körpers in der tibetischen Kunst mit seiner Nacktheit, seinen üppigen Brüsten, der detailliert abgebildeten Vagina und der häufig wilden Erscheinungsform, liegt der Gedanke nahe, daß es dabei um mehr geht als lediglich um die traditionell definierte Geschlechterrollenkategorie der »Weiblichkeit«.

Doch für Willis ist das Problem der sozio-kulturellen Geschlechtsidentität und der biologischen Geschlechtlichkeit der Dakini erledigt, nachdem sie festgestellt hat, daß es »mindestens ein Buch füllen würde«[22] zu erklären, *warum* die vorherrschende Form der Dakini weiblich ist. Im Unterschied zu ihr halte ich eine Diskussion über die Philosophie, die die Dakini (und damit auch ihre Repräsentation in einem weiblichen Körper) betrifft, für unabdingbar, und ich bin der Meinung, daß sie stattfinden muß, *bevor* die Dakini vom weiblichen Körper abstrahiert und auf eine höchst esoterische Weise als »nicht Frau«, sondern »weiblich« bezeichnet werden kann. Wenn es sich tatsächlich so verhielte, wie Willis behauptet, gäbe es keinen Grund, weshalb die Dakini nicht auch in männlicher Form mit »weiblichen« Eigenschaften (wie Chenrezig sie hat) dargestellt werden könnte. Und wenn es so einfach wäre, die Geschlechterrollenkategorien auszutauschen, gäbe es auch keinen Grund, weshalb bei männlich-weiblichen *Yab-Yum*-Repräsentationen die Weisheit-Methode-Polarität, die sie verkörpern, nicht umgekehrt gesehen werden könnte. Zornige weibliche Gottheiten wie Ekajati beispielsweise könnten in der Meditation als Ausdruck des »Männlichen« (Methode) als tantrische Partnerin visualisiert werden oder der Buddha selbst als »weiblicher« Partner für den Weisheitsaspekt. Solche Überlegungen können zur Diskussion darüber beitragen, was an den Gottheiten im tibetischen Pantheon »weiblich« und was »männlich« ist und was diese Kategorien in diesem Zusammenhang tatsächlich bedeuten. Doch bisher scheinen Erörterungen über die Geschlechterrollen sich immer noch auf die Frau und ihre Wahrnehmung zu konzentrieren, während es einen ziemlich massiven Widerstand gegen eine »Ent-Geschlechtlichung« des Männlichen gibt. Insbesondere wehren sich buddhistische Lamas heftig dagegen, daß einer der historischen Buddhas den Körper einer Frau annehmen könnte. Durch die Loslösung des »Weiblichen« vom weiblichen Körper der Dakini wird die Vorstellung über den weiblichen Körper mit einer Atmosphäre der Flüchtigkeit und Ungreifbarkeit umgeben, und damit wird unbewußt die Position des Mannes als Subjekt geschützt. Diese Anschauung stellt eher die Körperlichkeit der Frau in Frage als das Konzept der Weiblichkeit, das als gesellschaftliches Konstrukt ganz gewiß äußerst instabil ist. Für eine Position, die für die Irrelevanz sozio-kultureller Geschlechtsidentitäten eintritt, lassen sich zweifellos gute Gründe anführen;

doch hat es weitreichende und sicherlich nicht wünschenswerte Konsequenzen, wenn eine solche Einstellung auch auf den geschlechtlich definierten physischen Körper bezogen wird. Wir müssen die Dakini umarmen, wie Willis sagt, »unabhängig davon, ob wir ›männliche‹ oder ›weibliche‹ Wesen sind.«[23]

Hier wird die Vorstellung der sozio-kulturellen Geschlechtsidentität als fließendes Konzept auch auf die konkrete Realität der körperlichen und geschlechtlichen Identität ausgeweitet. Wenn aber »männlich« und »weiblich« in der Realität ebenso austauschbar wären, wie Willis dies bezüglich der Begriffe »Männlichkeit« und »Weiblichkeit« behauptet, wäre das patriarchalische System sicherlich schon vor langer Zeit zusammengebrochen.

Willis behauptet, die Dakini könne, obwohl »sie« jede Geschlechtsrollenidentität überschreite, Myriaden von Formen annehmen, und als Beispiele führt sie eine Steinskulptur und einen Hund an, jedoch interessanterweise kein Beispiel für ein Erscheinen in männlicher Form. Willis bezeichnet die Dakini sogar als »es«, und sie charakterisiert dieses »es« als »höchste Weisheit ... direktes, unmittelbares, nicht-konzeptuelles Verstehen der Leerheit«[24], ein Charakteristikum, das bekanntermaßen ein unverzichtbarer Aspekt buddhistischer spiritueller Praxis ist. Ihre an Lacan erinnernde Versicherung, die Dakini sei nicht Frau, sondern »*alles*, was uns fehlt!«[25] (Kursivsetzung entsprechend dem Original), verankert die Dakini fest in der Rolle der komplementären Präsenz, da sie gemäß dieser Aussage symbolisch nicht das ist, was wir sind, sondern das, was wir *nicht* sind. Dieses Verständnis der Dakini entspricht eindeutig mehr der Psyche von Männern als derjenigen von Frauen. Willis bestätigt jedoch, daß »›sie‹ (die Dakini) oft die sexuelle Partnerin oder geheime Gefährtin (tibet.: *rig ma*) des *Siddha* ist«[26], wobei der *Siddha* (Meister des Yoga), von dem sie spricht, implizit männlich ist. Sie schreibt: »Nach Katz werden ›insgesamt 56 der 84 [indischen *Mahasiddhas*] in Begleitung einer Frau dargestellt.‹«[27] Da diese 56 offenbar Männer sind, ist die »sie«, die ihre sexuelle Partnerin ist, zweifellos eine Frau, denn nach Aussage der Autorin ist »die Hilfe einer Partnerin aus Fleisch und Blut nützlich und/oder erforderlich.«

Willis führt kein einziges Beispiel dafür an, daß eine männliche Dakini als sexueller Gefährte einer weiblichen tantrischen Übenden fungiert hätte. Es gibt zwar eine männliche Variante der Dakini, *Daka* genannt, allerdings hat dieser Daka nicht die für die Dakini typischen Konnotationen. Männliche Gefährten bekannter weiblicher Übender werden gewöhnlich als »Emanationen« des Buddha, einer anderen Gottheit oder eines mythischen Wesens bezeichnet. Wenn die Gelehrten in der Lage wären, den Buddha von seiner männlichen Geschlechtsrolle zu abstrahieren und alle Lamas der Übermittlungslinie ebenfalls, bestünde vielleicht eine größere Chance, zu einem Verständnis der letztendlichen Leerheit aller geschlechtsrollenbezogenen Kategorien zu gelangen, nicht nur jener, die sich auf Frauen beziehen. Offenbar ist die dynamische Gestalt der Dakini im tibetischen Buddhismus zu einem Symbol der Transformation geworden, dessen Geschlechtsidentität nach Gutdünken benutzt werden kann, um bestimmte Konzepte entweder festzuschreiben oder zu widerlegen.

Indem auch Willis in ihrem Ansatz der Frau keinerlei Subjektivität und nur dem Manne die seine zugesteht, bestätigt sie jene Sichtweise, die die Dakini als »Mangel«, »Leere« oder als »Ergänzung« versteht, und spiegelt so die westliche psychoanalytische Vorstellung Lacans, daß der Phallus der Signifikant und das Weibliche lediglich eine Abwesenheit sei. Lacans berüchtigter Ausspruch »Frau existiert nicht« ist in bezug auf das tibetische System und seine Ideologie durchaus zutreffend, denn die Frau existiert darin tatsächlich zumindest *nicht* als anerkannte Kraft, obgleich sie natürlich in Wahrheit *durchaus* existiert und überdies eine für Männer überaus wichtige Rolle spielt. Und gerade *weil* die Frau von Männern nach deren Belieben definiert worden ist, kann ihre Geschlechtsidentität als fließende Wesenheit ausgebeutet und zur Spiegelung dessen, was Männer als das »andere«

empfinden, benutzt oder abstrahiert und in den Bereich des Transzendenten erhoben werden, wenn die Anerkennung einer für sich selbst stehenden weiblichen Subjektivität für sie problematisch wird.

Diese Sichtweise kommt in den Äußerungen vieler männlicher Autoren zum Ausdruck und enthüllt deren Blindheit bezüglich der Geschlechterproblematik. So schreibt Keith Dowman: »Die Frau, oder vielmehr die Dakini, transformiert den Mann, der sie begehrt, zu *ihrem Guru, dem Mann ihrer Träume.*«[28] (Kursivsetzung von J. C.) Und weiter: »Die vollkommene Empfänglichkeit der Dakini, ihr leerer Raum, besänftigt die männliche Aggression; und der ›leere Raum‹ des weiblichen Sexualorgans nimmt das *Symbol der Aggression des Mannes in sich auf.*«[29] (Kursivsetzung von J. C.) So bedeutungsvoll derartige emotionsgeladene Äußerungen für männliche Leser sein mögen – man könnte sogar einen Verweis auf eine symbolische Vergewaltigung des Weiblichen darin sehen –, kann doch kein Zweifel daran bestehen, daß die polare Kategorisierung der Geschlechterrollen für Frauen sehr problematisch ist. Frauen mögen tatsächlich in der Geschichte, Philosophie und Repräsentation als »Mangel«, »leer« oder »empfänglich« charakterisiert sein, doch solange kein *Etwas* artikuliert wird, das der weibliche Körper ist, das die weibliche Stimme ist und das die Geschlechtlichkeit der Frau ist, wird es für Frauen immer schwierig bleiben, zu einer unabhängigen Subjektivität zu gelangen.

DIE DAKINI,
WEIBLICHE SUBJEKTIVITÄT
UND IHRE BEDEUTUNG

Aus den traditionellen Schriften geht deutlich hervor, daß die Dakini in ihrer Rolle als Helferin und sexuelle Gefährtin gut in die Arena androzentrischer Phantasie und der entsprechenden spirituellen Praxis paßt. Willis' Ausführungen zur Dakini basieren auf einer noch weitergehenden Negation des weiblichen Körpers, insofern die essentielle Geschlechtlichkeit der Frau *und deren Bedeutung* zu einem Konzept erleuchteter Energie abstrahiert und diesem *universelle* Bedeutung zugeschrieben wird. Eine solche Definition der Dakini mag Männer in ihrer Position bestätigen, doch hilft sie den Frauen sicherlich kaum, ihre eigene einzigartige Subjektivität zu verstehen. Diese Art der Interpretation auf den physischen Körper bezogener philosophischer Konzepte, die von sich behauptet, »jenseits der Dualität« zu stehen, ist im Gegenteil gerade in derselben befangen.

Wie bereits gezeigt wurde, bezeichnet das Wort Dakini ein ganzes Spektrum von Konzepten, unter anderem eine bestimmte Art esoterischer und dynamischer Energie, eine weibliche Gottheit und eine Frau, die entweder durch ihre überragenden Erfolge in der spirituellen Praxis oder aufgrund ihrer sexuellen Beziehung zu einem hohen Lama eine gewisse Anerkennung genießt. Die menschliche Dakini, in den Schriften häufig als herausragende Übende bezeichnet, wird in den meisten Fällen in Verbindung mit einem männlichen Yogi erwähnt, der versucht, durch sexuelle Praktiken seine eigene Entwicklung zu fördern, oder der mit Hilfe einer weisen Frau Hindernisse auf seinem spirituellen Pfad zu beseitigen versucht oder dem eine solche Frau helfen soll, seine übermäßige Intellektualität zu überwinden. Während die Dakini in der zuerst genannten Rolle als sehr junge und schöne Frau (das Alter von 16 Jahren scheint das Optimum zu sein) dargestellt wird, erscheint sie in der letzteren Rolle häufig in Gestalt einer alten, häßlichen Hexe. Diese extrem gegensätzlichen Repräsentationen bringen die Dakini mit jungfräulicher Sexualität oder mit der Gestalt der Greisin in Verbindung, also mit zwei Aspekten der Göttin in dreifacher Gestalt, wobei der dritte Aspekt jener der Mutter ist. Ikonographisch wird die Dakini meist als junge, nackte Frau in tänzerischer Pose dargestellt. Häufig hält sie eine mit Menstruationsblut gefüllte Schädelschale in der einen und einen Krummdolch oder eine Trommel in der anderen Hand. Manchmal trägt sie außerdem eine Kette aus menschlichen Schädeln um den Hals, und an ihrer Schulter lehnt ein Stab mit einem Dreizack. Ihr Haar fällt gewöhnlich frei über ihren Rücken, ihr Gesichtsausdruck ist oft zornig, und sie tanzt auf einer Leiche, was die völlige Bezwingung des Ich und der Unwissenheit repräsentiert.[30] Dakinis werden oft auch in verschiedenen Farben dargestellt, was ihre Verbindung zu einer der fünf »Buddhafamilien« symbolisiert, die ihrerseits jeweils die gereinigte Weisheit einer bestimmten Art emotionaler Verunreinigung verkörpern.

Da jede ikonographische Gestalt aufgrund ihrer Farbe, ihrer Haltung, ihres Ausdrucks und ihrer »Accessoirs« bestimmte Facetten der buddhistischen Lehre repräsentiert, unterscheidet sich die Dakini in dieser Hinsicht nicht von anderen buddhistischen Gottheiten. Sie repräsentiert »Mangel« und »Leerheit«, und zwar dadurch, daß ihr Körper mit essentialistischen Eigenschaften in Verbindung gebracht wird, die sich auf das Weibliche beziehen. Diese Verknüpfung ist es, die die Repräsentation problematisch macht. Sicherlich muß dieser philosophischen Tradition zugestanden werden, daß sie sich in ihrer ursprünglichen Form, so wie sie in den alten Sanskrit-Schriften dargelegt wurde, bemüht hat, die Fesseln des dualistischen Denkens zu sprengen, indem sie versuchte, paradoxe Vorstellungen mit sprachlichen Mitteln auszudrücken. Im Herz-Sutra beispielsweise heißt es: »Form ist Leerheit, Leerheit ist Form; Leerheit ist nicht verschieden von Form; Form ist nicht verschieden von Leerheit.«[31] Doch führte die Übertragung einer schriftlich dargelegten Philosophie auf visuelle Repräsentationen dazu, daß die religiösen Konzepte, die angeblich »jenseits der Dualität« stehen sollten, schlicht in Vorstellungen verschlüsselt wurden, die die Überlegenheit des Mannes perpetuierten und alles Paradoxe oder Nicht-Repräsentierbare in weiblicher Form verkörperten. Das Herz-Sutra beispielsweise wurde als Prajnaparamita personifiziert (im Tibetischen *Yum Chenmo* oder die Große Mutter) und als weibliche Gottheit verehrt, die mit Leerheit und Transzendenz assoziiert wurde. Die Dakini wurde durch den speziellen Aspekt, der mit der Leerheit – oder mit dem »Mangel«, wie Willis es nennt – assoziiert war, zu einem geeigneten Medium für das Bestreben des Mannes, durch sexuelle Praktiken Erleuchtung zu erlangen. Derartige mit bestimmten Gottheiten assoziierte Konzepte, die Ideen wie »Erleuchtung«, »Methode«, »Weisheit« und »Leerheit« mit einem der beiden Geschlechter verbanden, verkomplizierten die Problematik der Geschlechtlichkeit im tibetischen Buddhismus noch weiter.

Agehananda Bharati weist in seiner Studie über Tantra darauf hin, daß die buddhistisch-tantrische Zuordnung des statischen Prinzips zur Frau und des dynamischen Prinzips zum Mann die im hinduistischen Tantra übliche Zuordnung umkehrt. Da die indische Tradition die ältere ist, müssen sich, so Bharati, die Tibeter bewußt für diese Umkehrung der Polaritätssymbolik entschieden haben, wobei sie allerdings das dynamische *Shakti*-Element der hinduistischen Göttinnen unangetastet ließen. Dadurch konnten sie sowohl die passiven Göttinnen adaptieren, deren Ikonographie ihrer philosophischen Assoziation des Weiblichen mit Weisheit (Sanskrit: *Prajna*, tibet.: *Sherab*) und des Männlichen mit Methode (Sanskrit: *Upaya*, tibet.: *Tab*) entsprach, *als auch* die dynamischen, autonomen Göttinnen wie Dorje Phagmo, die oft allein dargestellt wurden. Bharati vermutet, daß die dynamischen Göttinnen in Tibet in einer Periode des Übergangs zu einer orthodoxeren Form des Buddhismus auftauchten. Daß sie erhalten geblieben sind, könnte seiner Ansicht nach damit zusammenhängen, daß die einheimische Bön-Tradition in jener Zeit noch sehr stark war und daß es aufgrund der Größe des Landes und seiner größtenteils nomadischen Bevölkerung sehr schwierig war, die beabsichtigte Zentralisierung der Macht wirklich durchzusetzen. Möglicherweise umfaßt das tibetische Pantheon *deshalb* auch Bilder des Weiblichen, die die Möglichkeit eröffnen, die traditionelle Gleichsetzung des Männlichen mit Aktivität und des Weiblichen mit Passivität zu durchbrechen, und die somit Frauen Repräsentationen des Göttlichen anbieten, die die Entwicklung einer anderen Art von Subjektivität fördern könnten. Ich bin der Meinung, daß die passiven Mutter-Bilder und die *Yab-Yum*-Repräsentationen mit ihrer Aura des Konservativen infolge machtvoller gesellschaftlicher Erfordernisse in den Vordergrund gelangten, während die dynamischen Bilder des Weiblichen im Verborgenen weiterexistierten und die Entscheidung darüber, wer die mit diesen Göttinnen assoziierten Praktiken ausführen durfte, gänzlich in die Hände einer Mönchselite gelegt wurde.

Durch die Fixierung des tibetischen Systems auf ein bestimmtes Paradigma der Geschlechtlichkeit, das in der *Yab-Yum*-Repräsentation zum Ausdruck kommt, wurde die Dakini zu einem konkreten Mittel, mit dessen Hilfe sich Männer mit dem »anderen« vereinigen konnten, um zu jener mystischen Einheitserfahrung zu gelangen, die als Vorstufe zur Buddhaschaft angesehen wird. Die »Dämmersprache« fungiert in diesem Zusammenhang als esoterische Chiffre, durch die Männer Zugang zur mystischen Welt der Frau erlangen und dadurch wiederum zu einer Ganzheitserfahrung gelangen konnten. Keith Dowman ist überzeugt, daß der Mann, nachdem er diese symbolische Ebene erreicht hat, die Äußerungen der Dakini (und somit des Weiblichen) auf »adäquate«[32] Weise anderen vermitteln könne. Das für Frauen Problematische an solchen Vorstellungen ist, daß jede angebliche Klarheit, die aus der Übersetzung eines auf Frauen bezogenen Symbolismus in die patriarchalische Welt der Dualitäten abgeleitet wird, unvermeidlich der Kontrolle ihrer (männlichen) Verfechter anheimfällt. Das genau ist die Reduktion, die Einverleibung und Assimilation des Weiblichen in den Bereich männlicher Herrschaft, die die Frau zur »anderen« macht, eine Kategorie, die sie in Beziehung zur dominanten männlichen Kraft und durch diese definiert. Sie ist also nicht in der Lage, sich eigenständig zu definieren, muß sich vielmehr völlig auf die »erleuchteten« Männer der Traditionslinie verlassen, um ihre Position in Beziehung zu derjenigen der Männer zu definieren.

Das gleiche gilt für die Rolle der Frau bei den tantrischen Sexualpraktiken. Es sollte einleuchten, daß Frauen einen engeren Bezug zur weiblichen Sexualität und deren Bedeutung haben als Männer. Da es ihnen an Gelegenheiten zum legitimen Ausdruck dieser wichtigen Bestätigung ihrer eigenen Subjektivität fehlt, werden Frauen oft der Passivität und Ausbeutung beschuldigt, doch ist es ihnen aufgrund der Tabuisierung dieser Form des subjektiven Ausdrucks in den meisten Gesellschaften nicht gelungen, die Macht ihres eigenen Seins auf die gleiche Weise zum Ausdruck zu bringen, wie Männer dies getan haben. In den historischen Texten fehlen nicht nur Hinweise auf den Ausdruck der weiblichen Sexualität, sondern auch auf deren *symbolische* Repräsentationen. Psychoanalytisch ausgedrückt ist das weibliche Imaginäre, das vor allem in der Erfahrung der frühen Beziehung der Frau zu ihrer Mutter sowie in der Entwicklung der Frau als Subjekt gründet, in allen Formen des Patriarchats unterdrückt worden. Hingegen haben das männliche Imaginäre und männliche Subjektivität stets einen deutlichen Ausdruck gefunden – in der Mythologie, Religion, Literatur und Kunst und in neuerer Zeit auch in der Psychoanalyse. In der europäischen Kultur- und Geistesgeschichte gibt es mannigfaltige Belege für die Vorherrschaft des Ödipus-Mythos, der die männliche Erfahrung der Beziehung zu den Eltern und zu den gesellschaftlichen Machtstrukturen spiegelt.

Man könnte nun sagen (und genau das tut Robert A. Paul), daß diese Struktur im tibetischen Buddhismus zum einen in den Mythen, die die Vater-Sohn-Beziehung innerhalb der Traditionslinie betreffen, zum Ausdruck kommt, zum anderen in Form der ehrerbietigen Berichte der Mütter von Tulkus auch in der Mutter-Sohn-Beziehung sowie schließlich in Analogien wie jener der »Begegnung von Mutter und Sohn«, eine Bezeichnung für den leuchtenden Zustand, den Menschen nach ihrem Tode im *Bardo*[33] erreichen können. Was im tibetischen Buddhismus völlig fehlt, sind Repräsentationen der Vater-Tochter-Beziehung und, was noch wichtiger ist, der Mutter-Tochter-Beziehung, die, wie Irigaray bemerkt hat, Frauen die Art von Repräsentation liefern könnte, die sie benötigen, um eine Identität aufzubauen, die die Manifestation weiblicher Subjektivität begünstigt. »Die Frau muß als Tochter (eine Jungfrau für sie selbst, nicht, damit ihr Körper unter Männern einen Tauschwert hat), als Geliebte und nach ihren eigenen Maßstäben gewürdigt werden.«[34]

Vielleicht liegt ein Schlüssel zur Wiederherstellung weiblicher Subjektivität in der Imagination der Frau selbst und in der Bedeutung ihrer Gesten. Natürlich könnte es sein, daß die benutzten Symbole nicht als solche nachteilig sind, sie vielmehr nur einseitig interpretiert wurden. Wie ich bereits erwähnt habe, lautet das Wort für Sexualpartnerin *Mudra* oder *Chaja* (tibet.: *byags.gya*), wörtlich übersetzt (sowohl im Sanskrit als auch im Tibetischen) »Siegel« oder »Symbol«. Diese Bezeichnung wird auch für gewisse rituelle und symbolische Hand- oder Körperhaltungen benutzt, die auf den Bildnissen bestimmter Gottheiten zu sehen sind. Aus dieser Doppelbedeutung des Wortes Mudra ist eindeutig zu erkennen, daß das Weibliche als Signifikant angesehen wird. Von Lacan stammt die Äußerung, daß sich »das Andere auf Sprache bezieht, den Ort des Signifikanten«, wo »das Andere [...] der Entstehungsort des Subjekts oder der Struktur, die das Subjekt konstituiert,«[35] ist. Mit anderen Worten: Die Mudra ist signifikant für die Konstituierung des männlichen Subjekts. Doch wird der Begriff in seiner Bedeutung »Sexualpartnerin« gewöhnlich zu *Karma-Mudra* oder *lae chi chaja* (tibet.: *las.kyi byags.gya*) erweitert, wobei *Karma* (tibet.: *las*) »Handlung« bedeutet und eindeutig *Bewegung* impliziert. *Diese* linguistische Repräsentation beinhaltet, daß die Frau sexuell *nicht* passiv ist, sondern ihren Ausdruck in der Bewegung findet.

Nach Auskunft der Schriften erscheint die *Karma-Mudra* Männern in schwierigen Situationen als menschliche Dakini, um Hindernisse zu beseitigen oder um ihnen eine sexuelle Erfahrung zu ermöglichen, durch die sie zur spirituellen Realisation gelangen können. Das Konzept der weiblichen *Bewegung*, das in diesen Begriff eingebettet und auch auf ikonographischen Darstellungen der Dakini zu finden ist, da sie stets tanzend oder fliegend abgebildet wird, greift Irigaray in einem anderen Zusammenhang auf, nämlich in ihrer Analyse der Entwicklung der Subjektivität der Frau. Die Autorin vertritt die Ansicht, daß sich die Frau durch das Tanzen »im Verhältnis zur Mutter einen eigenen Bereich schaffen«[36] kann. Während die physische *Differenz* dem Mann die Loslösung von der Mutter und den Aufbau einer männlichen Identität erleichtert, ist die Beziehung der Frau zu ihrer Mutter aufgrund der körperlichen *Gleichheit* beider intimer und komplexer, und es gelingt der Tochter nicht völlig, sich von ihrer Mutter zu unterscheiden. Irigaray schreibt, daß der Junge mit Hilfe von Objekten und Ritualen nicht nur seine eigene Subjektivität kreiert, sondern auch die Abwesenheit der Mutter in bestimmten Augenblicken seines Lebens bewältigen kann, wohingegen die Tochter das Tanzen oder die Bewegung *ihres eigenen Körpers* benutzt, um durch Definition ihrer eigenen Grenzen ihre spezielle Beziehung zur Mutter zu kartographieren. Die Autorin sieht hier eine gewisse Parallele zur Struktur des tibetischen Mandala, eines heiligen Territoriums, dessen symbolische Grenzen Bewegung einschließen. Weiterhin ist sie der Auffassung, daß Frauen »eine eigene Achse brauchen«, die »mikrokosmisch von den Füßen, dem Stand, bis zum Kopf, makrokosmisch von der Erde zum Himmel verläuft.«[37] Sie fährt fort: »Diese Achse ist in den ikonographischen Zeugnissen jener Traditionen präsent, in denen die Frauen sichtbar sind.«[38]

Man braucht sich nur die Tanzposition der alten tantrischen Göttinnen auf Gemälden und Skulpturen – einschließlich der wichtigen Dorje Phagmo[39] anzuschauen, um deren starke Präsenz zu erkennen. Aus Quellen des hinduistischen Tantra ist bekannt, daß die Tanzhaltung der Frau, insbesondere wenn sie als auf dem Körper eines Mannes tanzend dargestellt wurde, auf ihre *aktive* sexuelle Rolle hinwies, ein Aspekt, der für die frühe tantrische Philosophie sehr wichtig war. Bharati schreibt, daß sexuelle Avancen des Mannes in jener Zeit als »ungehobelt« galten und daß von der *Shakti* die Übernahme der aktiven Rolle erwartet wurde. Nach der Umkehr der Geschlechterrollen im tibetischen Tantra erhielten die Abbildungen tanzender Göttinnen, die in der tibetischen Ikonographie beibehalten wurden, eine andere Bedeutung. Eine Untersuchung der bildlichen Darstellungen asiatischer Kulturen mit den Mitteln der westlichen Psychoanalyse ist vielleicht doch nicht so an den Haaren herbeigezogen, wie es zunächst scheinen mag. Wenn die tantrischen Lehren tatsächlich in einer Zeit entstanden sind, in der weibliche Subjektivität gesellschaftlich noch akzeptiert und repräsentiert war, müßten die heiligen Rituale, Diagramme und Räume, die aufgrund der tantrischen Philosophie geschaffen wurden, auf irgendeine Weise einen subjektiven Essentialismus der weiblichen Form spiegeln. Und wenn sich die ganz profane Subjektivität von Männern und Frauen auf unterschiedliche Weise herausgebildet hat, dann müßten ihre symbolischen Repräsentationen berücksichtigen, auf welche unterschiedlichen Weisen die beiden Geschlechter ihr jeweiliges Streben nach Einheit mit der Mutter oder, im metaphysischen und historischen Sinne, mit der Großen Mutter zum Ausdruck gebracht haben. Dies scheint durch das Bild des Tanzens geschehen zu sein.

Sicherlich geht die Einbeziehung der Gestik, des Tanzes, der Kunst und der Musik in die rituellen Zeremonien in vielen alten Traditionen auf eine Zeit zurück, in der das rationale Denken noch nicht dominierte und Kultur und Natur noch nicht als Gegensätze angesehen wurden. Nun könnte man natürlich sagen, daß diese Symbole ja vielleicht auch heute noch für Männer wie für Frauen von Wert sind. Doch hat sich ihr Charakter meines

Erachtens durch ihre Einverleibung in ein vorwiegend patriarchalisch orientiertes System und durch die damit verbundene Interpretation ihrer Bedeutung von Männern für Männer zuungunsten der Frauen verändert. Allerdings ist in gewissen Aspekten des Symbolismus dieser Tradition das *Potential* dafür zu erkennen, daß sich Frauen positiv mit bestimmten Repräsentationen identifizieren könnten. Diese Möglichkeit ist jedoch in vielen Fällen *real* nicht gegeben, weil das Weibliche vom Mann entweder zum Objekt gemacht wurde oder weil er die Bilder des Weiblichen für seine eigenen Zwecke instrumentalisiert hat. So ist es beispielsweise mit den Repräsentationen der göttlichen Mutter in ihren Gestalten als Yum Chenmo und Kuntu Zangmo[40] geschehen, und nicht anders erging es den Bildern der Frau als Gefährtin in ihrer Form als Dakini. Aufgrund dieser Entwicklung ist es für Frauen schwierig, eine Form von Autonomie oder Subjektivität zu erlangen, die den symbolischen Repräsentationen der »Erleuchtung« ebenbürtig ist. So attraktiv die Aussicht, an männlichen Ritualen teilnehmen zu können, auch erscheinen mag, sie kann in keinem Fall eine Entschädigung dafür sein, daß Frauen durch das Gesetz des Mannes um ihre sozio-kulturelle Geschlechtsidentität und sogar um ihre physische Geschlechtlichkeit gebracht werden, von der behauptet wird, sie sei letztlich für das Streben nach Erleuchtung unwichtig. Aus der tibetischen Ikonographie selbst geht recht klar hervor, daß dies nicht zutrifft.

8. Zur Frage der »Andersheit« in der weiblichen Repräsentation

Die einzigartige Position der Dakini als Symbol im tibetischen Buddhismus wird noch unterstrichen durch andere symbolische Repräsentationen des Weiblichen, die sich entweder auf die gegensätzliche Andersheit der Frau oder auf ihre göttliche Transzendenz beziehen. In Vajrayana-Schriften wird »Andersheit« gewöhnlich entweder als Dämon oder als Frau oder als beides repräsentiert. Nun ist das letztendliche spirituelle Ziel tibetischer Buddhisten, die Leerheit aller Phänomene (sowohl jener der äußeren Erfahrung als auch jener des Geistes selbst) zu erkennen. Longchenpa schreibt über die Erscheinungen der physischen Welt, die, wie er sagt, »vom Geist geschaffen sind«[1]:

> Obgleich sie aufgrund ihrer Manifestation als illusionäre Erscheinungen und aufgrund des irrtümlichen Glaubens an ihr tatsächliches Vorhandensein real wirken, entbehren sie doch jeglicher Substanz, und sie haben sich nie vom Bereich des ursprünglichen Gewahrseins entfernt.[2]

Hier werden Geist und Phänomene in der gleichen philosophischen Sphäre angesiedelt, in der Dualität und Andersheit als Konzepte aufgehoben zu werden scheinen. Dieses Versprechen einer nicht-dualen Philosophie, die gleichermaßen auf Männer wie auf Frauen anwendbar ist, wird aber letztlich nicht eingelöst, da den Konzepten »Andersheit« und »Leerheit« symbolische Weiblichkeit zugeschrieben wird, und die Geschlechtskategorien eindeutig dualistisch verstanden werden.

Die »Andersheit« der Frauen wird im tibetischen Buddhismus ganz offensichtlich als echte Bedrohung für die Spiritualität des Mannes angesehen. Die Mönchstradition stellte den verunreinigenden Aspekt der Frauen in den Vordergrund und propagierte sexuelle Enthaltsamkeit und physische Distanz von Frauen. Allerdings waren Frauen für die fortgeschrittene tantrische Übung unverzichtbar, denn in ihnen ging es darum, dem Mann durch sexuelle Erfahrungen Einsicht in sein Wesen und die Realisation der Leerheit zu ermöglichen. Beide Perspektiven – die der Verunreinigung ebenso wie die der göttlichen Helferin – stellen die Frau als »anders« dar, im ersten Fall aufgrund ihres negativen Einflusses, im zweiten aufgrund ihrer Weiblichkeit und ihrer weiblichen Sexualität.

Ich habe bereits erläutert, daß die symbolische männliche Mutterschaft, die durch das Tulku-System impliziert wurde, ein wichtiger Bestandteil der patrilinearen Ideologie der tibetischen Tradition war, denn mit ihrer Hilfe konnte sich die männliche Traditionslinie in den Bereich des Heiligen erheben. Auf unzähligen Darstellungen von Übermittlungslinien werden die Lamas als göttliche Wesen neben dem Buddha und anderen Gottheiten abgebildet. Darin kommt ihre zentrale Bedeutung für das System zum Ausdruck. Während der Sohn auf diese Weise zur Heiligkeit erhoben wurde, wurde die reale Mutter als profan definiert und ihrer natürlichen Funktion enthoben. Die religiöse Philosophie, die daraus entstand, spiegelt sich gesellschaftlich im generellen Ausschluß der Frauen von allen Machtpositionen. Doch *wie* schlug sich diese Philosophie in den Schriften und in der Ikonographie des tibetischen Buddhismus nieder?

Zum einen wurde die Frau als Mutter mit transzendenten Qualitäten ausgestattet, die sie von der normalen »weltlichen« Frau, die männliche Praktizierende meiden sollten, unterschieden. Die populärste Repräsentation der Mutter war die Göttin

Dolma, eine Variante der Großen Lotosgöttin der alten Zeit. Wir wissen auch, daß die »Große Mutter« der Mahayana-Tradition, Prajnaparamita, als Mutter der Buddhas und Symbol des Absoluten verehrt wurde. Robert A. Paul ist der Meinung, daß Männer sich das Absolute *als* Frau vorstellen, wobei diese Frau für sie in ihrer Form als Mutter-Buddha oder Prajnaparamita allerdings tabu ist. Aus ihrem Reich, *Dharmadhatu*, wird der Buddha geboren, und da es von ihr heißt, sie sei ungeboren und ungeschaffen, ist sie »anders« als der Buddha, der generell als Mann angesehen wird.

Guenthers Ansicht, daß »männlich und weiblich lediglich die Adaptation der grundlegenden Polarität des Werdensprozesses an das organische Leben«[3] sei, stellt einen nicht-dualistischen Ansatz zur Philosophie der Geschlechter in Aussicht, doch straft sein verräterischer Gebrauch des Begriffs »grundlegende Polarität« seine Annahme, daß männlich und weiblich einander entgegengesetzte Kategorien seien, Lügen, insofern – wenn man den Schriften Glauben schenken will – das Männliche Subjekt und das Weibliche »anders« ist, entweder als oppositionelle Kraft oder als transzendente Leerheit, aber in keinem Fall als Polarität einander ebenbürtiger Gegensätze.

Während die symbolische Lokalisierung der Frau als dem Mann entweder schädlich oder nützlich ein anschauliches Beispiel für dualistische Vorstellungen ist, ist die Assoziation des weiblichen Geschlechts mit dem Konzept des Absoluten oder der »Leerheit« als das, was *jenseits der Dualität* liegt, schwieriger zu begreifen. Im tibetischen Tantra gilt das Verstehen der »Leerheit« als der Zustand, den der Übende erreichen muß, wenn er ein Buddha – ein göttliches, transzendentes Wesen – werden will. Robert A. Paul vermutet nun, daß »Leerheit«, weil sie im Geiste des (männlichen) Übenden mit einem Zustand der »Andersheit« assoziiert wird, mit der Frau beziehungsweise dem Weiblichen in Verbindung gebracht wird, weil deren »Andersheit« bereits fest in seinem Geiste verankert ist. Auch Guenther weist auf die Wichtigkeit der tantrischen Vorstellung von »Leerheit« und ihrer Assoziation mit dem Weiblichen beziehungsweise der Frau hin.

> Grundlegendes Nichts wird »Ahnfrau« genannt, was ein sprachliches Symbol für reine Transzendenz ist. In den schönen Künsten wird dieses *Nichts* als weibliche Gestalt dargestellt ... Diese Vorstellung, daß der Grund männlichen Seins (*ground of man's being*) weiblich ist, hat wichtige Konsequenzen für die gesamte Einstellung des Buddhismus. Durch sie wird das weibliche Prinzip in der Natur der Dinge als *für sich selbst stehend* erkannt, und ihm wird eine inspirierende und emotional bewegende Charakteristik der Freundlichkeit, Sanftmut und Vertraulichkeit zugeschrieben, deren höchste Ausformung die Vereinigung zweier Liebender ist ... Ihre symbolische Repräsentation im menschlichen Körper bringt das Transzendente und Göttliche in die Nähe des Mannes, der zum Zentrum der Diesseitigkeit und Jenseitigkeit wird.[4] (Kursivsetzung von J. C.)

Guenthers Aussage ist eindeutig nicht allgemein zu verstehen, was in der Übersetzung des englischen Wortes *man* als »menschlich« zum Ausdruck käme und die Anwendung des Gesagten auf Männer und auf Frauen zuließe. Dies kann aber schon allein deshalb nicht gemeint sein, weil für Frauen »Andersheit« und der weibliche menschliche Körper natürlich *nicht* synonym sind, es sei denn, Frauen erfahren ihren Körper beziehungsweise sich selbst aufgrund ihres Glaubens an gewisse kulturelle Normen *tatsächlich* als »anders« – ein offensichtlich dysfunktionaler Zustand.

Das Interessante an Guenthers Ansicht über das »weibliche Prinzip«, ist, daß der männliche Übende die differente und einzigartige Realität des Weiblichen als »für-sich-selbst-seiend« (um Guenthers Terminologie zu paraphrasieren) akzeptieren muß, während er gleichzeitig reale Frauen zu Verkörperungen der »Jenseitigkeit« (*other-worldliness*) objektiviert. Seine Anerkennung der buddhistischen Position, die die Frau nicht nur als »Urgrund« (*basic ground*), sondern auch als »für sich selbst stehend« sieht, unterminiert er jedoch selbst durch seine Erklärung dafür, weshalb Transzendenz und Leerheit als weiblich repräsentiert werden. Guenther sieht in seiner wie durch Scheuklappen begrenzten Sicht der Realität des physischen Körpers und seiner Beziehung zum »sprechenden Subjekt« nur die männliche Seite der Gleichung. Er ignoriert völlig die Implikationen seiner Erklärung für weibliche Übende, die möglicherweise an tantrischen Partnerübungen teilnehmen, in denen ihr Körper ohnehin schon als transzendent oder »nichts« symbolisiert wird.

Die Frage der Einverleibung der »Andersheit« als Voraussetzung für Erleuchtung, die Männer durch sexuellen Kontakt zu einer realen Frau erfahren müssen, ist Thema vieler Schriften, die die Beziehung zwischen der äußeren Wirklichkeit und dem Verstehen der Leerheit durch den Geist zu beschreiben versuchen. Oft wird das Konzept der »Andersheit« mit der Unterwerfung von Dämonen assoziiert. Paul hat bemerkt: »Generell kann man sagen, daß Dämonen, die Leidenschaften und Frauen konzeptuell in einer Beziehung zueinander stehen und daß sie als Opponenten des Buddhismus und der patriarchalischen Eintracht angesehen werden.«[5] Diese Vorstellung existiert keineswegs nur im buddhistischen Denken, doch hat sie natürlich Implikationen für weibliche Übende, insbesondere wenn den Frauen lediglich herabgewürdigte Symbole weiblicher Subjektivität zur Verfügung stehen, die sie dieser einseitigen Sicht entgegensetzen könnten. Veranschaulichen möchte ich dieses Einverleiben des »anderen« anhand eines der populärsten literarischen Werke des tibetischen Kanons, der Biographie Milarepas.

In der »Geschichte über das Juwelen-Tal des roten Felsen« wird Milarepa während seiner Meditationsübung von lokalen Dämonen-Gottheiten[6] gestört, die ihm in verschiedenen physischen Formen erscheinen. Ihm wird klar, daß er sie überwinden muß, um in seiner Praxis vollkommenen Gleichmut erreichen zu können. Seine ersten Gedanken über die Dämonen lassen erkennen, daß er sie als Geister für real hält: »Dies müssen magische Erscheinungen der lokalen Gottheiten sein, die mir nicht wohlgesonnen sind. Obgleich ich schon seit langer Zeit hier bin, habe ich ihnen nie Opfer dargebracht oder ihnen meine Ehrerbietung erwiesen.«[7] Um die Dämonen zu besänftigen, singt er ihnen zu Ehren ein Lied. Da der Erfolg ausbleibt, beginnt er mit einer »machtvollen Beschwörung«[8] und predigt ihnen dann aus Mitgefühl das buddhistische Dharma. Sie weigern sich jedoch weiterhin, zu verschwinden. Später realisiert er im Einklang mit der buddhistischen Lehre, daß »alle Wesen und Phänomene dem eigenen Geist entspringen.«[9] Daraufhin löst sich seine Angst vor den Dämonen auf, *und in diesem Augenblick verschwinden sie.*

In einer anderen Begegnung mit lokalen Gottheiten, die ihn durch aggressive Handlungen zu stören versuchen, betet er zuerst zu seinen Schutzgottheiten, und als sich dies als wirkungslos erweist, bietet er den Dämonen, um die störenden Einflüsse zu bezwingen, seinen Körper dar. Es gelingt ihm jedoch erst, sie zu bändigen und zu bekehren, nachdem er sie entlarvt hat als »Geschöpfe der trügerischen Gedanken des anhaftenden Geistes, der nach Formen greift und sie für real hält.«[10] Dieser mysteriöse Akt der Meditation, der die Wahrnehmung so verändert, daß die Angst sich auflöst, hat auch auf die Dämonen selbst eine positive Wirkung: »Die bösartigen männlichen und weiblichen Dämonen, die Myriaden von Schwierigkeiten und Hindernissen erzeugen, erscheinen vor dem Erlangen der Erleuchtung als real. Doch wird ihre wahre Natur realisiert, so werden sie zu Beschützern des Dharma.«[11]

Diese beiden Berichte über die transformierende Wirkung einer bestimmten Meditationspraxis enthalten einige interessante Elemente, die auch in der tibetischen Philosophie des Weiblichen zu finden sind. Zunächst einmal gibt es offensichtlich drei unterschiedliche Möglichkeiten, Dämonen zu sehen: Sie können entweder als real und mit beträchtlicher Macht ausgestattet gesehen werden, was bedeutet, daß sie ernstgenommen und »befriedet« [sprich: bekämpft und unterworfen; Anm. d. Übers.] werden müssen. Die zweite Möglichkeit ist, sie als niedere Wesen zu sehen, die mitfühlender Hilfe bedürfen. Die dritte Alternative ist, sie als illusionäre Formen zu erkennen, die aufgrund des unreinen und unerleuchteten Zustandes der Übenden in ihrem Geist als Projektionen in Erscheinung treten. Diese drei Sichtweisen wiederum repräsentieren die verschiedenen Schulen buddhistischen Denkens, so wie die Tibeter sie gewöhnlich unterscheiden. Der Hinayana akzeptiert die Wirklichkeit so, wie sie ist, und der Übungsweg dieser philosophischen Schule betont das Einhalten von Regeln und das Entwickeln einer starken Disziplin, die den Übenden helfen soll, ihre guten Tendenzen zu stärken und die schlechten zu meiden. Der Mahayana hingegen basiert auf dem Verstehen der Leerheit; diese Schule bezeichnet das Entwickeln von Mitgefühl als das wichtigste Element der Praxis. Die dritte Interpretation entspricht der Perspektive des Vajrayana: Nach der Lehre dieses Pfades liegt die Fähigkeit des Geistes, Phänomene umzuwandeln, in der Natur des Dualismus selbst begründet. Der Umgang des Vajrayana mit dualistischen Phänomenen besteht in dem Versuch, die Grenzen zu überwinden, die »Selbst« und »anderes«, »gut« und »böse«, »innen« und »außen« trennen. Diese Lehre bezeichnet die Wirklichkeit häufig als »nichts weiter als ein Traum«. Kalu Rinpoche verglich in einer Erklärung, die er dem französischen Schriftsteller Arnaud Desjardins gab[12], die Vorgehensweisen der unterschiedlichen buddhistischen Traditionen mit den verschiedenen Möglichkeiten von Menschen, denen eine Schale voller Gift zum Essen vorgesetzt wird. Nach seiner Erklärung besteht der Hinayana-Ansatz darin, das Gift schlicht zu meiden. Mahayana-Praktizierende essen das Gift in dem Bewußtsein, daß sie das Gegenmittel kennen, mit dem sich das Gift neutralisieren läßt. Und Übende des Vajrayana essen das Gift bewußt und verwandeln es durch Realisation der Leerheit aller Phänomene, *tongpanyi* (tibet.: *stong.pa.nyid*, Sanskrit: *Shunyata*)[13], in Nektar.

Milarepas Beziehung zu den Dämonen scheint sich in der exakten Reihenfolge dieser Traditionen entwickelt zu haben, und diese Darstellung ist natürlich ein Plädoyer für die letztendliche Überlegenheit des *Vajrayana*. Doch ganz gleich, *wie* die Dämonen in den drei beschriebenen Fällen aufgefaßt werden, immer wird ihre Präsenz bestätigt. Entweder gelten sie als tatsächliche Wesenheiten mit einer äußeren, individuellen Existenz, die mit Hilfe der Sinne wahrgenommen werden können, oder als Manifestationen irregeleiteter Denkprozesse des gewöhnlichen Geistes. Selbst der erleuchtete Geist bezieht sie in seine vollkommene Sicht ein, nicht als das »andere«, sondern als Verbündete auf dem Weg zur Erleuchtung. So wird eine Wechselbeziehung zwischen dem Geist und den Phänomenen hergestellt, wobei Wirklichkeit und Illusion Kategorien sind, die – aufgrund der zentralen Position des Geistes selbst, der alle Erscheinungen hervorbringt – nicht als Gegensätze fixiert werden können.

Das gleiche dreigliedrige Verständnis existiert nun auch in bezug auf das Weibliche und die Frau: Sie wird erstens als die physisch reale Feindin angesehen, die dem Mann auf seiner spirituellen Suche Hindernisse in den Weg legt und die deshalb auf Distanz gehalten, gemieden oder geleugnet werden muß. Zweitens kann die Frau aufgrund ihrer minderen Geburt Mitgefühl hervorrufen, wobei ihr Wesen letztlich als ebenso leer wie das des Mannes angesehen wird. Bei der dritten Sichtweise, derzufolge alle Phänomene Projektionen des Geistes sind, wird die Frau als Verkörperung entweder der Leerheit oder der Transzendenz angesehen, die sich der Mann durch sexuellen Kontakt zu ihr aneignen kann, um auf diese Weise zur Erleuchtung zu gelangen. Die Vajrayana-Sicht verpflichtet den Mann dazu, sich bewußt mit der Differenz zu konfrontieren, die die Frau verkörpert. Dadurch wird im Idealfall die Kluft zwischen der Sicht der Frau als Feindin und der Sicht der Frau als Abwesenheit überbrückt, indem einerseits ihre physische Gegenwart anerkannt und andererseits durch die tantrische sexuelle Praxis ihre transzendente Qualität realisiert wird. Die Frau, das archaische »andere« des Mannes, ist im tibetischen Buddhismus auf alle drei beschriebenen Weisen repräsentiert.

Während diese unterschiedlichen Arten der Repräsentation für Männer einen geeigneten philosophischen Rahmen bieten mögen, rauben sie der Frau die Möglichkeit, sich im Sinne *ihrer eigenen* Transzendenz zu definieren. Außerdem lassen sich aus einem System, das Männern eine Vorrangstellung sichert, kaum Vorstellungen des Weiblichen ableiten, welche Frauen Erfahrungen und Wahrnehmungen des physischen Seins ermöglichen, die denjenigen der Männer ebenbürtig sind.

Die Frau ist ebensowenig dem Mann gleich wie dessen polarer Gegensatz, da *alle* Menschen (ob männlich oder weiblich) das »andere« erstmals in ihrer Beziehung zur Frau als Mutter erfahren. Demzufolge sind die frühesten Erfahrungen der Frau – einschließlich jener im Mutterleib – nicht denjenigen des Mannes polar entgegengesetzt. Durch schlichte Umkehr des Symbolismus kann kein für weibliche Übende signifikanter Sinn entstehen, da die tibetische Symbolik sehr stark im realen männlichen und weiblichen Körper verwurzelt ist. Würden sich die geschlechtsspezifischen Klassifikationen und symbolischen Bedeutungen in Abhängigkeit vom Geschlecht der Übenden verändern – was sie den Schriften zufolge nicht tun –, so müßte »Andersheit« für Frauen logischerweise mit Männlichkeit gleichgesetzt werden, und Männer wären für sie entweder Verkörperungen des Transzendenten oder eine Bedrohung für ihre spirituelle Entwicklung. Auch das Bild des Buddha als des erleuchteten Subjekts wäre dann für Frauen weiblich, und überdies müßte die Bedeutung des weiblichen Körpers, der Menstruation und der Fähigkeit zur Mutterschaft als natürliche und grundlegende Aspekte der Weiblichkeit neu überdacht und in die auf dieser Grundlage entwickelte weibliche Symbolik integriert werden.

Würden die Symbole tatsächlich auf diese Weise gedeutet, so wäre zweifellos ein starker Wandel der gesellschaftlichen Normen *und* der theologischen Perspektiven die Folge. Möglicherweise spielt auch Anne C. Klein auf diesen Zusammenhang an, wenn sie feststellt, daß die weibliche Symbolik im tibetischen Buddhismus nur scheinbar positiv ist, und wenn sie fragt, ob eine »unangemessene Konkretisierung«[14] Vorstellungen von Spiritualität verdrängt hat, die für Frauen von Wert sein könnten. Sie schreibt: »Dies kann in einem buddhistischen Kontext geschehen, wenn so getan wird, als hätte die Wesensnatur der Dinge, Leerheit oder uranfängliche Reinheit, unabhängig von den Personen und Sachen, auf die sie sich bezieht, ein Eigenleben. Das schafft den Rahmen, Frauen als weniger erhaben erscheinen zu lassen.«[15]

Die Assoziation ursprünglicher Reinheit mit der Frau wirkt *keineswegs* befreiend, sondern hat zur Entstehung einer Ikonographie geführt, die die Frau letztlich nur in Beziehung zum Mann sieht, und sie nicht, wie Guenther es offenbar gerne sähe, als *für sich selbst stehend* darstellt. Daß das Nicht-Duale durch die Geschlechtssymbolik, also mit Hilfe einer dualistischen Terminologie, beschrieben wird, mag die Ambiguitäten der Sprache spiegeln, doch kommt es den Interessen weiblicher Spiritualität kaum zugute, da die darauf aufbauende Assoziation eines nichtdualistischen Ideals, »Leerheit«, mit dem spezifisch dualistischen Konzept des Weiblichen und in der Folge auch des weiblichen Körpers die Entwicklung einer für weibliche Übende relevanten Philosophie erfolgreich verhindert hat.

Weniger optimistisch als Klein schätzt offensichtlich Luce Irigaray die Möglichkeiten der Frau in patriarchalischen System ein, denn sie schreibt: »Sie, die Frau, verharrt eher in der nicht aktualisierten Potenz, zumindest für und durch sie nicht aktualisiert ... Unvollendet, unvollendbar ihrem Gesetz nach. In ihrer eigenen Form *niemals ganz*.«[16] (Kursivsetzung entsprechend dem Original) Dies scheint auf das tibetische System in ganz besonderem Maße zuzutreffen, denn in diesem wurde das weibliche Potential zur Ganzheit, das auf einigen archaischen tantrischen Bildern klar zum Ausdruck kommt, nie in die gesellschaftliche Realität umgesetzt. Die Assoziation der Leerheit mit dem

Weiblichen bindet nämlich den weiblichen Körper an ein Konzept der Transzendenz, und das bedeutet, daß dieser vom Mann auf seiner Suche nach seiner eigenen Topologie benutzt wird, während die Frau selbst nicht über adäquate Möglichkeiten verfügt, ihre eigene Transzendenz zu realisieren. Das Transzendente wird dadurch nach Irigaray zur »Arena des von seinem Grund abgespaltenen (philosophischen) Subjekts.«[17] Dies, so schreibt sie, »verhindert den Aufstieg der Frau zur Subjektivität.«[18] Außerdem hindert die Tatsache, daß Männer symbolische Bilder von Frauen entwickeln und kontrollieren, »die Frau daran, zu einem eigenen, separaten Sein aufzusteigen; sie muß stets für Männer da sein, für *ihre* Transzendenz zur Verfügung stehen.«[19] (Kursivsetzung von J. C.)

Im tibetisch-buddhistischen System und in seiner Ikonographie trägt die Position bzw. Nicht-Position der Frau zur Aufrechterhaltung eines *Double-bind* bei, aus dem kein Entkommen möglich ist. Dies gilt jedoch keineswegs nur für die tibetische Gesellschaft, denn Elizabeth Berg stellt in bezug auf die Situation der Frau in der westlichen Kultur fest:

> Wenn sie repräsentiert wird, muß diese Repräsentation notwendigerweise im Kontext eines phallozentrischen Systems stattfinden ... in dem die Frau zu einer Spiegelung des Mannes reduziert wird. Andererseits dient die Präsenz der Frau als leerer Raum – als Verweigerung der Repräsentation – den männlichen Projektionen nur als Hintergrund oder Unterstützung.[20]

Abgesehen von eindeutig negativen weiblichen Repräsentationen in den tibetischen Schriften fallen die meisten anderen Darstellungen der Frau in eine der beiden genannten Kategorien. Beispielsweise spiegeln die Lebensgeschichten berühmter weiblicher Praktizierender gewöhnlich die von Männern – d. h., die Frauen bleiben den Einschränkungen der Übermittlungslinie unterworfen, wohingegen göttliche Repräsentationen wie die

Dakini oder Yum Chenmo das Konzept der Leerheit oder des Paradoxes verkörpern. Diese »Verweigerung der Repräsentation« ist mit einer egalitaristischen Position im gesellschaftlicher Bereich in keinem Fall vereinbar.

Es erscheint mir als äußerst unwahrscheinlich, daß Frauen innerhalb der hierarchischen Institutionen des tibetischen Buddhismus in absehbarer Zeit mehr Macht erlangen werden, als zur Erhaltung eines gewissen Anscheins der Gleichstellung erforderlich ist. Denn die Symbole spiritueller und weltlicher Macht sind im komplexen Sozialsystem der Tibeter aufgrund der überragenden Bedeutung der *Traditionslinie* so stark mit der Ikonographie und Philosophie verflochten, daß jede Störung irgendeines Teils des Systems meiner Meinung nach die gesamte Philosophie bedrohen würde.

Weil die Gestalt des männlichen Buddha-Lama eine so zentrale Rolle spielt und der Schlüssel zum Verständnis des gesamten Systems in der Geheimhaltung der sexuellen Praktiken und der Unterdrückung der Frau liegt, kann sich der tibetische Buddhismus meines Erachtens innerhalb der westlichen Kultur nur dann weiterentwickeln, wenn er das Tulku-System in seiner derzeitigen Form aufgibt und sich auf die in seiner Philosophie durchaus enthaltenen egalitaristischen Prinzipien besinnt. Dies setzt jedoch das Akzeptieren einer echten Reziprozität der beschriebenen dualistischen Elemente, insbesondere des Männlichen und Weiblichen, voraus. Ebenso müßte statt *Dualismus* oder *Gleichheit* (*In-Differenz*) die *Differenz* als entscheidende kulturelle Determinante akzeptiert werden. Die Frau wäre dann nicht mehr *Behindernde* oder *Ergänzende* oder gar *Verkörperung* der Transzendenz, sondern ein für sich selbst stehendes, sich selbst definierendes, autonomes Subjekt.

Um wirklich ein für sich selbst sprechendes Subjekt werden zu können, müssen Frauen ein solches Maß an Autonomie erlangen, daß sie in der Lage sind, unabhängig von der Zustimmung, Kontrolle oder Überwachung durch Männer zu sprechen und zu handeln. Nur auf diese Weise können sie sich eine Position zurückerobern, die sie Männern auf philosophischer Ebene gleichstellt.

Doch ist es für Frauen oft extrem schwierig, sich von Systemen religiöser Macht zu befreien, die von Männern dominiert werden, weil die *Ideale* solcher Systeme häufig den Erfahrungen ähneln, mit denen sie ohnehin aus ihrem alltäglichen Leben vertraut sind. Mit anderen Worten: Sie nehmen ihre alltäglichen Erfahrungen als den Idealen der betreffenden Religion entsprechend wahr, *obgleich diese Erfahrungen gerade das sind, was sie zu verändern wünschen*. Irigaray schreibt:

> Wenn ... das mystische Erlebnis tatsächlich eine Erfahrung des Subjektverlustes, der Aufhebung von Subjekt und Objekt ist, dann könnte dies von besonderem Reiz für Frauen sein, deren bloße Subjektivität vom patriarchalen Diskurs ohnehin verleugnet und unterdrückt wird.[21]

Die tantrische Tradition bezeichnet das *Anhaften am Ich*, im Tibetischen *Dagzin* (tibet.: *bdag.'dzin*) genannt, als ein Grundübel, und sie hat eine Vielzahl von Praktiken zur Überwindung des Ich entwickelt, so beispielsweise symbolische Opfer des menschlichen Körpers und Geistes durch Meditationsmethoden wie die *Chöd*-Praxis[22] und das Mandala-Opfer[23]. Da von Frauen in der Gesellschaft gewöhnlich ohnehin erwartet wird, daß sie sich aufopfern, liegt es nahe, sich Irigarays Ansicht anzuschließen, die Vorliebe von Frauen für gewisse religiöse Praktiken spiegele ihre alltägliche existentielle Erfahrung, und dies gelte insbesondere für Praktiken, deren Ziel die Auflösung jenes Ich (oder der Identität) ist, das bei Frauen ohnehin schwach ausgeprägt ist.

In ihrer Analyse der buddhistischen Lehren über die Persönlichkeit unterscheidet Rita Gross zwischen »Selbst« und »Ich«, indem sie erklärt, das »Ich« müsse »demontiert«[24] werden, ganz gleich, welche Eigenschaften es habe, denn »eine energische Person hat nicht ›mehr Ich‹ als eine scheue und zurückgezogene.«[25] Nach Gross ist es durchaus möglich, »von dem ungesunden und oft sehr schwachen oder ›ko-abhängigen Ich‹, *das für Frauen im Patriarchat typisch ist*, direkt zur Gesundheit der Ichlosigkeit zu gelangen.«[26] (Kursivsetzung von J. C.) Sie beschreibt das Ich als die Struktur, die »entscheidet, welche Abwehrmechanismen, Projektionen und anderweitigen Taktiken beim Umgang mit direkter Erfahrung und zu deren Abwehr benutzt werden.«[27] Andererseits vertritt Gross, daß »ein gesundes, funktionsfähiges Selbst-Gefühl beziehungsweise eine entsprechende *Identität* unverzichtbar ist für ... die spirituelle Entwicklung«[28] (Kursivsetzung von J. C.) und daß es ohne dieses nicht möglich ist, »sich den spirituellen Disziplinen des Buddhismus zu widmen, die allein manchmal nicht ausreichen, um die emotionalen Deprivationen zu heilen.«[29] Nun manifestiert sich emotionale Deprivation bekanntlich stets in Form von Abwehrmechanismen und Projektionen. Daher drängt sich an dieser Stelle die Frage auf, was das »gesunde Selbst-Gefühl« (das sie als *Voraussetzung* dafür bezeichnet, *daß* Menschen sich an den Versuch wagen können, ihr Ich zu demontieren) denn nun sein könnte.

Ich halte Gross' Ansicht, daß sich Selbst und Ich trennen ließen, nicht für überzeugend, und ebensowenig halte ich es für sinnvoll, einen dritten, stabileren Faktor – den der »grundlegenden menschlichen Natur« – einzuschmuggeln, der angeblich dem Ich und der Identität zugrunde liegt. Zerstört werden muß das Ich ihrer Meinung nach nämlich, weil es aus »habituellen Mustern und Reaktionen jeder Art [besteht], die die Klarheit und Offenheit der *grundlegenden menschlichen Natur* überschatten.«[30] (Kursivsetzung von J. C.) Der Ausdruck »grundlegende menschliche Natur«, beinhaltet, daß es abgesehen von der individuellen Erfahrung, die wir *als Männer und Frauen machen*, noch eine allgemein menschliche Erfahrung gibt, für die die geschlechtliche Differenz keine Rolle spielt. Diese Vorstellung paßt zu Gross' »androgyner buddhistischer Vision«[31], die institutionalisierte Gleichheit und Gleichstellung der Geschlechter durch Schaffung »androgyner Institutionen« anstrebt und für die Entwicklung eines »androgynen Denkens« eintritt. Das

Dharma soll dabei als »sowohl männlich als auch weiblich« verstanden werden, statt wie im klassischen Buddhismus als »weder männlich noch weiblich«[32]. Meiner Meinung nach ist eine Vorstellung von Androgynie, die Differenz und Getrenntheit als unwichtig ansieht, für Frauen letztlich von Nachteil, weil diese Art von Verschmelzen im Kontext der tibetisch-buddhistischen Symbolik erneut den Verlust sowohl des männlichen *als auch* des weiblichen Körpers an »die phallische Ökonomie«[33] festschreiben würde. Im Ansatz von Rita Gross erscheint zudem die Erfahrung des weiblichen »Ich«, die, wie sie sagt, »auf patriarchalischen Projektionen basiert«[34], letztlich als eine Art vorteilhafte Tugend:

> Frauen sind, weil sie in der patriarchalischen Gesellschaft »das andere«, Outsider, sind, in einer *besseren Position als Männer*, sich einer solchen oppositionellen Dualität bewußt zu werden und über sie hinauszudenken, weil Männer, *die selbst nicht die Opfer der Dualität sind*, sich häufig keine andere Art, in der Welt zu sein, vorstellen können.[35] (Kursivsetzung von J. C.)

In dieser Ansicht ist offensichtlich ein *Double-bind* enthalten, denn wenn die Frauen sich innerhalb eines religiösen Systems aufgrund ihrer »besseren Position« ausbeuten lassen, bleiben sie an dieses System gefesselt. Außerdem unterstreicht Gross' Aussage, daß Männer *nicht* Opfer der Dualität seien, letztlich die Minderwertigkeit der Frauen, weil *sie* demzufolge die einzigen sind, die durch die »oppositionelle Dualität« negativ beeinflußt werden. Dieses merkwürdige Privileg, das den Frauen »das Glück, unglücklich zu sein« zugesteht, kann meiner Meinung nach nur ein Denken stützen, das die Herabsetzung der weiblichen Symbolik nicht in Frage stellt.

Wenn wir herausfinden wollen, wie Frauen sich tatsächlich selbst erfahren, müssen wir versuchen, in der tatsächlichen Erfahrungswelt von Frauen (und Männern) gewisse Unterschiede, die gewichtig *sind* und die nicht unbedingt auf Projektionen der patriarchalischen Welt basieren, zu erkennen und anzuerkennen. Deshalb erscheint es mir als wichtig, die speziellen physischen Aspekte des weiblichen Seins und die einzigartigen weiblichen Erfahrungen zu untersuchen, die sich nur auf eine weibliche »Identität« beziehen.

So impliziert die Physiologie des weiblichen Körpers ein sehr reales Überschreiten seiner spezifischen Grenzen durch vaginalen Geschlechtsverkehr, Schwangerschaft und Stillen. Diese physische Unterschiedlichkeit hat vermutlich die gesellschaftliche Realität seit der Zeit der ersten Menschen beeinflußt. Der Anthropologe Dudley Young schreibt: »Seit Millionen von Jahren hat der Mann gelernt, Getrenntheit anzustreben und sich vor Nähe und Berührung zu hüten. *Mutterschaft hingegen erfordert Toleranz gegenüber dem unablässigen Eindringen in den eigenen Raum und Körper.*«[36] (Kursivsetzung von J. C.) Außerdem hat die Erfahrung der Frau als Tochter ihrer Mutter natürlich eine andere Bedeutung als die Erfahrung des Mannes als Sohn seiner Mutter. Kristeva sagt: »Sexuelle Differenz ist das *Resultat* unterschiedlicher Beziehungen zur Mutter.«[37] (Kursivsetzung von J. C.) Auch psychoanalytische Theorien weisen auf den unterschiedlichen Prozeß der Ich-Bildung bei Frauen und Männern hin. Frauen können, weil sie ihren Müttern *gleich* sind, ihre Identität nicht aufgrund von physischer Differenz, sondern nur durch psychische Trennung von der »ihnen gleichen anderen« finden. Deshalb müssen Mädchen, um eine Identität zu entwickeln, den paradoxen Schritt vollziehen, sich sowohl *mit* der »ihnen gleichen anderen« *zu identifizieren* als sich auch *von ihr zu trennen*. Diese Aufgabe ist für Mädchen äußerst komplex, und durch die Lösung desselben entwickeln sich bei ihnen andere psychologische Charakteristika als bei Jungen, denn diese müssen sich von *der anderen* trennen und sich anschließend mit »dem gleichen anderen« identifizieren.

> Wie feministische Theoretikerinnen in ihren Beschreibungen der Entstehung des männlichen Ich durch Differenzierung von der Mutter und vom Weiblichen gezeigt haben, sind für dieses Ich [das männliche] klar definierte Grenzen charakteristisch, und es betont seine Unterschiedlichkeit, Autonomie und Getrenntheit von anderen.[38]

Wenn diese Aussage von Val Plumwood zutrifft, dann wird die zentrale Metapher für das tibetische Tantra, die *Yab-Yum*-Symbolik, verständlicher: Der Mann, der sich aktiv mit der passiven Frau vereinigt, versucht auf diese Weise, Einheit zu erreichen, um die für *ihn* charakteristische Empfindung der Dualität zu überwinden. In seinem Buch über tantrische Repräsentationen stellt Willy Fischle fest: »Der männliche Buddha und sein weibliches Gegenstück sind Manifestationen polarer Gegensätze ... Sie sind geteilte Ganze ... Die Gegensätze werden während der Suche nach Ganzheit im Buddhismus vereint ... Der weibliche Teil ist die Prajna des Mannes, seine Weisheit.«[39]

Im Gegensatz zu Gross bin ich der Meinung, daß Männer ebensosehr Opfer dieses Dualismus sind wie Frauen, gerade *weil* ihre Männlichkeit ihnen die Möglichkeit eröffnet, ein klarer definiertes Ich oder Identitätsgefühl zu entwickeln und sie dann innerhalb des patriarchalischen tibetischen Systems einem Glauben an sich selbst verfallen, der ihre Subjekt-Position gegenüber Frauen spiegelt.

Die Frau wird dabei entweder als »andere« definiert, die völlig gemieden werden sollte, oder als »andere«, mit der der Mann sich vereinigen muß, um sich selbst als ganz erfahren zu können. Im tantrischen System, das die Vereinigung mit dem »Gegensatz« als zentral ansieht, soll der Mann eine Art der Vereinigung suchen, mit deren Hilfe er eben jenes Ich zerstören können soll, das in seiner *Hyper*separation[40] von der Mutter entstanden ist. Dowman bringt die Dakini mit diesem Prozeß in Verbindung, wenn er schreibt: »Die Dakinis wurden von Anfang an mit der *meta-psychotherapeutischen Funktion* der Ich-Zerstörung und der Initiation der *Yogin* in das *Mandala* von reinem Sein, Bewußtheit und Ekstase assoziiert.«[41] (Kursivsetzung von J. C.) Nach Trungpa findet diese Zerstörung jedoch infolge völliger Hingabe des Ich an den Guru statt, und sie erzeugt einen Seinszustand, in dem sich eine »Art transparenter Erfahrung der Dualität zu entwickeln beginnt, in der Dinge klar umrissen sind, *ohne voneinander abhängig zu sein.*«[42] (Kursivsetzung von J. C.)

Daß hinsichtlich der Zerstörung des Ich die Dakini und der Guru als wichtige Katalysatoren miteinander verbunden werden, deutet auf eine unbewußte Assoziation des Guru mit dem symbolisch Weiblichen hin. Das Ziel der Meister-Schüler-Beziehung ebenso wie der Yab-Yum-Beziehung, so wie sie in neuerer Zeit von Trungpa und Dowman interpretiert wurde, ist die Erzeugung eines Einheitszustandes, *in dem Abhängigkeit negiert wird.* Meiner Meinung nach beziehen sich beide Konzepte auf eine Vorstellung von Ich-Entwicklung, die aus der spezifisch männlichen Erfahrung resultiert, denn die Trennung von der Mutter und von der Sphäre des Weiblichen *hatte* bei den jungen Tulkus und bei den Kind-Mönchen häufig dramatische und tiefgreifende Konsequenzen für die Entwicklung des Identitätsgefühls. Da diese Jungen oft schon zu einem sehr frühen Zeitpunkt ihres Lebens von ihren Müttern getrennt wurden, ist es ungewiß, ob sie je eine Chance hatten, eine gewisse Identität, eine gewisse psychische Unabhängigkeit von der Mutter zu entwickeln. Da das klösterliche System, das die mütterliche Funktion übernahm und *insbesondere die kindlichen Abhängigkeitsbedürfnisse auf sich fixierte*, später für den Jungen eine neue Identität schuf und ihn dem Einfluß realer Frauen rigoros entzog, spiegelt das Gefühl absoluter Verpflichtung und Hingabe dem Guru gegenüber vermutlich eine Leugnung unaufgelöster Abhängigkeit. Tatsächlich könnten die zutiefst unterdrückten frühen Abhängigkeitsgefühle der Mutter gegenüber und das Verlustgefühl des Kindes, dem die Trennung wie ein Willkürakt mütterlicher Allmacht erschienen sein muß, zu einer Übertragung der Abhängigkeit auf jene andere große

Mutter, den La-Ma oder Guru, geführt haben sowie zur Entwicklung aufopfernder Hingabe ihm gegenüber.

Dieser La-Ma, der in seiner Jugend höchstwahrscheinlich ähnliches erlebt hatte, übernahm später als Erwachsener die Rolle der allmächtigen Mutter und verlangte nun von seinen spirituellen Kindern, daß sie ohne zu zögern ihren Körper, ihre Emotionen und ihren Geist aufopferten, während er sie dazu inspirierte, »weiter in die Wüste der Ichlosigkeit zu wandern.«[43] Trungpa Tulku weist nachdrücklich auf die Gefahren hin, die mit der völligen Überantwortung der gesamten Existenz an den Lama – als Teil des spirituellen Prozesses – verbunden sind. Bedenkt man seine eigene frühzeitige Entfernung aus der profanen Welt der Familie und seine Eingliederung in die spirituelle Sphäre des Klosters, so haben seine Worte etwas sehr Ergreifendes.

> Wenn wir unseren Körper dem Guru überantworten, geben wir unseren wichtigsten Bezugspunkt auf. Unser Körper wird dann zum Eigentum der Übermittlungslinie; er gehört uns nicht mehr. Ich spreche hier nicht über *Hysterie* oder den Verlust des Sinnesbewußtseins. Ich meine, daß durch die Überantwortung unseres Körpers psychologisch unser ganzes Leben in fremde Hände gelegt wird. Wir können uns dann nicht mehr an unserem eigenen Leben festhalten.[44] (Kursivsetzung von J. C.)

In einem gewissen Sinne assoziiert Trungpa, indem er die Hysterie erwähnt, diesen Prozeß – zumindest in seinem Geist – mit einem Zustand, der meist hauptsächlich mit Frauen in Verbindung gebracht wird, sowie mit der Angst des Mannes vor diesem Zustand. Irigaray hingegen erinnert uns daran, daß die sogenannten Hysterikerinnen über ein »revolutionäres Potential« verfügen, denn sie »zeigen ein Potential für Gesten und Begehren ... Eine Bewegung der Revolte und Verweigerung, ein Verlangen nach/von *der lebendigen Mutter, die mehr ist als ein zur Fortpflanzung fähiger Körper im Dienste der Polis, eine lebendige, liebende Frau.*«[45] (Kursivsetzung von J. C.) Im Tulku-System fehlt genau diese lebendige liebende Mutter. Innerhalb dieser Struktur *war* die Frau gewöhnlich nichts anderes als ein zur Fortpflanzung fähiger Körper, der von der Traditionslinie benutzt und metaphorisch usurpiert wurde. Trungpa gesteht im Anschluß an die weitere Beschreibung jenes Prozesses der Überantwortung, der mit dem Körper beginnt, sich in der Hingabe der Emotionen fortsetzt und schließlich mit der Hingabe des Geistes zum Abschluß kommt, ein, daß dieser ganze Vorgang eigentlich »absolut entsetzlich« ist. Doch behauptet er, dies sei die einzige Möglichkeit, »dieses Ding zu entwurzeln, an dem wir so hartnäckig festhalten«[46] – womit er das Ich oder das Identitätsgefühl meint.

Viele Gesellschaften erwarten von der Frau, daß sie sich aufopfert. »In der traditionellen Familie wird von Frauen erwartet, daß sie die weiblichen Qualitäten des Altruismus zeigen, indem sie sich selbst verleugnen, keine eigenen Projekte entwickeln oder diese aufgeben und generell anderen den Vortritt lassen.«[47] Doch vertreten einige psychoanalytisch orientierte Feministinnen die These, daß der Opferakt der Frauen in westlichen Gesellschaften oft noch wesentlich mehr beinhaltet als eine generelle altruistische Haltung in der Familie und in der Öffentlichkeit, daß er sich nämlich insbesondere auf die Entwicklung des Identitätsgefühls bezieht: Das Ich, mit dem die Frau sich gezwungenermaßen identifizieren muß, basiert auf dem Opfer der Unterdrückung des Weiblichen durch Mißachtung der Mutter-Tochter-Beziehung, weiblicher Genealogien und des mütterlichen Körpers. Ebenso wie die Tulku-Kinder gezwungen werden, eine Identität anzunehmen, die sich nicht auf natürliche Weise aus der Mutter-Kind-Beziehung entwickelt, treten Frauen im Westen in die symbolische patriarchalische Ordnung ein, die »sie nur von außen und in Beziehung zu einer sozialen *Funktion*, nicht in Beziehung zu einer weiblichen Identität und Autonomie einordnet.«[48] Dies geschieht oft, weil es vielen Müttern nicht gelingt, in ihren Beziehungen zu ihren Töchtern selbst Autonomie und Individuation zu erfahren.

Im Falle der westlichen Frau ist demzufolge die im religiösen Kontext entwickelte Vorstellung der Aufopferung des Ich möglicherweise völlig inadäquat, weil dieses Konzept die bei ihr ohnehin bestehende Tendenz zur Leugnung des Ich noch verstärkt. Anzumerken ist, daß jenes Ich innerhalb der westlichen philosophischen Tradition konstituiert und definiert wurde, die ebenfalls der Frau die Seite des bzw. der »anderen« zugewiesen hat – als Objekt, nicht als Subjekt; als minderwertig, nicht als *different*. Im Falle der Lamas haben vermutlich die komplexen psychologischen Strukturen, die durch die frühe Trennung der Tulkus von ihren Müttern zwangsläufig entstehen müssen, zur Bereitschaft mancher Lamas beigetragen, ihre Identität mit dem *illusorischen Körper* (was die wahre Bedeutung des Wortes *Tulku* ist) zu assoziieren. So verstanden bringen Trungpa Tulkus Gedichte ein ergreifendes Gefühl der Verlassenheit und Unsicherheit in einer Situation zum Ausdruck, in der er innerhalb der klösterlichen Tradition eine neue Identität entwickeln mußte. Interessant ist, daß gerade durch diesen abrupten Eingriff in das Leben des kleinen Jungen ein Identitätsgefühl entsteht, das die Traditionslinie ihren Wünschen entsprechend formen kann.

Natürlich ist diese Sichtweise für diejenigen, die an die Macht des Tulku-Systems glauben, vermutlich völlig inakzeptabel, weil sie die Tulkus und die Traditionslinien nicht für ein fragwürdiges Phänomen innerhalb eines Sozialsystems halten, sondern für eine Manifestation des Göttlichen, gegenüber der ihrer Ansicht nach nur eine Haltung des Vertrauens und Glaubens angemessen ist. Doch könnte die Assoziation des Lama mit Vorstellungen, die sich auf die weibliche Erfahrung des Mangels, der Leerheit oder des Fehlens eines subjektiven Identitätsgefühls *unabhängig von demjenigen, das die patriarchalische Gesellschaft zugesteht* (im Fall des Lama die Übermittlungslinie), beziehen, einer der Gründe dafür sein, warum Lamas von westlichen Menschen häufig wegen ihrer schwer faßbaren Persona vergöttert werden. Das äußere spirituelle Ambiente des Lama, seine Erscheinung und die unterschwellige oder unterdrückte Aura der Sexualität, die ihn häufig umgibt – all dies bewirkt, daß manche Menschen ihn mit weiblicher Erfahrung in Verbindung bringen; zuweilen wird seine persönliche Ausstrahlung auch als androgyn bezeichnet. Diese Ambiguität, die durch ein Verschmelzen männlicher und weiblicher Rollen entsteht, kann zweifellos auch auf Frauen anziehend wirken, die sich keineswegs eine sexuelle Beziehung zu einer »Guru-Gestalt« wünschen, andererseits aber darunter leiden, daß es so wenige Lehrerinnen gibt, an denen sie sich orientieren könnten.

Das oft sanfte und passive öffentliche Auftreten des Lama in seinen langen, fließenden Gewändern, der alles mit seiner fürsorglichen Liebe zu umhüllen scheint, kreiert für Männer, weil ihm die übliche, stereotype Männlichkeit völlig fehlt, ein Ideal androgyner Sexualität, das ihnen auf ihrem Weg zur Aufhebung der Subjekt-Objekt-Dichotomie als vorbildlich und als Bezugspunkt erscheint. Die reale Gestalt des Lama veranschaulicht sehr gut, daß die besondere Bedeutung der Sexualität in den tantrischen Lehren zwar einerseits betont wird, ihre Manifestationen aber andererseits weitgehend verborgen bleiben, weil das System der Übermittlungslinien dies erfordert. Wie sich die philosophischen Lehren im realen Leben der Lamas und insbesondere in ihrer Sexualität niederschlagen, macht deutlich, daß im tibetischen System eine Philosophie weiblicher Körperlichkeit fehlt, die es ermöglichen würde, die im Buddhismus enthaltenen egalitaristischen Prinzipien auf radikale Weise im gesellschaftlichen Leben umzusetzen.

Die Ansicht, daß die Lehren *für jede/n, der/die sie praktiziert*, gültig und ausreichend seien, mag für die grundlegenden Lehren und die ethischen Grundsätze des Buddhismus zutreffen, doch kann dies nicht für die tantrischen Lehren gelten, da die Differenz der Frau in dieser Tradition nicht die notwendige Beachtung gefunden hat und weil innerhalb dieser Lehre nicht reflektiert worden ist, welche Folgen dieser Mangel für die spirituelle Praxis und für ein tieferes Verständnis der weiblichen Identität haben kann. Für Frauen der westlichen Gesellschaft ist eine aktive Auflösung der

Subjekt-Objekt-Dichotomie, wie sie den Tantrikern als Idealziel der Praxis erscheint, schon allein deshalb schwer möglich, weil sie ohnehin im Einflußbereich einer philosophischen Tradition leben, die der Frau bereits seit langer Zeit das Gefühl vermittelt, auf der »Objekt«-Seite jener Dichotomie zu leben. Die Ideen der europäischen Aufklärung, das zunehmende Interesse an den Menschenrechten und die Entwicklung des feministischen Bewußtseins haben in der westlichen Gesellschaft eine Veränderung eingeleitet, die ermöglicht hat, daß heute über eine Neubewertung der Geschlechtskategorien zumindest offen diskutiert werden kann. Das simple »Verschmelzen« der männlichen und der weiblichen Identität, das Miranda Shaw als Ideal tantrischer Praxis bezeichnet, könnte sich als letztendlich nicht so einfach erweisen.

Die physischen Erfahrungen der Schwangerschaft, der Geburt und des Stillens ermöglichen es der Frau allerdings tatsächlich, auf einer grundlegenderen Ebene das Paradoxe der Beziehung zwischen Subjekt und Objekt zu erleben, in der die Grenzen nicht immer klar sind. Auch die komplexe Beziehung der Frauen zu ihren Müttern (die möglicherweise selbst nie einen Zustand existentieller Autonomie erreicht haben), bereitet sie auf eine (manchmal problematische) Erfahrung des »Verschmelzens« oder der »Gleichheit« vor, die männliche Kinder gewöhnlich nicht machen. Aus diesen Gründen müssen einige tantrische Praktiken, entstanden in einer Zeit, in der völlig andere gesellschaftliche und kulturelle Normen herrschten, wohl als für heutige weibliche Übende definitiv nicht hilfreich bezeichnet werden.

Nachdem sich die Konzepte um die Große Mutter, die Lotosgöttin und die Himmelsgöttin in das Bild des göttlichen Lama-Königs und des Buddha verwandelt hatten, ging die durch jene alten Symbole des Weiblichen repräsentierte Subjektivität verloren. An ihre Stelle trat eine Symbolik, die weibliche Gottheiten entweder als Mütter von Buddhas oder als Gefährtinnen darstellte, jedoch *nie* als individuelle, aktiv ihre Sexualität lebende Frauen, deren Initiative ihrer subjektiven Macht innerhalb *einer selbst-definierten Sphäre des Handelns* entspringt. Angesichts der riesigen Zahl weiblicher Gottheiten im tibetischen Pantheon könnte man argumentieren, daß Ausnahmen wie Dorje Phagmo[49] und Ekajati[50] mit ihrer halb-zornigen beziehungsweise zornigen Erscheinungsform einen Aspekt der weiblichen Natur zum Ausdruck bringen, der nicht der Kontrolle der Männer unterliegt. Auch die Hinweise auf andere Aspekte essentieller Weiblichkeit in den Schriften und in der Ikonographie (beispielsweise Menstruationsblut), liefern durchaus machtvolle Bilder, die für die Identifikation und für das Erreichen höchster Subjektivität wichtig sein können. Doch da die Traditionslinie den Zugang zu solchen Symbolen und zu deren Verständnis nach wie vor so strikt reglementiert, kann das revolutionäre Potential, das in ihnen enthalten ist, weiblichen Übenden innerhalb des Systems nicht zugute kommen. Eine der wenigen Ausnahmen zeitgenössischer Praxis, die einen Teil der hier beschriebenen Problematik reflektiert, ist das Dakini-Retreat, das Tsultrim Allione entwickelt hat. Diese amerikanische Lehrerin nutzt die Dakini-Symbolik in einer von ihr selbst entwickelten Praxis auf eine völlig andere Weise.[51]

Irigarays Frage bezüglich einer Bildersprache für Frauen, »Wo und wie könnte sie weilen?«[52] erscheint mir auch im Kontext des tibetischen Buddhismus als relevant, und die einzige Möglichkeit, sich ihr zu nähern, scheint mir eine Neuformulierung der Bedeutung der Dakini zu sein, jedoch nur dann, wenn die Frauen selbst die Bedingungen, unter denen dies geschieht, festlegen.

9. Perspektiven zu Kultur und Geschlechtsidentität

Die Suche nach der weiblichen Identität im tibetischen Buddhismus hat mich von den historischen Wurzeln dieser Religion über ihre Institutionen zu ihren geheimen Praktiken geführt, und sie gipfelte in einer Analyse der Konstitution weiblicher Identität in dieser Lehre. Ein wichtiger Aspekt dieser Suche war die Heranziehung westlicher theoretischer Ansätze, insbesondere im Hinblick auf die starke Ausbreitung des Vajrayana-Buddhismus im Westen und im Hinblick auf die Implikationen dieser Entwicklung. Die Traditionen Tibets tauchten im Westen in einer Zeit auf, in der als Antwort auf die kulturelle Situation der Postmoderne und der allgemeinen Säkularisierung der westlichen Gesellschaft auch die sogenannten »New Age«-Philosophien entstanden. Viele Menschen suchen heute aktiv nach einer Form spiritueller Praxis, nach einer Form religiöser Philosophie oder weltlicher Weisheit, die sich mit den destruktiven Auswirkungen der Industrialisierung, der Konsumgesellschaft und des Imperialismus auseinandersetzt und gleichzeitig auch einen Rahmen für das Verständnis von Beziehungen, insbesondere der Geschlechterbeziehungen, schafft.

Zweifellos bietet der Buddhismus den Menschen des Westens ein religiöses Ambiente, dessen Philosophien und Praktiken sich von denjenigen der westlichen religiösen Traditionen deutlich unterscheiden. Die atheistischen und humanistischen Aspekte des Buddhismus versetzen den Menschen in eine umfassendere Raum-Zeit-Dimension als andere Religionen, und sie ziehen Menschen an, die in den teilweise sehr starren Dogmen der jüdisch-christlichen Tradition keinen Sinn mehr sehen. Daß Buddhisten so großen Wert auf Gewaltlosigkeit und eine Meditationspraxis legen, die den Menschen auf sich selbst und auf sein inneres, geistiges Leben ausrichtet, hat das allgemeine Interesse an den Kräften des Geistes sowie an den Möglichkeiten, mit Hilfe einer bewußten Kultivierung der geistigen Welt den inneren wie auch den äußeren Frieden zu fördern, sicher sehr gestärkt. Obgleich gewisse Aspekte der tibetisch-buddhistischen Tradition den Menschen des Westens möglicherweise helfen können, ein neuartiges Verständnis der menschlichen Wirklichkeit zu entwickeln, ist es meiner Meinung nach unumgänglich, sich eingehend damit auseinanderzusetzen, welche Aspekte dieser Tradition sich im Westen als problematisch erweisen könnten und warum.

Jede religiöse Tradition muß, um in einer fremden Kultur Fuß fassen zu können, Konzepte oder Symbole enthalten, die den Interessenten in der betreffenden Kultur bereits in irgendeiner Form vertraut sind, so daß sie sich in ihnen wiederfinden können. Die Bedeutungen der Repräsentationen und Schriften des neuen Glaubens müssen sich einerseits deutlich von der eigenen religiösen Tradition unterscheiden, dürfen jedoch andererseits auch nicht so fremdartig sein, daß sie als exotisch abgetan werden können. Interessant ist, daß die tibetische Tradition für Menschen des Westens *beide* genannten Positionen gleichzeitig besetzt: Einerseits liefert sie eine vertraute philosophische Grundlage *und* andererseits eine völlig fremdartige Ikonographie.

In früheren Zeiten machten sich westliche Reisende und Akademiker mit Begeisterung daran, insbesondere die Aspekte der tibetischen Tradition zu analysieren, die ihnen als »fremdartig« erschienen, wobei »fremdartig« für sie gleichbedeutend mit »minderwertig« war. Aufgrund der Voreingenommenheit dieser

frühen Enthusiasten wurde alles Tibetische in die Kategorie des
»völlig anderen« eingeordnet, so daß ihnen entging, daß einige
Aspekte der tibetischen Kultur durchaus Parallelen zur westlichen Weltsicht aufweisen.

Die viktorianischen Orientalisten beispielsweise waren vom
Land Tibet und seiner Religion ungeheuer fasziniert, die »Andersheit« der tibetischen Kultur aber verstanden sie als minderwertig und insofern symbolisch mit dem minderwertigen
Weiblichen verbunden. Dies entsprach der vorherrschenden
westlichen Sicht der Frau zu jener Zeit, und es spiegelte die
Assoziation des Mannes mit Wissenschaft und Kultur und die
der Frau mit Leidenschaften und Natur. Forscher des frühen 19.
Jahrhunderts inspirierte der von ihnen als geheimnisvoll empfundene Charakter der tibetischen Landschaft und Religion, und
die Art, wie sie deren Eigenarten beschrieben, spiegelte das Aufblühen der wissenschaftlichen Forschung und den daraus resultierenden Wunsch nach Beherrschung der Natur. Beispielsweise
häuften sich in jener Zeit in allen Literaturgattungen sexuelle
Metaphern, mit deren Hilfe beschrieben wurde, wie der Mann in
Mysterien welcher Art auch immer »eindrang«, oder die Erforschung einer Landschaft wurde wie eine sexuelle Eroberung geschildert. Peter Bishop stellt die Beziehung des Forschers Marco
Pallis zu Tibet auf eine dem Charakter von Beschreibungen viktorianischer Autoren typischen Weise dar: »Tibet ist Pallis' Beatrice, seine Anima, ein Symbol für seine Seele.«[1] Tibet, Anima,
Seele, Unbewußtes und Frau – alle diese Konzepte waren miteinander verbunden.

Doch seit der Flucht des Dalai Lama aus Tibet und der Ausbreitung des tibetischen Volkes über die ganze Welt *ist* das *Land*
Tibet nicht mehr die wichtigste Stütze des tibetischen Buddhismus und seiner Institutionen. Die Lehren dieser Religion
werden heute aufgrund der veränderten politischen Situation in
Flüchtlingssiedlungen und Dharma-Zentren verkündet, die Lamas aller tibetischen Traditionen in Zusammenarbeit mit Menschen des Westens überall auf der Welt gegründet haben. Viele

haben heute die geheimnisvolle Ausstrahlung dieser Lehren nur durch diese selbst erfahren, nicht durch die Landschaft, in der sie entstanden sind. Doch auch der geographische und gesellschaftliche Kontext des Westens hat sich stark verändert, seit vor etwa hundert Jahren die erste große Welle von Forschern Tibet erreichte.

Viele Autoren, darunter auch Tibeter, haben die westlichen und die tibetischen Traditionen analysiert, um herauszufinden, ob es Gemeinsamkeiten zwischen ihnen gibt. Auf diese Weise sind Ähnlichkeiten zwischen den tibetischen Lehren und einigen in neuerer Zeit im Westen entstandenen Theorien und Philosophien entdeckt worden, insbesondere in den Bereichen der Naturwissenschaft und der Psychologie und in den Ansätzen der Friedens- und Ökologiebewegung. Beispielsweise ist eine Zeitlang ausgiebig über die interessanten Parallelen zwischen gewissen tibetischen und chinesischen Texten und den Schriften zeitgenössischer Physiker wie Fritjof Capra diskutiert worden. Viele westliche Mediziner haben sich mittlerweile mit den holistischen Ansätzen der tibetischen Medizin beschäftigt und sind dabei auf Parallelen zu westlichen Theorien über die enge Beziehung zwischen Körper und Geist gestoßen. Daraus haben einige den Schluß gezogen, daß die westliche Wissenschaft die östliche Mystik erst heute in gewissen Bereichen »einholt«, statt umgekehrt.

Diese Veränderung der westlichen Sichtweise ist nicht zuletzt ein Verdienst des Pluralismus der westlichen Gesellschaft, die heute zumindest ansatzweise anerkennt, daß die verschiedenen Religionen unterschiedlichen Menschen in unterschiedlichen Kulturen und zu unterschiedlichen Zeiten relative Wahrheiten verkünden und daß der westliche Kulturimperialismus der Vergangenheit heute nicht mehr der Maßstab sein kann, an dem alles Andersartige gemessen wird. Dies in Verbindung mit der Veröffentlichung zahlreicher heiliger Schriften, die vor der Zerstörung durch die Chinesen bewahrt werden konnten, in westlichen Sprachen, ließ die tibetische Tradition im Westen als

Schatzkammer der wichtigen alten philosophischen Lehren des indischen Subkontinents erscheinen.

Mit vielen dieser Aspekte beschäftigt sich auch Peter Bishop in seinem Buch *Dreams of Power*. Der Autor vertritt die Ansicht, daß Tibet und seine Religion seit langem einen festen Platz in der westlichen Imagination einnehmen, da sie westlichen Menschen die Möglichkeit eröffnen, »Andersheit« in einer realen geographischen Umgebung zu lokalisieren. »Tibet stellte für die Menschen des Westens eine wichtige imaginative Verbindung zu *Memoria*, zur Vergangenheit, zu den Alten her«[2], schreibt er. Bishop geht davon aus, daß die Angehörigen des westlichen Kulturkreises die Phantasie von einem Land, »zu weiß, zu still, zu rein«[3] hegen, worin seiner Meinung nach »ein Vermeiden des Schattens zum Ausdruck kommt.«[4] Dadurch verschaffen sie sich die Möglichkeit, an jenes ideale spirituelle Reich zu glauben, nach dem sie sich sehnen und in dem »die Verehrung des göttlichen Vaters wiedererwachen«[5] kann. Bishop ist ebenso wie ich überzeugt, daß das System der Traditionslinien und der Tulkus eine Verkörperung des machtvollen Archetyps des »allmächtigen göttlichen Vaters« ist, und er bezeichnet die ikonographische Darstellung des Stammbaums der Traditionslinie (eine Veranschaulichung der ununterbrochenen Linie der Lamas, die die Lehren aus göttlichen Quellen empfingen und sie mittels des Tulku-Systems weitergaben) als den Schlüssel zum Verständnis der Verbindung zwischen der Gesellschaft und der Sphäre des Göttlichen.

Merkwürdigerweise versäumt Bishop jedoch bei seiner Analyse der mit dem Stammbaum der Lamas zusammenhängenden Symbole und Repräsentationen zu erklären, was es bedeutet, daß in den Lama-Stammbäumen seit dem Mittelalter *keine weiblichen Tulkus* zu finden sind. Der Baum vermittelt eine symbolische Botschaft, nämlich »ein idealisiertes Bild einer kohärenten hierarchischen Ordnung, in deren Mittelpunkt das Prinzip einer direkten Beziehung zwischen dem Göttlichen und den gesellschaftlichen Hierarchien steht.«[6] Gleichzeitig repräsentiert er, daß die Existenz des idealisierten göttlichen Vaters *auf der Abwesenheit von Frauen* basiert. Bishop räumt ein, daß durch die unkritische Übernahme des tibetischen Buddhismus im Westen aufgrund der »*partiellen* Übermittlung eines komplexen spirituell-kulturellen Systems ein gefährlicher Ungleichgewichtszustand«[7] (Kursivsetzung nach dem Original) entstanden sei und dies zur »Leugnung der dunklen und schmutzigen Aspekte dieser Lehre im Westen«[8] geführt habe. Aber der Autor assoziiert die »Dunkelheit«, die »Kehrseite« oder die »verborgenen« Facetten, die er erwähnt, nicht mit dem Weiblichen und der Frau und weist auch nicht auf mögliche Verbindungen zwischen der ausschließlich männlichen Traditionslinie, der Suche nach dem göttlichen Vater einerseits und der Leugnung, Unterjochung und Einverleibung der Mutter andererseits hin.

Bishops These lautet, daß der tibetische Buddhismus zum Fokus des westlichen Wunsches, zum unfehlbaren und allmächtigen Vater zurückzukehren, geworden sei, und zwar in einer Zeit, in der es zu »einer massiven Abwendung von orthodoxen patriarchalischen Werten«[9] gekommen ist. Er bezeichnet den tibetischen Buddhismus als »ein Symbol der Andersheit«[10]; eine Andersheit, die wie ich gezeigt habe, auch in der westlichen Philosophie mit dem Weiblichen und der Frau assoziiert wird. Wenn seine These zutrifft und der tibetische Buddhismus zum Objekt idealisierter Projektionen westlicher Menschen geworden ist, dann ist die Situation wohl noch um einiges komplexer, als Bishop vermutet, denn ein göttlicher Vater, der nicht nur das »andere« zu verkörpern scheint, sondern dessen Existenz außerdem von der *Leugnung* des anderen abhängig ist, ist in unserer Zeit wohl weder für Frauen noch für Männer ein besonders geeignetes Symbol.

Das Problem aller Menschen des Westens, ob Männer oder Frauen, die sich die Haltung der Orientalisten zu eigen machen (indem sie Tibet und alles Tibetische als das »andere« sehen), besteht darin, daß sie durch Idealisierung und Leugnung dessen, was Bishop die »schmutzigen« Aspekte des tibetischen Buddhismus« nennt, selbst die Position des (männlichen) Subjekts einnehmen und die tibetischen Lehren durch ihre Idealisierung als das »andere« zum Objekt oder zum »Weiblichen« machen. Dieser Prozeß verschleiert die Notwendigkeit einer realistischen Bestandsaufnahme des tibetisch-buddhistischen Systems. Viele Autoren, die Tibet als magisch, mystisch oder »anders« darstellen, blenden den grundlegend patriarchalischen Charakter des gesamten sozio-religiösen tibetischen Systems aus. Würden sie diesen in ihre Betrachtung einbeziehen, käme schnell ans Licht, was jenes scheinbar so völlig »andere« Land mit unseren eigenen Ursprüngen gemeinsam hat – also die Aspekte der *Gleichheit*, die es mit uns verbindet. Dieses Ausblenden gibt westlichen Männern die Möglichkeit, nicht nur die *Differenz*, die Andersheit des tibetischen Buddhismus zu idealisieren, sondern auch ihre eigene Identifikation mit der Subjektivität und mit der sozio-religiösen Macht zu verbergen, die Männer innerhalb jenes Systems erlangen können. Damit jedoch machen sie implizit die weibliche Symbolik, die innerhalb des tibetischen Systems unterdrückt wird, zum Objekt, dessen auch sie sich zu ihrem eigenen Nutzen bedienen können.

Diese Sichtweise beinhaltet letztlich, daß das sozio-kulturelle System Tibets zum einen unbewußt als Repräsentation der Frau beziehungsweise des Weiblichen verstanden wird und sich seine Bewunderer so ihren Wunsch nach Vereinigung mit dem »anderen« erfüllen können. Zum anderen bietet das hierarchische System (westlichen) Männern die Möglichkeit, an der realen Macht der patriarchalischen Herrschaft teilzuhaben. Die interessante symbolische Struktur des tibetischen Buddhismus wird Männer sicher auch dazu veranlassen, den offensichtlichen Sexismus der Institution mit den Rechten und Privilegien zu verwechseln, die sie als einen Teil der *kulturellen Differenz* erklären, so daß sie keine Notwendigkeit mehr sehen werden, ein System in Frage zu stellen, das Männer auf allen Ebenen begünstigt. Offensichtlich haben wir es hier mit der Idealisierung eines fremden Systems sozio-spiritueller Herrschaft zu tun, das aufgrund seiner *kulturellen* Differenz dem symbolisch Weiblichen *ähnelt,* jedoch jene weibliche Symbolik innerhalb einer patriarchalischen Struktur in der Praxis leugnet. Die »Träume der Macht« westlicher Frauen innerhalb eines solchen Systems werden vielfach durch die Erkenntnis frustriert, daß ihr Platz innerhalb dieser Tradition auf die Rolle und Position beschränkt ist, die durch seine generelle patriarchalische Orientierung vorgegeben ist.

Die Bedürfnisse, die westliche Menschen auf den tibetischen Buddhismus projizieren, lassen sich jedoch nicht nur mittels der Kategorie des Geschlechts der jeweiligen Forscher oder Schüler erklären, sondern können letztlich als Ausdruck des Verlangens und der Sehnsucht verstanden werden, die *alle* Menschen in bezug auf die Frau/das Weibliche hegen, wobei dieses Objekt der Sehnsucht traditionell als die dunkle Seite, das Mystische oder gar als das Unreine dargestellt wird. Die Vorstellung, daß nur Männer der Wiedervereinigung mit der symbolischen Frau, der Großen Mutter, bedürfen oder daß nur sie zu einem Verständnis der Frau bzw. des Weiblichen gelangen müssen, ist natürlich absurd, denn auch Frauen werden von Frauen geboren, und für sie ist es ebenso wichtig wie für Männer, die symbolische Mutter zu suchen, um *durch die Beziehung zu ihr* zu ihrer einzigartigen Subjektivität und Autonomie zu gelangen.

Peter Bishop gelingt es in seiner Analyse der Beziehung westlicher Menschen zum tibetischen Buddhismus, diese männlich/kolonialistische Subjektivität zu unterminieren, indem er die unbewußten Determinanten in der westlichen Psyche freilegt, die Menschen dazu bringen, den tibetischen Buddhismus zu idealisieren. Doch trotz dieses wichtigen Beitrags zur Diskussion versäumt Bishop es, in *seinem* Buch die Position realer Frauen innerhalb des Systems, die weibliche Symbolik in Repräsentationen sowie die Begegnungen westlicher Frauen mit Lamas der Traditionslinien zu thematisieren. Er vertritt die Auffassung, daß Westler *(sic!)* tatsächlich »den Göttlichen *Vater*« suchen. Mit dieser Aussage beugt er sich der Vorstellung, daß die Mutter weder im Unbewußten von Männern *noch in dem von Frauen* eine Bedeutung hat. – Obgleich er dies natürlich nicht ausdrücklich formuliert, bin ich der Ansicht, daß sich in seiner Analyse das Verlangen des westlichen Mannes nach der *Mutter* verbirgt und die Tatsache, daß sie der phallischen Präsenz des göttlichen Vaters untergeordnet wird.

Ich vermute, daß die heutige Tibet-Faszination eher durch das Verlangen, Andersheit *auszudrücken* und damit einen lange der Verdrängung anheimgefallenen Aspekt einzufordern, motiviert ist als durch den Wunsch, Andersheit zu *erforschen* und zum Objekt zu machen, wie es das Ziel der Viktorianer und Orientalisten war.

Deshalb glaube ich, daß die Aspekte der Gleichheit und Andersheit, die westliche Anhänger in den Lehren des tibetischen Buddhismus entdecken mögen, dem Streben unserer Zeit nach einer Versöhnung dualistischer Dichotomien zwischen dem Rationalen und dem Mystischen, zwischen dem Menschlichen und dem Göttlichen und im weltlichen Bereich zwischen Mann und Frau entgegenkommt. Meines Erachtens gibt es neben dem Bedürfnis, an eine idealisierte, allmächtige Vater/Mutter-Gestalt zu glauben und über sie zu phantasieren, heute noch andere grundlegende Motive für Menschen des Westens, sich dem Buddhismus zuzuwenden. Diese hängen mit dem philosophischen Kontext der tibetischen Tradition zusammen, denn tatsächlich basieren die gesellschaftlichen Machtstrukturen nur auf gewissen Aspekten dieser Lehren. Hingegen kommt ein anderer wichtiger Teil der Lehren, der den vom tibetischen hierarchischen System kreierten Dualismus in Frage stellt, innerhalb der tibetischen Gesellschaftsstrukturen *nicht* zum Ausdruck. Anders als in vielen anderen Gesellschaften blieben in der tibetischen Ikonographie Spuren einer ehemals existierenden Subjektivität des Weiblichen sichtbar. Außerdem bezeugen auch die Geschichten über sogenannte »verrückte Yogis« und die Existenz sogenannter zorniger Gottheiten, daß der beunruhigende »Einfluß des Weiblichen« oder der dunklen, chaotischen Seite der Psyche durchaus gesehen wurde. Doch wurden die gesellschaftlichen Strukturen von diesen Tendenzen nicht berührt, sondern sie unterlagen nahezu ausschließlich den Einflüssen des Patriarchats. Diese Entwicklung ist nicht zuletzt der tantrischen Philosophie zuzuschreiben, die das Männliche und das Weibliche als Kategorien polarisierte. Dadurch wurde deren Gegensätzlichkeit impliziert und ein Rahmen geschaffen, der dem im Westen von Platon postulierten und später von Philosophen wie Descartes weiterentwickelten ähnelt.

In ihrer interessanten Analyse der Beziehung des Mannes zur Natur hat Val Plumwood darauf hingewiesen, daß die »Platonische Philosophie um den hierarchischen Dualismus [der Herrschaft] der Sphäre des Verstandes über die Sphäre der Natur organisiert ist.«[11] Weiter schreibt die Autorin:

> Es ist nicht nur einfach eine männliche Identität, die der Vorstellung Platons von der Vernunft zugrunde liegt, ... sondern es ist eine Herren-Identität, die durch mannigfaltige Ausschlüsse definiert wird und die auf der Beherrschung nicht nur des Weiblichen, sondern auch des Sklaven ... des Tiers und des Natürlichen basiert.[12]

Diese »Herren«-Identität (*master identity*) setzt voraus, daß Männer ihre Abhängigkeit von der Natur, der Frau und all jenem leugnen, das von einer Rationalität, in deren Zentrum die Wahrnehmung der Welt in Form von Dualitäten steht, als »minderwertig« angesehen wird. Zu den wichtigsten Gegensatzpaaren dieses Denksystems gehören natürlich Mann/Frau, Geist/Körper, Subjekt/Objekt, Verstand/Gefühl, Kultur/Natur, zivilisiert/primitiv. Auch in dieser vom Dualismus geprägten Philosophie wurde die Frau stets auf der Seite des »Minderwertigen« oder dem Mann »Fremden« angesiedelt. Plumwood nennt diese Art der Aufteilung, die den Mann als Subjekt sieht und alle Wesen und Phänomene *als Objekt*, »Hyperseparation«, ein Prozeß, für den der »radikale Ausschluß« des anderen charakteristisch ist. Die Autorin versichert, daß »Dualismus ... durch eine gewisse

Art geleugneter Abhängigkeit von einem untergeordneten Anderen entsteht.«[13]

Die Philosophie des tibetischen Tantra ist, insbesondere in ihrem Polaritätssymbolismus, der in den *Yab-Yum*-Darstellungen gipfelt, dem westlichen dualistischen Denken sehr ähnlich. Bharati bestätigt, daß die Tibeter die Zuordnung männlicher und weiblicher Qualitäten wesentlich starrer gehandhabt hätten als die Hindus. In seiner Studie über Tantra schreibt er:

> Die Tibeter ordneten die dynamische Funktion generell dem männlichen und die statische dem weiblichen metaphysischen Prinzip zu. Die wichtigsten Gleichsetzungen sind: 1) *Buddha oder Bodhisattva* = männlich/Mann (*yab*) = *upaya* (*thabs*); die Methode, die Art, der Weg ... = *Karuna* (Mitgefühl). 2) *Die Göttin* ... = weiblich/Frau (*yum*, Mutter) = *Prajna* (*Sherab*, höchste Weisheit) = *Shunya* (*ston pa nyid*, die Leere).[14]

Es mag zwar so scheinen, als könnten oder *sollten* mit diesen unterschiedlichen Kategorien keine Werturteile verbunden werden (insbesondere da die tibetisch-buddhistische Philosophie besagt, daß alle Dinge leer sind), doch ist das grundlegende Konzept des Buddhismus die Vorstellung des erleuchteten Seins, des Buddha, eben *doch* zu allen Zeiten mit dem *männlichen* Körper assoziiert worden. Daraus hat sich ein machtvoller konzeptueller Bezugsrahmen entwickelt, innerhalb dessen die Frau nicht nur »*nicht*-Buddha« ist, sondern sie außerdem auch zum Objekt gemacht werden kann – als Dakini, als Mutter oder als Leere.

Der »radikale Ausschluß«, den Plumwood in der westlichen Kultur beobachtet hat, ist im tibetischen System ebenfalls zu finden, nämlich in Form des Ausschlusses bestimmter Arten von Menschen und Tieren von der Möglichkeit der Erleuchtung. Auch im klösterlichen Lebenszusammenhang und insbesondere im komplizierten Mechanismus der Tulku-Nachfolge ist eine Form von Ausschluß zu beobachten, die in der Leugnung der

Abhängigkeit der Männer von Frauen und insbesondere von ihrer Mutter zum Ausdruck kommt. Aufgrund dieser Leugnung können die Angehörigen der klösterlichen Hierarchie ihre männliche Welt so organisieren, daß Frauen unsichtbar gemacht werden, so unverzichtbar sie auch tatsächlich sein mögen. Des weiteren kommt der Ausschluß der Frau auch in der Geheimhaltung der oft erzwungenen sexuellen Beziehungen zu Meistern der tantrischen Tradition zum Ausdruck sowie in der Tatsache, daß diese Frauen auch noch zum Verschweigen der Beziehungen gezwungen werden.

All dies zeigt zweifelsfrei, daß der Frau innerhalb des tibetischen Systems die passive Rolle zugewiesen wird, in der sie sowohl zum Objekt degradiert als auch geleugnet werden kann, während der Mann als der dynamische Faktor angesehen wird. Im Gegensatz dazu gestanden die alten *indischen* Tantras stets der Frau die aktive sexuelle Rolle zu, und von *ihrer* Aktivität hieß es, sie erzeuge »Einheit aus der Dualität«[15]. In den tibetischen Tantras hingegen symbolisieren die Repräsentationen des Mannes als aktiv *Trennung* durch seine Aktivität, und diese philosophische Position hat sich in den hierarchischen Strukturen der tibetischen Gesellschaft niedergeschlagen.

Eine weitere Ähnlichkeit zwischen den Traditionen der westlichen und der tibetisch-buddhistischen Philosophie ist das hierarchische Konzept des »Meisters« oder »Herren«. Natürlich bezieht sich diese Kategorie sowohl auf Männer als auch auf Frauen, die sich, auf welche Weise auch immer, Machtpositionen oder eine hohe Stellung in der Hierarchie aneignen. Diese Vorstellung hat zu allen Zeiten einen tiefgreifenden Einfluß auf die westliche philosophische Tradition gehabt, die die Vernunft und Wissenschaft, die Herrschaft des (männlichen) Menschen über die Natur, seine wichtige Rolle bei der Entstehung der Kultur und seine überragende Größe im Gegensatz zur Minderwertigkeit der natürlichen Welt in den Vordergrund stellte. Das Konzept des Herrn und Meisters hat sich in der westlichen Welt von seiner ursprünglichen Bedeutung längst entfernt, die sich im übrigen nicht nur auf die herrschende Klasse der Landbesitzer im Feudalsystem bezog, sondern auch auf besonders sachkundige Handwerker. Heutzutage sind es die neuen Herren der Wirtschaft, des Handels und der Medien, die unser Leben durch die Verbreitung kapitalistischer Ideale und der Konsummentalität zu steuern versuchen.

Insofern ist es kaum verwunderlich, daß die Vorstellung des »*spirituellen* Meisters« von westlichen Anhängern des Buddhismus so begeistert aufgenommen worden ist, da sie einerseits aufgrund der patriarchalischen Herrschaft, unter deren Einfluß sie aufwuchsen, mit dem Konzept der Herren-Identität bestens vertraut sind und sie sich andererseits auch der immanenten Destruktivität westlicher Machtstrukturen bewußt sind, die andere Kulturen systematisch kolonisiert und Vernunft und Wissenschaft in die Dienste egoistischer Zielsetzungen gestellt haben. So eifrig bemüht westliche Buddhisten sind, dem Einfluß der »Herren und Meister« des westlichen Materialismus zu entkommen, so eifrig scheinen sie andererseits genau die Art von Autorität zu suchen, die sie den »Führern« ihrer Ursprungsgesellschaft nicht mehr zugestehen mögen. Insbesondere westliche Anhänger des tibetischen Buddhismus lassen oft eine geradezu atemberaubende Bereitschaft erkennen, den Meistern dieser Tradition gegenüber ihre Unterwürfigkeit zu bezeugen. Obgleich immer wieder betont wird, daß Unterwürfigkeit in einem religiösen Kontext als Übung von »Hingabe« (letztlich an die eigene Buddha-Natur) zu verstehen sei, also keineswegs als Unterwerfung unter eine vor allem autoritäre Struktur, wird wohl angesichts der realen Situation niemand leugnen können, daß durch die konsequente und eindeutig gewollte Ausklammerung demokratischer und egalitaristischer Grundprinzipien aus der Meister-Schüler-Beziehung eine nahezu unüberbrückbare Kluft entsteht, so daß die Beziehung tatsächlich derjenigen zwischen Herrn und Sklaven oder zwischen Eltern und Kleinkind ähnelt. Dem Schüler wird jegliche Autonomie abgesprochen, und absoluter Gehorsam gegenüber der Allmacht des Meisters ist für ihn oberstes Gebot.

Peter Bishop schreibt über die Unterwürfigkeit, die so viele westliche Menschen tibetischen Lamas gegenüber an den Tag legen, daß die unkritische Haltung des Schülers in dieser Art von Beziehung auf der verbreiteten Sehnsucht beruhe, in der Obhut eines göttlichen Vaters zu leben. Er schreibt: »Der Allmachtsanspruch, der *per definitionem* in der Gestalt jedes reinkarnierten Lama gegenwärtig ist, erzeugt in Verbindung mit den stark kodierten ikonographischen und ritualistischen Repräsentationen einen Mythos der Unfehlbarkeit und Allmacht.«[16] Im Gegensatz zu ihm bin ich jedoch der Meinung, daß die Beziehung zwischen Lama und Schüler eher der Beziehung zwischen *Mutter* und Kind als derjenigen zwischen Vater und Kind ähnelt. Die unfehlbare und allmächtige Mutter, die der Lama repräsentiert, ist nicht nur ein altes Symbol der universellen Mutter, der Großen Göttin, sondern auch der Mutter, die die frühesten Entwicklungsstadien eines Menschen miterlebt, die Zeit, in der der Säugling noch keine Autonomie entwickelt hat und aufgrund seiner narzißtischen Bedürfnisse noch völlig abhängig von ihr ist. Der Lama erfüllt deshalb für Menschen des Westens eine Rolle, die im psychoanalytischen Jargon als die der »phallischen Mutter« oder die einer »idealisierten archaischen Mutter« bezeichnet wird. Deren Position ist nach Kristeva »eine Phantasie ... über ein verlorenes Territorium«[17]. Doch da der Lama aus dem mysteriösen Tibet stammt, wird er außerdem mit einem Land der Geheimnisse und der wilden ursprünglichen Natur assoziiert. Deshalb ist er in der Lage, stellvertretend für alle Angehörigen der »melancholischen westlichen Kultur« ein tiefes Bedürfnis zum Ausdruck zu bringen: »Das Verlangen nach der verlorenen Mutter auf ein ›Anderswo‹ zu transferieren.«[18]

Trungpa Tulku erklärt: »Um zu einem Guru in Beziehung zu treten, benötigen wir ein ungeheures Maß an Offenheit und Hingabe«, und er beteuert auch, daß dieser Prozeß »sehr tödliche Konsequenzen«[19] haben kann, denn wenn Schüler ihr

Gelübde dem Meister gegenüber brechen, sind sie dazu verdammt, in der »Vajra-Hölle«[20] zu leiden – eine Drohung, die über die Strafmöglichkeiten eines weltlichen Lehrers deutlich hinausgeht. In vielen Schriften werden die Folgen, die dem Schüler drohen, wenn er seinen Lehrer verläßt, sehr drastisch geschildert. So heißt es beispielsweise, daß der Fortschritt des Schülers, nachdem er den Guru verlassen hat, »zum absoluten Stillstand kommt«, weil »er niemals mehr einem spirituellen Meister begegnen wird« und er fortan dazu verdammt ist, »endlos in den niederen Bereichen der Existenz umherzuirren.«[21] Über Respektlosigkeit dem Guru gegenüber heißt es: »Wenn der Schüler seinen Guru verachtet, wird er in seinem derzeitigen Leben viele Probleme bekommen und schließlich eines gewaltsamen Todes sterben.«[22]

Wie Trungpa erklärt, erfordert es starkes Vertrauen, sich einem Meister zu öffnen. Dieser Prozeß kann aber auch starke Ängste wecken, denn das letztendliche Ziel dieser Überantwortung ist die Vernichtung des Ich, und dieser Prozeß ist ebenso gefährlich wie »auf einer Rasierklinge zu reiten.«[23] »Wir müssen aufgeben, uns öffnen und unser Ich offenbaren, unserem spirituellen ›Freund‹ *unser Ich als Geschenk darbieten.*«[24] (Kursivsetzung von J. C.) Interessant an Trungpas Beschreibung der Konsequenzen, die es für Schüler hat, wenn es ihnen nicht gelingt, ihr Ich dem Guru zu überantworten, ganz gleich, wie der Guru selbst sich verhält, sind die Strafen oder Vergeltungsmaßnahmen, die unbotmäßigen Schülern drohen, unter anderem Wahnsinn, Krankheit oder gar der Tod.

Für westliche Schülerinnen (und manchmal auch für Schüler) entsteht durch die zusätzliche Dimension geheimer sexueller Intimität innerhalb einer Beziehung, die nicht in Frage gestellt werden darf und in der von seiten der Schüler absolutes Vertrauen gefordert wird, ein machtvolles und kompliziertes Tabu, das sehr tiefe unbewußte Bereiche geschlechtlicher Identität anrührt. Da Menschen des Westens in einer solchen Situation nicht in einer Kultur verwurzelt sind, in der diese Art von Beziehung als »Norm« gilt, geraten sie aufgrund der Bedeutung, die der sexuelle Kontakt zum allmächtigen Lama *für sie* hat, häufig in völlige Verwirrung. In der tibetischen Kultur war es Frauen kaum möglich, sich der Aufforderung eines Lama zu einer sexuellen Beziehung zu entziehen. Nach allem, was bekannt ist, waren die Frauen den Lamas meist »zu Willen«, weil sie glaubten, ihre Kultur verpflichte sie dazu und ein solcher Kontakt wirke sich positiv auf ihre spirituelle Entwicklung aus. Hatten sie jedoch Zweifel an der Rechtmäßigkeit dessen, was von ihnen gefordert wurde, oder litten sie unter der Situation, so hielt der gesellschaftliche Rahmen, dem sie sich zugehörig fühlten, sie davon ab, sich den allgemein akzeptierten Gepflogenheiten zu widersetzen oder ihre Bedenken zu äußern. In Tibet kursierten zahlreiche Geschichten darüber, daß Frauen, die Lamas »Schwierigkeiten machten«, entweder durch üble karmische Konsequenzen gestraft oder auf irgendeine Weise »unterworfen« wurden.

Vielleicht ist auch das, was in jenen westlichen Frauen vorgeht, die durch die *Unterwerfung* unter den Guru in Form einer mehr oder minder erzwungenen sexuellen Beziehung, desillusioniert wurden, ein wichtiger Aspekt der von Peter Bishop entwickelten Vorstellung von »Träumen der Macht«: Man könnte sagen, daß der Traum der Macht dieser Frauen einfach darin bestand, weibliche Subjektivität innerhalb einer für beide Seiten förderlichen und auf egalitären Prinzipien basierenden Beziehung erreichen zu können. Vielleicht kommt ihr Machtstreben auch in dem Drang zum Ausdruck, den besonderen Kitzel einer verbotenen Beziehung zu einem »Helden« erleben zu wollen. Bei vielen Frauen wurden derartige Träume frustriert oder die Betroffenen wurden aufgrund der realen Machtverhältnisse desillusioniert – es kam also bei ihnen keinesfalls zur Realisation der ursprünglich proklamierten tantrischen Ziele der Begegnung (Einheitserfahrung durch Verschmelzen von »Gegensätzen«).

Angesichts der Dynamik, die zwischen Kulturen und Geschlechtern entstanden ist und aufgrund derer tibetische Lamas ungewöhnliche sexuelle Beziehungen zu westlichen Frauen angeknüpft haben, *muß* westlichen Frauen, wenn sie traumatische Erfahrungen erlitten haben, *das Recht zugestanden werden, über ihre Erfahrung zu sprechen und darüber, wie sie selbst dieselben sehen.* Bei einem Gespräch im Jahre 1994, in dem westliche Frauen ihren Kummer, ihre Verwirrung und ihre Betroffenheit bezüglich dieser Problematik zum Ausdruck brachten, hat sogar der Dalai Lama persönlich den Betroffenen öffentlich das Recht zugestanden, sich in diesem Sinne zu äußern.

Einige der betroffenen westlichen Frauen entschieden sich anders als ihre tibetischen Leidensgenossinnen letztlich *gegen* das tibetische System, indem sie durch ihr persönliches Engagement darauf hinwirkten, daß die Institutionen des tibetischen Buddhismus und dessen philosophische Position bezüglich der Sexualität und der Geschlechterbeziehungen heute einer eingehenden Prüfung unterzogen werden.[25]

Die potentiellen Risiken, die mit der Verbreitung philosophischer Ideale verbunden sind, deren praktische Umsetzung von spezifischen Ansichten über Sexualität und *Geheimhaltung* abhängt, werfen wiederum Fragen über die symbiotische Vereinigung mit dem Guru-Lama in der Ikonographie und in den Meditationspraktiken auf. In Anbetracht der sich wandelnden Weltsicht im Westen könnte nicht nur die Vertrauensbeziehung zum Lama einer gründlichen Überprüfung unterzogen werden, sondern überdies auch die Grundlage eines Konzeptes wie »Einheit«. Die Wissenschaftlerin Donna Haraway bezeichnet »Einheit« als »riskant«. Sie sieht in diesem Konzept den Vorläufer des Dualismus, darüber hinaus aber auch ein Bemühen, Kräfte und Konzepte zu stabilisieren, die sich nicht stabilisieren lassen und deren Stabilisierung *auch gar nicht wünschenswert ist.* »In der Differenz«, schreibt sie, »liegt der unwiederbringliche Verlust der *Illusion* des Einen.«[26] (Kursivsetzung von J. C.) Diese Illusion, die viele Menschen motiviert, sich »der spirituellen Suche« zu widmen, könnte auch als das ungesunde Bedürfnis verstanden werden, die Realität der *individuellen Identität* mit all ihren Widersprüchen, Unsicherheiten und fragmentierten Teilen zu vermeiden. Dies sind die Teile, die gemäß der buddhistischen Lehre über das Selbst als unbeständig angesehen werden. Doch erscheint es mir wichtig, eben diese Teile bei jedem Wesen gleichzeitig auch als einzigartig, eigenständig und different zu würdigen.

Zum Abschluß

In dieser Studie habe ich die innerhalb des tibetischen Buddhismus entstandenen Vorstellungen über das Weibliche und die Frau beschrieben. Ich habe aufgezeigt, daß innerhalb dieser Tradition existierende Vorstellungen über die Gleichheit der Geschlechter nicht in die Praxis umgesetzt wurden, weil die in der tibetischen Gesellschaft dominierenden Gruppen (bewußt oder unbewußt) die existierenden philosophische Ideale selektiv zugunsten ihrer eigenen Interessen nutzten. Trotz der Verfügbarkeit der Schriften der Madhyamika-Tradition, wie sie von Nagarjuna[1] dargelegt wurde, und der epistemologischen Yogachara-Schule[2], die beide die theoretischen Grundlagen für eine Enthüllung der Dynamik des dualistischen Denkens lieferten, wurde die Polaritätsvorstellung zur zentralen und wichtigsten Metapher der tibetischen Ikonographie. Am deutlichsten kommt diese Tendenz in den *Yab-Yum*-Repräsentationen der tibetisch-tantrischen Tradition zum Ausdruck, die im Gegensatz zum indischen Tantrismus die Frau als passiv und den Mann als aktiv darstellte und diese Vorstellung der ohnehin komplexen einheimischen Form des Buddhismus (*Bön*) überlagerte, so daß ein noch komplizierteres Denksystem entstand. Durch den immer umfassender werdenden Einfluß des Mönchtums und durch die Ausbreitung des Tulku-Systems der »selbst-geborenen« erleuchteten Männer in ganz Tibet wurde die weibliche Subjektivität in ihren Entfaltungsmöglichkeiten immer stärker eingeschränkt, und vielen potentiellen Metaphern für die autonome Individuation der Frau wurde der Boden entzogen. Diese Situation ermöglichte es einer kleinen Elite innerhalb der Hierarchie, sich der Frauen insgeheim zu ihrem Nutzen zu bedienen.

Da sich die Institutionen des tibetischen Buddhismus mittlerweile im Westen fest etabliert haben, stellt sich die Frage, ob es möglich ist, sie so zu verändern und sie der westlichen Lebensweise anzupassen (wie einige Feministinnen es vorgeschlagen haben), daß die Lehren grundlegenden Erfordernissen der Gleichstellung der Geschlechter entsprechen und sie weibliche Subjektivität ermöglichen, oder ob es ganz einfach unmöglich ist, ein komplexes Denksystem, das so eng mit einer bestimmten Kultur und Lebensweise verbunden ist, im erforderlichen Ausmaß zu verändern. Weiterhin müssen wir uns auch fragen, ob es ausreicht, sich auf die spezifischen und *sichtbaren* Anzeichen für die Benachteiligung der Frau innerhalb eines Systems zu konzentrieren oder ob es nicht ebenso wichtig ist, auch die symbolischen Grundlagen einiger zumindest auf den ersten Blick scheinbar positiv wirkender Meditationspraktiken kritisch zu hinterfragen.

Wenn meine Ansicht zutrifft, daß die buddhistischen Ideale durch die Bestrebungen ganzer Gruppen aufs Spiel gesetzt und verraten werden, die ihre Macht immer wieder auf einen bestimmten Symbolismus stützen können, muß das Wesen der institutionellen Strukturen und der symbolischen Repräsentation unbedingt parallel untersucht werden. Vielen Anhängern der buddhistischen Lehren mag dieser Ansatz als zu radikal erscheinen, weil sie nicht bereit sind, ihre idealistische und meines Erachtens unangemessen optimistische Einstellung gegenüber ihrer neuen Religion aufzugeben. Solche Menschen sind oft der Meinung, man brauche doch nur die Frauen in die bestehenden buddhistischen Strukturen einzubeziehen und könne die symbolischen Strukturen unangetastet lassen. Doch wirft die Zulassung von Frauen zu den bisher Männern vorbehaltenen Funktionen meines Erachtens zwangsläufig eine neue Frage auf, nämlich: »Werden sich Ethos und das Wesen der buddhistischen Institutionen und ihre Ansichten zu Fragen der Geschlechtsidentität radikal verändern, wenn Frauen in großer Zahl Tulkus und Gurus werden?«

Natürlich hängt die Antwort auf diese Frage sowohl von der Motivation der Frauen ab, die sich entschließen, innerhalb der besagten Institutionen offizielle Funktionen zu übernehmen, als auch davon, worin die Betreffenden das Wesen spiritueller Suche sehen. Möglicherweise hätte eine Öffnung etablierter Funktionen für Frauen letztlich wieder nichts weiter als eine Legitimationsfunktion und trüge nichts zur Veränderung des derzeitigen *Status quo* bei. Unter diesen Umständen könnten sich Frauen in Machtpositionen beispielsweise damit begnügen, ihre Privilegien zu erhalten, und in diesem Fall würden sie sicherlich ebenso nachdrücklich wie die Männer die symbolischen Strukturen und eine egalitäre Philosophie unterstützen, also die Faktoren, die die Aufrechterhaltung der autoritären Hierarchie ermöglichen. Insofern erscheint mir eine solch »wohlwollende« Einbeziehung der Frau in die bestehenden Strukturen gelinde gesagt ein wenig einfältig.

Für wesentlich komplexer halte ich die Frage, ob und wie sich der Symbolismus des tibetischen Tantra unter den in diesem Buch beschriebenen Voraussetzungen noch für die buddhistische Praxis verwenden läßt. Da religiöse Symbole immer untrennbar mit gesellschaftlichen Strukturen und Werten verknüpft sind und insbesondere das tibetische Tantra eine Sichtweise fördert, die die Geschlechtsrollen innerhalb der religiösen und politischen Strukturen festschreibt, werden meiner Meinung nach in der westlichen Welt nur diejenigen Anhänger dieser Lehre zu irgendeiner Art von echtem spirituellem Fortschritt gelangen, die sich auch mit den problematischen Aspekten des Symbolismus beschäftigen. Solange diese Thematik nicht offen und ehrlich diskutiert wird, wird eine von egalitären Prinzipien geprägte Beziehung zwischen den beiden Geschlechtern sowie auch zwischen Guru und Schüler im Rahmen des tibetischen Buddhismus nicht möglich sein. Statt dessen werden weiterhin Heimlichkeit, Angst und abergläubische Vorstellungen im Vordergrund stehen. Eine solche Atmosphäre ist sicherlich nicht der Befreiung vom Leiden förderlich, sondern in ihr gedeihen eher fundamentalistische Tendenzen und ein Wunschdenken, so wie es meines Erachtens auch jene fördern, die unbewiesene Behauptungen über sexuelles Tantra verbreiten.

Vielleicht wird aus der intensiven Auseinandersetzung mit all diesen Problemen und Widersprüchlichkeiten einmal ein völlig neuartiger Ansatz zum Umgang mit der spirituellen Dimension erwachsen; ein Ansatz, der Männer und Frauen dazu inspirieren könnte, gemeinsam eine unserer Zeit entsprechende Spiritualität zu entwickeln. Vorrangig bei der Entwicklung einer solchen neuen Perspektive wäre sicherlich die vorbehaltlose Anerkennung des Imperativs, daß spirituelle Ideale und Symbole mit den emanzipatorischen und humanistischen gesellschaftlichen Idealen in Einklang stehen müssen.

Wichtig erscheint mir aber auch eine Grundlage der Offenheit und Wahrheitsliebe, die zur Entstehung einer neuartigen Integrität führen kann. Auf einer solchen Grundlage entwickelte Ideale werden sich mit Sicherheit als erheblich beständiger und dauerhafter erweisen als solche, die menschliche Göttlichkeit fördern und die Herrschaft einer kleinen spirituellen Elite sichern sollen.

In der langen Geschichte des Buddhismus, dessen zentrale Idee die Unbeständigkeit aller Dinge ist, ist die Lehre immer wieder abgewandelt und grundlegend verändert worden, und derartige Umbrüche sind stets infolge intensiver Diskussionen und von Reformen der Denkweisen und der Institutionen eingetreten. Es ist sicherlich kein bloßer Zufall, daß in einer Zeit, in der kulturelle Fragen bezüglich der Sexualität und der Geschlechterrollen im Westen so intensiv diskutiert werden, auch die weibliche Identität im tibetischen Buddhismus einer kritischen Untersuchung unterzogen wird.

Die Erfahrungen von Individuen sind *nicht* von dem sozialen System, in dem sie leben, zu trennen und ebensowenig von dem symbolischen System, das sie entwickeln, um ihr psychisches Wohlergehen zu sichern. Ich hoffe, daß aus meinen Ausführungen ersichtlich geworden ist, wie unerläßlich für das Verständnis von spirituellen Intentionen und Institutionen die Berücksichtigung individueller Pathologien ist. Nach Julia Kristeva fordert die Psychoanalyse uns auf, »an einer Menschheit [zu arbeiten], deren Solidarität in dem Bewußtsein ihres Unbewußten gründet.«[3] Deshalb habe ich mich auch mit der Problematik der Geschlechterbeziehungen im Hinblick auf die Kommunikation zwischen unterschiedlichen Kulturen beschäftigt. Mir scheint, daß sich evolutionäre Denkansätze bezüglich der weiblichen Identität im Osten und im Westen ziemlich parallel entwickelt haben. Zeitgenössische Darstellungen, die die Bedeutung sexueller Identität und Differenz betonen, tragen daher wesentlich zur Hinterfragung überholter Denkweisen in der östlichen wie in der westlichen Philosophie bei, die in der Vergangenheit die Bedeutung des Unbewußten (und des Weiblichen) in der Gesellschaft stets geleugnet haben.

In meiner Studie habe ich versucht, einen Kontext normaler Menschlichkeit zu schaffen, der in den Biographien religiöser Lehrer leider häufig fehlt. Ich halte die Hervorhebung der »Göttlichkeit« in den Lebensgeschichten gewisser Lamas nicht nur für die betreffenden Lamas selbst für problematisch, sondern vermute, daß dadurch auch beim tibetischen Volk insgesamt die Vorstellung der eigenen kulturellen »Andersartigkeit« verstärkt worden ist, als ob Tibeter und insbesondere Lamas nicht in erster Linie Menschen wären wie alle anderen. Viele östliche spirituelle Lehrer haben außerhalb des schützenden Einflusses ihrer Heimatkultur, die ihre gelegentlichen Eskapaden zu akzeptieren *und* sie trotzdem weiterhin als »göttlich« anzusehen bereit war, im Westen einen hohen Preis dafür bezahlt, daß sie einerseits auf ihrer eigenen Göttlichkeit beharrten, andererseits aber nicht in der Lage waren, den Projektionen vieler ihrer Schüler zu entsprechen, deren Vorstellungen von Göttlichkeit einer völlig anderen Kultur entstammen und sich dementsprechend von den in der Ursprungskultur des Lehrers üblichen erheblich unterscheiden.

Besonders wichtig war es mir, die Verbindung zwischen dem Menschlichen und dem Symbolischen beziehungsweise Göttlichen aufzuzeigen und jene kulturellen Elemente des tibetischen Buddhismus zu untersuchen, die allgemein menschliche, in allen Kulturen relevante Erfahrungen betreffen. Dazu zählen Anhaften und Verlust, das Entwickeln von Identität, Macht und Autorität und der Wunsch, frei von Leiden zu sein. Ich habe mich bemüht, die Problematik zu beschreiben, die entsteht, wenn eine Gruppe, ein Geschlecht, als »anders« kategorisiert und mit dieser Begründung benachteiligt wird oder wenn »Göttlichkeit« als Vorwand zur Ausbeutung anderer dient.

Infolge der umfassenden gesellschaftlichen Veränderungen der letzten Jahrzehnte in der westlichen Welt sind die Chancen für westliche Frauen, sich Wissen und Ausdrucksmöglichkeiten zu erschließen, heute zweifellos erheblich gestiegen. Dies in Verbindung mit der von Freud initiierten Erforschung der menschlichen Psyche hat dazu geführt, daß Frauen sich heute in einem bislang nie gekanntem Maße insbesondere auf dem Gebiet des Schreibens um Ausdruck bemühen. Infolge der Infragestellung traditioneller Konzepte kann eine Philosophie, in der die Leugnung des weiblichen Körpers eine so wichtige Rolle spielt wie in den Lehren des tibetischen Buddhismus, heute kaum noch Anspruch auf kulturübergreifende Allgemeingültigkeit erheben.

Für Frauen, die ihre eigene Subjektivität finden wollen – ob in religiösen Institutionen oder in anderen Zusammenhängen –, ist eine Reflexion über das Wesen des weiblichen Körpers und der weiblichen Erfahrung unabdingbar, und diese muß auch in den symbolischen Repräsentationen der betreffenden Kultur zum Ausdruck kommen. Diese Ausdrucksformen können nur dann in einem zeitgenössischen Kontext ihren Sinn entfalten, wenn sie den in archaischen Bildern der Vergangenheit enthaltenen Idealisierungen Widerstand leisten, denn nur unter dieser Voraussetzung werden die zentralen Metaphern der Mutterschaft und weiblicher Sexualität im Geist heutiger Frauen Widerhall finden. Außerdem muß sich, wie Irigaray postuliert, die Bedeutung einer weiblichen Genealogie in einem tieferen Verständnis der Mutter-Tochter-Beziehung manifestieren, und die Beziehungen zwischen den Geschlechtern müssen in einem von egalitären Grundsätzen geprägten Bezugsrahmen betrachtet werden. Angesichts der sich bereits ankündigenden zukünftigen Möglichkeiten vielfältiger Formen des »Reisens im Raum« werden in Zukunft immer mehr Aspekte menschlicher Identität in Frage gestellt werden. Insbesondere werden die Möglichkeit *realer* Mutterschaft des Mannes, Surrogatformen der Nachwuchserzeugung, eine umfassende Neuorientierung der Geschlechterbeziehungen und sexuelle Freiheit dazu führen, daß sich viele der ehemals starren Kategorien bezüglich der Geschlechtsidentität allmählich auflösen.

Ich habe in meiner Untersuchung gezeigt, daß Symbole, die Menschen entwickeln, um ihr Leben in einen Sinnzusammenhang zu stellen und um mit ihrem alltäglichen Elend fertigzuwerden, entsprechend den Erfordernissen der Zeit und des Ortes, in der und an dem sie signifikant sind, *sowohl ihre Form als auch ihre Bedeutung verändern.* Beispielsweise war das Konzept Buddha in der Vergangenheit eindeutig auf den Mann beziehungsweise auf das Männliche bezogen – und zwar nicht nur, weil Buddha gewöhnlich als Mann dargestellt wurde, sondern auch weil Konzepte wie Nirvana/Samsara mit der Polarität männlich/weiblich beziehungsweise Mann/Frau verknüpft waren. Wenn die Frau im tibetischen Buddhismus ein Symbol war, dessen sich männliche Übende bedienten, um zur Erfahrung der Ganzheit zu *gelangen*, dann muß die Frau heute wieder zu *dem, was in sich selbst ganz ist*, werden. Dadurch wechselt sie aus der Rolle einer Helferin des Mannes in die eines eigenständigen, den Männern gleichgestellten Subjekts über – mit gleichen Rechten, mit eigener Macht, entschlossen, ein separates und *differentes* Wesen zu sein, fähig, zum Mann in Beziehung zu treten, aber auf ihrem Weg zur eigenen Ganzheit nicht auf Einheit mit ihm angewiesen, und auch nicht das Mittel, das der Mann unbedingt braucht, um zu seiner eigenen Ganzheit zu finden.

Sollte die Entwicklung tatsächlich in dieser Weise verlaufen, dann brauchen Männer die Trennung von der »Großen Mutter« nicht mehr zu kompensieren, indem sie die »Mutter« und ihre eigene Abhängigkeit von ihr entweder leugnen oder sie neurotisch suchen, um die Wunden zu heilen, die die Trennung von ihrer realen Mutter bei ihnen hinterlassen hat. Die meisten Frauen werden aufgrund einer solchen Entwicklung nicht mehr den Kompromiß eingehen müssen, in die Welt des Vaters einzutreten und dabei entweder die Unterwürfigkeit ihrer Mutter nachzuahmen oder zu versuchen, den Männern ebenbürtig zu sein und wie diese ihre Abhängigkeit von der Mutter zu leugnen. Die Welt besteht dann aus zwei Subjekten, statt aus einem Subjekt und einem Objekt, und die Singularität *und* Multiplizität jeder Frau werden anerkannt und geschätzt. Die Dichotomie zwischen Männern und Frauen wäre dann lediglich ein abstraktes, metaphysisches Problem und das Wesen der Identität selbst in Frage gestellt. Deshalb ist es wichtig, *sowohl* die als statisch angesehene männliche Identität, wie der Buddha sie repräsentiert, *als auch* die als nicht stabil oder als ungreifbar wahrgenommene Identität der Frau, wie die Dakini sie repräsentiert, einer Überprüfung zu unterziehen. Alle neu entwickelten Definitionen oder Repräsentationen müßten der Relativität aller Erscheinungen Rechnung tragen, und Wesen wären mit einer einzelnen Zelle ebenso vergleichbar wie mit dem gesamten Kosmos. Wie wir heute wissen, sind *alle Phänomene* zwar real, jedoch nicht im Sinne einer *isolierten* Subjektivität: Sie sind fließend und nicht in Zeit oder Raum fixierbar, ähnlich der Dakini. Neu entwickelte Vorstellungen dieser Art befreien uns aus dem lähmenden Diskurs der Dualitäten, und wir werden einer andersartigen Wahrnehmung der Zeit und der grundlegenden Abhängigkeit aller

Wesen gewahr. Barbara Adam beschreibt diesen Prozeß als »Nicht-temporale Zeit ... Kausalität, Wahrheit und Objektivität müssen der Zeitweiligkeit, grundlegender Unsicherheit, der Bedeutung der Zukunftsdimension ... der Fusion von Handeln, Energie und Zeit und der wechselseitigen Implikation des Beobachters und des Beobachteten weichen.«[4]

Sicher werden die meisten Buddhisten einwenden, daß ihre Lehren derartige Wahrheiten und Paradoxe ohnehin umfassen und daß ihr Bemühen, solche Visionen, die sich außerhalb der Sphäre westlicher Philosophie und Wissenschaft bewegen, in ihr Denken einzubeziehen, *schon allein deshalb* allen, die nach einem Sinn für die Zukunft suchen, eine bessere und klarere Ausgangsbasis bietet. Tatsächlich sind es diese philosophischen Verbindungen zu modernen abendländischen Sichtweisen und nicht die orthodoxen Lehren, die den Buddhismus zu einer so attraktiven Alternative zu den traditionellen westlichen Religionen machen, welche sich seit Jahrtausenden dagegen sträuben, »weltliche« Wahrheiten in ihre Lehren zu integrieren. Doch würde eine Abwendung von den doktrinären Gewißheiten der traditionellen tibetischen Sichtweise ein Akzeptieren der Unsicherheiten erfordern, die *jede* neue Sichtweise, die an die Stelle orthodoxer Perspektiven treten *könnte*, mit sich bringt. Ein solches Umdenken würde die Struktur der tibetisch-buddhistischen Institutionen massiv verändern. Doch ist das aufgrund der Angst vor Chaos, die dieser Prozeß mit Sicherheit auslösen würde, in näherer Zukunft kaum zu erwarten, einer Angst, die das Chaos als eine der Ordnung entgegengesetzte Kraft scheut.

Allerdings ist heute bereits vielen Menschen bewußt, daß gewisse hierarchische Systeme sogenannter »Ordnung«, die Macht mißbrauchen, das andere kolonisieren und Leiden erzeugen, gefährlich sind. Barbara Adam hat in ihrer Darstellung der Irreversibilität der Zeit ganz richtig festgestellt: »Es ist kein Ungeschehen-Machen des Denkens, des Wissens und des Tuns möglich.«[5]

Innerhalb des sich verändernden philosophischen Kontexts der westlichen Welt mag die Einführung eines neuen Symbolismus durch Einbeziehung der Überlieferungen und Rituale Tibets tatsächlich zu einer lebendigen Alternative zu den aus der westlichen philosophischen Tradition hervorgegangenen Glaubenssystemen werden können. Innerhalb dieses neuen Rahmens könnten alte Symbole weiblicher Identität eine neue Bedeutung erlangen, wenn sie die in der westlichen Welt aufkeimende Diskussion über die weibliche Identität und insbesondere die Bedürfnisse und Rechte der Frauen berücksichtigen. Ich persönlich glaube, daß diese Hoffnung sich nur erfüllen wird, wenn ein solches Bemühen die essentielle und differente Natur des weiblichen Körpers und seiner Sexualität einbezieht. Dazu müssen die vielen verschiedenen Aspekte der Dakini berücksichtigt werden, vor allem jedoch derjenige, der sich aufgrund ihrer Fähigkeit, *sich von jeglicher Kontrolle zu befreien*, der Definition der Männer und damit gleichzeitig der ansonsten unvermeidlichen Positionierung innerhalb eines dualistischen hierarchischen Systems zu entziehen vermag. Da Unbeständigkeit beziehungsweise Nicht-Festigkeit ein Merkmal *aller* Wesenheiten, also *nicht nur der Frau*, ist, würde in einem solchen Zusammenhang die »Leerheit« oder die »dunkel und rätselhafte, oft sogar verborgen und verkleidete«[6] Natur der Dakini *nicht* berücksichtigt werden.

So könnte die Frau, wie die Dakini, zu ihrer physischen *Präsenz* in Beziehung treten, indem sie sich in denjenigen ihrer körperlichen Funktionen erdet, die persönliche Grenzen kreieren; *und* sie könnte den herkömmlichen geschlechtsspezifischen Grenzen der linear-historischen Raum-Zeit-Dimension auf die Weise entkommen, auf die ihr Name hindeutet: als *Reisende*. Dies setzt voraus, daß Frauen sich aktiv für die Entwicklung einer Identifikation mit sich selbst einsetzen, indem sie die Beziehung zu ihrer Mutter als bedeutungsvoll erkennen und ihr eigenes spezifisches Identitätsdilemma ins Zentrum ihrer Suche nach Selbst-Akzeptanz und nach authentischen Beziehungen stellen. Zudem dürften Frauen sich bei ihrer Suche nach einer autonomen Identität nicht länger von androzentrischen Schriften und Kommentaren abhängig machen und sich dann durch den Hinweis rechtfertigen, sie seien Opfer eines Systems, das ihnen ihre Position diktiert habe, während sie in Wahrheit selbst geschwiegen und durch ihr Stillschweigen in das Geschehen eingewilligt haben. Wenn die Frau sich das Vorbild der Dakini mit der ihr eigenen weiblichen Sexualität vor Augen hält, so kann ihr dies helfen, sich der Inbesitznahme durch den Mann zu widersetzen, weil der Raum, in dem sie weilt, dann nie durch den »anderen« definiert werden kann, denn sie bewegt sich in einer Raum-Zeit-Dimension, deren Definition, wie die Quantenphysik im Hinblick auf *alle* Wesenheiten gezeigt hat, paradox *ist*. Die Dakini als ein auf die Frau zentriertes Konzept birgt sicherlich das Potential, »unschuldig«-naive, übermäßig vereinfachende Vorstellungen wie jene der »Helferin des Mannes« oder des »kleinen Etwas, das wir alle brauchen, um erleuchtet zu werden«, zu überwinden. Der weibliche Körper muß in seiner Präsenz anerkannt und nicht als *weder* dies *noch* jenes darstellend abstrahiert werden; und der symbolische Zorn der Dakini muß als ursprünglich *weibliche* und zornige Energie begriffen und verstanden werden – nicht als Vergeltung, die Angst und Unterwerfung hervorruft, sondern als starke konstruktive Kraft, die Veränderung, Gleichberechtigung und Verstehen hervorzubringen vermag.

Dieser Prozeß müßte sich auch auf den allgemein-menschlichen Bereich ausweiten und auswirken, in dem Frauen dann ihre wahre Subjektivität zum Ausdruck bringen. Denn nachdem sie ihre *Differenz* von Männern erkannt haben, können sie ihrer Erfahrung, ihren Gefühlen und ihren Erkenntnissen Ausdruck verleihen, nicht um Männer zu bestrafen, sondern um der Entwicklung eines gegenseitigen Verständnisses willen. Die Rolle der Männer in diesem Prozeß muß sich natürlich reziprok entwickeln, so daß Gegenseitigkeit und Interdependenz in Verbindung mit der Erkenntnis der Pluralität menschlicher Beziehungen akzeptiert und wertgeschätzt werden. Dazu gehört auch die Anerkennung der Möglichkeit verschiedenartigster Beziehungen zwischen den Geschlechtern, auf daß Menschen und Wesen aller Art im geheiligten Raum respektiert werden.

Der weibliche Körper ist im tibetischen ebenso wie im westlichen Diskurs dazu benutzt worden, dem Körper des Mannes eine überlegene Subjektivität zu ermöglichen. Deshalb ist es unabdingbar, daß der männliche Körper als das erleuchtete Subjekt seine Position als universelle Konstante aufgibt und die Kategorien Mann und Frau, Männlichkeit und Weiblichkeit so dekonstruiert werden, daß sie ihre Gegensätzlichkeit verlieren. Die historische Privilegierung des männlichen Körpers muß offengelegt werden, eines Körpers, dem zugeschrieben wurde, daß er Männlichkeit *und* Weiblichkeit repräsentieren und trotzdem seine spezifische Subjektivität wahren könne. Dies alles würde eine radikale Veränderung in der Wahrnehmung und im Verständnis religiöser Lehren zur Folge haben.

Nur durch diese Veränderungen könnte meines Erachtens die eigenartige Dichotomie zwischen der Philosophie des männlichen und des weiblichen Körpers aufgelöst werden. Eine solche Position wäre weder »sowohl männlich als auch weiblich« noch »weder männlich noch weiblich«, sondern – als eine dritte Möglichkeit – eine Position, die »männlich« und »weiblich« als eigenständige, aber zueinander in Beziehung stehende Kategorien neudefiniert. Die Verlagerung der historischen Positionierung von »Frau« hin zu einem sich selbst definierenden Grund und in Bereiche, die der ausschließlichen Definition durch Männer und durch die Beziehung zu ihnen entzogen sind, hat zur Folge, daß »Mann« ebenfalls neudefiniert werden muß. Dieser zweigliedrige Prozeß ist seit langem überfällig, weil die Entwicklung eines Systems, in dem Männer in der Gesellschaft vergöttlicht werden, nur dann reibungslos verlaufen kann, wenn Frauen auf allen Ebenen »mitspielen«.

Da der tibetische Vajrayana-Buddhismus nicht mehr durch die geographische Isolation des Landes Tibet vor störenden Einflüssen geschützt wird, ist es möglich geworden, ihn einer kritischen Untersuchung zu unterziehen, die zu einer Verbesserung des gegenseitigen Verständnisses zwischen Männern und Frauen und zwischen unterschiedlichen Kulturen führen könnte. Falls sich jedoch westliche Männer dafür entscheiden, in die Fußstapfen der viktorianischen Orientalisten zu treten, indem sie innerhalb der Institutionen des tibetischen Buddhismus nicht nur »von Macht träumen«, sondern gleichzeitig auch den Platz der Frauen in *ihrem* geheiligten Raum herunterspielen und leugnen, kann sich durch dieses Bestreben eine neue Art von Kulturimperialismus entwickeln. In ihrer Phantasie, zu dem zu werden, was Bishop den »Göttlichen Vater« nennt (was aber meiner Meinung nach auch als allmächtige Mutter verstanden werden kann), könnten sich viele Männer dazu getrieben fühlen, den symbolischen Ausschluß der Mutter zu wiederholen, indem sie versuchen, selbst zu ihr zu werden und dann ihre Allmacht zu reproduzieren. Die Gefahren derartiger Aktivitäten (die oft die Entwicklung »neuer« Religionen im Westen begleiten) sind ausführlich beschrieben worden, und diese Beschreibungen zeigen deutlich, daß größte Vorsicht geboten ist, wenn Menschen sich einem charismatischen Führer anvertrauen, der esoterische oder spirituelle Praktiken lehrt und anderen Menschen aus Gründen, die angeblich in der von ihm propagierten Lehre enthalten sind, starre Machtstrukturen aufzwingt.

Mit dem Erwachen weiblicher Stimmen in allen Bereichen der Literatur werden wahrscheinlich in zunehmendem Maße auch Frauen, die in religiösen Traditionen wie der des tibetischen Buddhismus engagiert sind, zu schwierigen Themen nicht länger schweigen und nicht länger in der Opferpose verharren. Die daraus resultierenden Veränderungen werden mit Sicherheit auch zu der Erkenntnis führen, daß *Differenz* eine bessere Grundlage für das Verständnis von Beziehungen ist als dualistische Polaritäten, die nutzlose Trennungen und Hierarchien hervorbringen und von denen sich das menschliche Denken schon so lange abhängig macht.

Durch dieses Erkennen der »Differenz in uns selbst als Vorbedingung für unser Sein mit anderen«[7] kann eine Realität entstehen, in der die angeblichen Geschlechterpolaritäten sich auflösen und in der wir nicht mehr so stark an Gedanken und Aktivitäten gebunden sind, die letztlich eine Kategorie von Menschen *auf schädliche Weise* von einer »anderen« oder sogar eine Spezies von einer anderen trennt. Vielleicht werden dadurch auch die Ursachen der Unterdrückung einmal besser verstanden werden. Doch dies alles kann nur erreicht werden durch Anerkennung der einzigartigen Subjektivität *aller* Menschen und durch Gewahrsein der Interdependenz, die beiden Seiten, der männlichen wie der weiblichen, gleichermaßen zugute kommt. Dies würde wahrhaft die Möglichkeit einer neuartigen spirituellen Einsicht eröffnen sowie einer Zukunft, die anders ist als alles, was wir uns bisher vorgestellt haben.

Anmerkungen und Quellenangaben

Einleitung

1. Der Begriff »Zufluchtnahme«, *chamdro* (tibet.: *skyabs. 'gro*), wird zur Beschreibung der Zeremonie benutzt, durch die sich ein Mensch formell dem Buddhismus zuwendet. Zuflucht nehmen die Anhänger der meisten buddhistischen Traditionen zu Buddha, Dharma und Sangha (der Gemeinschaft der Übenden). Im tibetischen Buddhismus gibt es außerdem noch drei weitere Zufluchtsobjekte: den Lama, die *Dakinis* und die *Dharma*-Beschützer. Während der Zuflucht-Zeremonie wird denjenigen, die Zuflucht nehmen, ein Haar vom Kopf abgeschnitten, was daran erinnern soll, daß der Buddha sich den Kopf rasierte, bevor er in die Phase seiner Übung eintrat, die ihn zur Erleuchtung führte. Außerdem ist das Abschneiden des Haars ein Symbol der Entsagung gegenüber allen weltlichen Dingen. Gewöhnlich erhalten die Zufluchtnehmenden einen religiösen Namen, sie erlernen die Formel das Zufluchtnehmens, und sie werden dazu angehalten, nie ein lebendes Wesen zu töten.
2. Am 4. April 1994 berichtete das *Time Magazine* über einen offenen Konflikt zwischen zwei Gruppierungen der Karma-Kagyü-Schule, der ältesten Linie reinkarnierter Lamas im tibetischen Buddhismus. Es ging um die Entscheidung zwischen zwei rivalisierenden Anwärtern für den 900 Jahre alten Thron des Karmapa-Lamas. In diesem Zusammenhang wurde das Vermögen der Kagyüpa-Buddhisten mit 1,2 Milliarden Dollar beziffert, und es hieß, der neu inthronisierte Lama werde über 428 Meditationszentren auf der ganzen Welt herrschen.

3. John Potter in der Einführung zu *Officium* von Jan Garbarek und dem Hilliard Ensemble, auf ECM Records, 1994, wo er sich mit der Degeneration der polyphonen Musik befaßt.
4. Die britische Zeitung *The Guardian* berichtete am 10. Januar 1995, daß gegen Sogyal Rinpoche, einen in England lebenden tibetischen Lama, von einer ehemaligen Schülerin eine Schadensersatzklage in Höhe von 10 Millionen US-Dollar erhoben worden sei. Die Frau hatte dem Lama vorgeworfen, er habe ihre psychologisch schwache Position ausgenutzt, um sie zu sexuellen Gefälligkeiten zu nötigen. In der Klageschrift hieß es, Sogyal habe ihr gesagt, sie könne »durch Hingabe und seine spirituelle Unterweisung das ›Karma ihrer Familie‹ reinigen«.
1996 kam es vor Gericht zu einem Vergleich, doch hat sich die Frau, die »Janice Doe« genannt wurde, offenbar mundtot machen lassen, da sie sich in dem Vergleich verpflichtete, über den Vorfall künftig Stillschweigen zu wahren.
5. Rita Gross, *Buddhism after Patriarchy* (State University of New York Press, 1993), S. 3.
6. *Tulku* (tibet.: *sprul.sku*) ist die Bezeichnung für einen Lama, der als Wiedergeburt eines verstorbenen Vorgängers angesehen wird. Das Tulku-System ist im Jahre 1204 u. Z. in Tibet entstanden, als von einem Nachfolger von Dusum Khyenpa, dem damaligen Oberhaupt der Karma-Kagyü-Schule, behauptet wurde, er habe sich in einem Kind reinkarniert, das daraufhin gesucht und als erster wiedergeborener Lama anerkannt wurde. Später übernahmen auch die anderen Schulen des tibetischen Buddhismus diese Praxis, wobei das Oberhaupt der Gelugpa-Schule, das den Titel Dalai Lama erhielt, als weltliches Oberhaupt des tibetischen Staates zu Ruhm, Ansehen und großer Macht gelangte. Trungpa Tulku (Chögyam Trungpa) schreibt über dieses Phänomen: »Die Lehren des tibetischen Buddhismus über die Tulkus beinhalten: ›Obwohl der Augenblick der Erleuchtung einen Menschen von den Kräften, die zur Wiedergeburt führen, befreit, kann eine erleuchtete Intelligenz, die das Ich transzendiert hat, beschließen, ihre Arbeit auf Erden zum Wohle aller fühlenden Wesen fortzusetzen.‹« (Trungpa Tulku: *Empowerment* [Vajradhatu, 1976], S. 14). In den letzten Jahren sind mehrfach männliche Kinder westlicher Anhänger des tibetischen Buddhismus als reinkarnierte Lamas »entdeckt« worden.

Sie werden künftig in der Gemeinschaft der tibetischen Buddhisten wichtige Machtpositionen einnehmen. Siehe Vicki Mackenzies Buch *Die Wiedergeburt* (Diamant, 1994), das einen Bericht über den Tod und die spätere »Wiedergeburt« von Thubten Yeshe enthält. Als sein Tulku wurde im Jahre 1985 mit dem Einverständnis des Dalai Lama Ösel Hita Torres, ein vierzehnmonatiger Junge, anerkannt, das fünfte Kind buddistischer Eltern, die in Spanien lebten. Im Juni 1995 berichtete der *Guardian*, daß die spanische Mutter des Jungen »darum kämpfe, mehr Einfluß auf die Erziehung des Jungen zu bekommen« (15. Juli), weil sie den Eindruck habe, daß das klösterliche Leben das Kind »eher zu einem kleinen Tyrannen als zu einem Buddha mache« und daß er, »auch wenn er ein Lama sein mag, dennoch seine Mutter braucht.«
7. Gross, *Buddhism after Patriarchy*, a. a. O., S. 89.
8. Der tibetische Buddhismus ist unter vielen Namen bekannt. Unter diesen sind die wichtigsten: Lamaismus, tantrischer Buddhismus und *Vajrayana*. Die ausführliche tibetische Bezeichnung für diese Religion lautet *Sang Nga Dorje Thegpa* (*gsang.sngags.rdo.rje.theg.pa.*), was wörtlich »Das Geheime Mantra-Diamant-Fahrzeug« bedeutet. Das Sanskrit-Wort *Vajrayana* hat die gleiche Bedeutung: »Blitz«- oder »Diamant«-Fahrzeug. Die anderen beiden Fahrzeuge oder Pfade buddhistischer Übung werden *Hinayana*, »kleines Fahrzeug« (in Thailand und Sri Lanka auch unter dem Namen *Theravada* bekannt), und *Mahayana*, »Großes Fahrzeug« genannt. Letzteres wird heute in Japan und in einigen anderen Gebieten Asiens praktiziert. Die Schriften des Hinayana und des Mahayana (die *Sutras*) sowie die Verhaltensregeln für die Mönche und Nonnen (der *Vinaya*) sind allesamt Bestandteile der tibetischen Tradition, die außerdem den metaphysischen Teil der buddhistischen Lehren und die tantrischen Lehren umfaßt.
9. Marion L. Matics (Übers.), *Entering the Path of Enlightenment* (Macmillan, 1970), S. 21.
10. Trungpa Tulku (Hg.), *Garuda III* (Shambala, 1973), S. 47.
11. Beru Kyhentze Rinpoche, »Guru-devotion«, in Alex Berzin (Übers. u. Hg.), *The Mahamudra* (Library of Tibetan Works and Archives, 1978), S. 160.
12. Ibid.
13. Ibid., S. 161.

14. Peter Bishop, *Dreams of Power* (Athlone, 1993), S. 19.
15. Gross, *Buddhism after Patriarchy*, a. a. O., S. 3.
16. Edward Said, *Orientalism* (Routledge & Kegan Paul, 1978), S. 328.
17. Ibid.
18. Ibid., S. 207.
19. Ibid.
20. Ibid.
21. Bishop, *Dreams of Power*, a. a. O., S. 130.
22. Said, *Orientalism*, a. a. O., S. 328.
23. Eine Diskussion und Widerlegung des Begriffs »französische Feministinnen«, der diesen drei Autorinnen gegeben wurde, ist zu finden in Kelly Oliver, *Reading Kristeva* (Indiana University Press, 1993), S. 164.
24. Toril Moi beschreibt die symbolische Ordnung als »eine patriarchalische Ordnung, die vom Gesetz des Vaters regiert wird, und jedes Subjekt, das dieses Gesetz der symbolischen Repression mit unbewußten Kräften zu durchbrechen versucht, bringt sich in eine Art Widerstandshaltung zu dieser Ordnung.« (*Sexus, Text, Herrschaft*; Zeichen und Spuren, Bremen 1989, S. 23 f.)
25. Julia Kristeva, »Die Zeit der Frauen« in *Die neuen Leiden der Seele*, Junius Verlag, Hamburg 1994.
26. Ibid., S. 233.
27. Ibid., S. 249 f.
28. Luce Irigaray, *Das Geschlecht, das nicht eins ist* (Merve, 1979), S. 80.
29. Oliver, *Reading Kristeva*, S. 174.
30. Interessant ist, daß *Songyum* (tibet. *gsang.yum.*) wortwörtlich übersetzt »geheime Mutter« und nicht, wie man annehmen könnte, »geheime Frau« bedeutet. Siehe hierzu Kapitel 6.
31. Garma C. C. Chang, *The Hundred Thousand Songs of Milarepa*, 2 Bde (Shambala, 1977); *Milarepas gesammelte Vajra-Lieder* (Theseus, 1996). Die Zitate aus den Milarepa-Büchern wurden, sofern sie übereinstimmten, zumeist der deutschen Ausgabe entnommen. Dies bezieht sich allerdings nur auf Zitate aus dem ersten Band, da der zweite zum Zeitpunkt der Arbeit an diesem Buch noch nicht vorlag. Die englische Übersetzung dieser Lieder von Garma C. C. Chang ist keineswegs völlig identisch mit der deutschen Fassung. (Anm. d. Übers.)
32. Die »demokratische Einstellung«, die von der Zeit des sechzehn-

ten Jahrhunderts an in der schottischen Literatur und Philosophie zu finden ist, spiegelt die »schottische Vorliebe, aus völlig individuellen Perspektiven heraus zu argumentieren« (Kurt Wittig, *The Scottish Tradition in Literature*, Mercat, 1978, S. 95). Dies kam auch in der religiösen Tradition der Presbyterianer zum Ausdruck, in der es nicht nur keine Hierarchie gab, sondern es auch als unschicklich galt, über Religion zu streiten, und in der keinerlei Vermittler zwischen dem Menschen und seinem »Gott« existierte.

33. Harry Guntrip, »My Experience of Analysis with Fairbairn & Winnicott (How complete a result does psycho-analytic therapy achieve?)«, *International Review of Psychoanalysis* 2 (1975), S. 145.
34. Ibid.

1. Wenn Eisenvögel erscheinen

1. Siehe Keith Dowmans Bericht über die historischen Ereignisse dieser Zeit in seinem Buch *Sky Dancer* (Routledge & Kegan Paul, 1984), Kapitel 4 des Kommentars.
2. Siehe Garma C. C. Chang, »The Conversion of a dying bonist« und »The miracle contest on Di Se Snow Mountain« in *The Hundred Thousand Songs of Milarepa*.
3. Ibid., Bd. 1, S. 257.
4. Padmasambhava (tibet. *Guru Rinpoche*) ist die mythische Gestalt, die im 8. Jahrhundert u. Z. den Buddhismus nach Tibet gebracht haben soll.
5. Peter Bishop, *The Myth of Shangri-La* (Athlone, 1989), S. 248.
6. W. Y. Evans Wentz (Übers.), *Tibet's Great Yogi Milarepa* (Oxford University Press, 1937), dt.: *Milarepa, Tibets großer Yogi* (O.W. Barth, 1971), S. 137.
7. Einer der ersten tibetischen Vertreter dieses Ansatzes war Trungpa Tulku (Chögyam Trungpa), der zusammen mit Akong Tulku im Jahre 1967 in Schottland das erste tibetisch-buddhistische Zentrum in der westlichen Welt gründete. Seine guten englischen Sprachkenntnisse und seine Fähigkeit, tibetische Begriffe in eine für Menschen des Westen verständliche Sprache zu übersetzen, verschafften ihm zu jener Zeit im Westen eine große Gefolgschaft. Er veranstaltete schon früh Seminare über »Buddhistische

Psychologie« und gründete an verschiedenen Orten in der westlichen Welt Zentren, in denen intensiv nach Verbindungen zwischen dem westlichen und dem buddhistischen Denken geforscht wurde. Er entwickelte eine besondere Art zu lehren, in die er Poesie und Kunst einbezog, und versuchte, auf die westliche Lebenserfahrung einzugehen. (z. B. in den Büchern *Spirituellen Materialismus durchschneiden*, *Der Mythos Freiheit*, *Glimpses of Abidharma*).

8. C. G. Jung, JGW, Bd. 11, XI, S. 520. (Walter, 1971).
9. Indra Majupuria, *Tibetan Women* (M. Devi, 1990), S. 118.
10. Ibid., S. 42.
11. Anne C. Klein, »Primordial purity and everyday life« in C. Atkinson u. a. (Hg.), *Immaculate and Powerful* (Crucible, 1987), S. 135.
12. Mit »patriarchalisch« meine ich in diesem Zusammenhang nicht nur die reale Herrschaft von Männern, sondern auch das System, das die Herrschaft von Männern über Frauen begünstigt und dessen Ideologie Methoden und Mittel zur Perpetuierung dieser Herrschaft bereitstellt.
13. H. A. Jäschke, *A Tibetan-English Dictionary* (Routledge & Kegan Paul, 1978), S. IV.
14. Chandra Das, *Tibetan-English Dictionary* (Rinsen Book Company, 1979), S. 872.
15. Ibid.
16. Ibid.
17. H. A. Jäschke, *A Tibetan-English Dictionary*, a. a. O.
18. Chang, *The Hundred Thousand Songs of Milarepa*, a. a. O., Bd. 1, S. 121.
19. Ibid., S. 174.; dt. Ausg.: *Milarepas gesammelte Vajra-Lieder*, a. a. O., S. 116; zitiert nach der deutschen Ausgabe.
20. Chang, *Milarepa*, a. a. O., S. 143.
21. Ibid., S. 121.
22. Robert A. Paul, *The Tibetan Symbolic World* (University of Chicago Press, 1982), S. 272.
23. Chang, *The Hundred Thousand Songs of Milarepa*, a. a. O., Bd. 1, S. 46.
24. Ibid., S. 269.
25. Ibid., Bd. 2, S. 358.
26. H. V. Guenther, *Buddhist Philosophy in Theory and Practice* (Shambala, 1976), S. 194.
27. H. V. Guenther, *The Life and Teachings of Naropa* (Oxford University Press, 1963), S. 182.

2. Archaische Bilder des Weiblichen und die tibetische Kultur

1. Garma C. C. Chang, *The Hundred Thousand Songs of Milarepa*, a. a. O., Bd. 1, S. 329.
2. B. Kuznetzov, »Who was the founder of the ›Bön‹ religion?«, in *Tibet Journal*, 1975, S. 113.
3. Chandra Das, *Tibetan-English Dictionary*, a. a. O., S. 1347.
4. Siehe Riane Eisler, *The Chalice and the Blade* (Pandora, 1990). Die Autorin stellt in ihrer Rekonstruktion der Prähistorie die These auf, daß es zwei grundlegende kulturelle Modelle gibt, das der Partnerschaft und das der Herrschaft, wobei ersteres mit der Verehrung der Göttin in Verbindung steht und letzteres mit den patriarchalischen Religionen und Gesellschaften.
5. Die Dakini als Verkörperung weiblicher Energie und Weisheit ist nach Trinley Norbu eine Göttinnengestalt, die in ihren verschiedenen Manifestationen sowohl die Mutter der Buddhas als auch ihre Gefährtin ist. Ihr wird generell zugeschrieben daß sie Hindernisse auf dem spirituellen Pfad beseitigt, und es heißt von ihr auch, sie könne menschliche Form annehmen und zur sexuellen Partnerin tantrischer Übender werden. (Keith Dowman, *Sky Dancer*, Routledge & Kegan Paul, 1984).
6. Barbara Walker, *The Woman's Encyclopedia of Myths and Secrets* (Harper & Row, 1983), S. 70; dt.: *Das geheime Wissen der Frauen* (Zweitausendeins, Frankfurt 1993 / dtv), S. 72; zitiert nach der deutschen Ausgabe.
7. W. J. Pythian-Adams, *Mithraism* (Constable, 1915), S. 82.
8. Walker, *Das geheime Wissen der Frauen*, a. a. O., S. 723.
9. Mircea Eliade, Shamanism, (Routledge & Kegan Paul, 1963), S. 163 deutsche Ausgabe: Schamanismus und archaische Ekstasetechnik (Suhrkamp, Frankfurt/M. 1975, TB Wissenschaft 126), S. 163; zitiert nach der deutschen Ausgabe.
10. Ibid., engl. Fassung, S. 434.
11. René Nebesky-Wojkowitz, *Oracles and Demons of Tibet* (Oxford University Press, 1956), S. 540.
12. Mircea Eliade, *Birth and Rebirth* (Harvill, 1961), S. 94. Eliade weist darauf hin, daß dieses Kostüm dem des sibirischen Schamanen entspricht. Man glaubte, es schütze den Schamanen während der

Rituale vor der Verflüchtigung der Lebensessenz (welche nach den Lehren des tibetischen Buddhismus ihren Sitz im Herz-Zentrum hat).
13. De Nebesky-Wojkowitz, *Oracles and Demons of Tibet*, a. a. O., S. 538.
14. W. I. Thompson, *The Time Falling Bodies Take to Light* (Rider/Hutchinson, 1981), S. 105.
15. G. R. Levy, *The Gate of Horn* (Faber, 1948), S. 229.
16. M. Momayouni, *The Origins of Persian Gnosis* (Mavlana Centre, 1989), S. 35.
17. Der Ausdruck »Honigmond« stammt aus dem Mithraismus. Die Anhänger dieser Lehre glaubten, nach der im Mithraismus üblichen Opferung des Stiers produziere der Mond Honig.
18. Chang, *The Hundred Thousand Songs of Milarepa*, a. a. O., Bd. I, S. 121.
19. Siehe R. B. Onians, *The Origins of European Thought* (Cambridge University Press, 1987).
20. Siehe Chang, *The Hundred Thousand Songs of Milarepa*, a. a. O., Bd. II, S. 398, n. 13.
21. Mircea Eliade, *Yoga* (Routledge, Kegan, Paul, 1958), S. 300; deutsch: *Yoga – Unsterblichkeit und Freiheit* (Suhrkamp TB 1127, Frankfurt/M., 1985); zitiert nach der englischen Ausgabe.
22. Ibid., S. 308.
23. Siehe Riane Eisler, *The Chalistice and the Blade*, a a. O., S. 47-54.
24. Janet Gyatso, »Down with the demoness«, in Janice D. Willis (Hg.), *Feminine Ground* (Snow Lion, 1987), S. 47.
25. Ibid., S. 45.
26. Das, *Tibetan-English Dictionary*, a. a. O., S. 318.
27. H. Hoffmann, *The Religions of Tibet* (Allen & Unwin, 1961), S. 37.
28. N. Bhattacharyya, *History of the Tantric Religion* (Manohar, 1982), S. 7.
29. Ibid., S. 65.
30. Ibid.
31. Ibid., S. 72.
32. Miranda Shaw, *Passionate Enlightenment* (Princeton University Press, 1994), S. 45; deutsch: *Erleuchtung durch Ekstase* (W. Krüger, 1997), S. 56.
33. Ibid., eng. Ausg., S. 70; in der deutschen Übersetzung der Stelle, S. 92, heißt es: »Da Frauen auf das Wohlwollen der Männer nicht angewiesen sind ...« – Selbst nach Miranda Shaw stand hier weder

das Wohlwollen noch das Wohlbefinden der Männer überhaupt zur Debatte. (Anm. d. Übers.)
34. Ibid., S. 58.
35. Ibid., S. 71.
36. N. Bhattacharyya, *Ancient Indian Rituals* (Curzon, 1975), S. 109.
37. Ibid., S. 111.
38. Agehananda Bharati, *The Tantric Tradition* (Rider, 1992), S. 200.
39. Sanskrit *Yoni*, was soviel wie »Vulva« oder »Schoß« bedeutet.
40. W. W. Rockhill, *The Land of the Lamas* (Longmans, Green, 1891), S. 339.
41. Ibid.
42. Ibid., S. 341.
43. *Mani*-Mauern bestehen aus Steinen, in die das Mantra *Om Mani Padme Hum* eingraviert ist. Sie sind im gesamten Verbreitungsgebiet des tibetischen Buddhismus zu finden.
44. Das Prajnaparamita-Sutra ist eines der wichtigsten Mahayana-Sutras. In ihm wird die essentielle Leerheit aller Phänomene darlegt.
45. A. H. Francke, *Antiquities of Indian Tibet* (Calcutta, 1914), Bd. I, S. 21.
46. Ibid.
47. Bharati, *The Tantric Tradition*, a. a. O., S. 61.
48. Ibid.
49. Ibid., S. 22.
50. Mit dem Begriff *Mantra* ist im allgemeinen die gesprochene Invokation einer Gottheit gemeint. Mantras bestehen aus Sanskrit-Silben, die die Kräfte der betreffenden Gottheit in essentieller Form enthalten sollen. Deshalb heißt es, es fördere den spirituellen Fortschritt, sie zu rezitieren.

3. Die Lotosgottheit – Eine verschollene Göttin

1. Das tibetische Wort für »Bild« ist *Ku*, was wörtlich »Körper« bedeutet. Das tibetische Rollbild oder *Thangka* (tibet.: *thang.ka*) wird auf Leinentuch und Seide befestigt, und an seinen beiden Enden werden Stäbe angebracht, so daß es zur Erleichterung des Transports zusammengerollt werden kann.
2. Diana Y. Paul, *Women in Buddhism* (University of California Press, 1985), S. 249.

3. Siehe Alice Getty, *The gods of Northern Buddhism*, (Oxford, 1928), S. 79
4. Diana Y. Paul, *Women in Buddhism*, a. a. O. S. 307.
5. Ibid., S. 308.
6. Ibid., S. 287.
7. Ibid., S. 247.
8. Ibid., S. 283.
9. Ibid., S. 176.
10. Ibid., S. 250.
11. Ibid.
12. Thomas Cleary, *Immortal Sisters* (Shambala, 1989), S. 2; deutsche Ausgabe: *Das Tao der weisen Frauen* (Scherz/O.W. Barth, 1993); zitiert nach der englischen Ausgabe.
13. Mary Daly benutzt diesen spezifischen Begriff in der Bedeutung »tatsächliche Teilnahme an der Höchsten/Intimen Realität (*Webster's First New Intergalactic Wickedary of the English Language* [Women's Press, 1988], S. 64).
14. Luce Irigaray, *Elemental Passions* (Athlone, 1992), S. 1.
15. Joseph Campbell, *Myths and Symbols in Indian Art and Civilization* (Pantheon, 1947), S. 96.
16. Richard Knight, *A Discourse on the Worship of Priapus* (Redway, 1883), S. 50.
17. Barbara Walker, *The Woman's Encyclopedia of Myths and Secrets* (Harper & Row, 1983), S. 102.
18. Ibid., dt. Ausgabe, S. 208.
19. M. Edwardes, *A Life of the Buddha* (Folio, 1959), S. 16.
20. Walker, *Das geheime Wissen der Frauen*, a. a. O., S. 625.
21. D. Y. Paul, *Women in Buddhism*, S. 249.
22. Joseph Campbell, *The Masks of God* (Secker & Warburg, 1962), S. 157.
23. Alice Getty, *The Gods of Northern Buddhism* (Oxford, 1928), S. 84.
24. E. J. Eitel, *Handbook of Chinese Buddhism* (Trübner, 1888), S. 286.
25. Toril Moi (Hg.), *The Kristeva Reader* (Blackwell, 1990), S. 138.
26. Walker, *Das geheime Wissen der Frauen*, a. a. O., S. 852.
27. Ibid., S. 258.
28. Margaret Whitford, *Luce Irigaray* (Routledge, 1991), S. 145.
29. John Blofeld schreibt in seinem Buch *In Search of the Goddess of Compassion* (Mandala, 1990), daß das Wort *Potala* aus dem Sanskrit

stamme und »Kwan Yins Paradies« bedeutet. Nach Jäschke lautet die wörtliche Übersetzung »eine Zuflucht für Boote« oder »ein Hafen«. Auch hier wird wieder der Bezug zu Bildern des Meeres deutlich.

30. Getty, *The Gods of Northern Buddhism*, S. 90.
31. Ibid., S. 128.
32. Monier-Williams, *A Sanskrit-English Dictionary* (Oxford, 1899), S. 774.
33. Agehananda Bharati, *The Tantric Tradition*, a. a. O., S. 164.
34. A. H. Francke, »The Meaning of Om Mani Padme-Hum«, *Journal of the Royal Asiatic Society*, 1915, S. 397.
35. Ibid.
36. H. V. Guenther (Übers.), *Kindly Bent To Ease Us* (Dharma, 1975), Teil I, S. 85.
37. Joseph Campbell, *Myths and Symbols in Indian Art and Civilization*, a. a. O., S. 90.
38. Ibid.
39. Ibid., S. 91.
40. Ibid.
41. Robert A. Paul, *The Tibetan Symbolic World* (University of Chicago Press, 1982), S. 150. Paul stellt die These auf, daß die Rolle, die eine solche männliche Gottheit spielt, das Mutterbild (*mother imago*) verkörpert. Dies ist für den Asketen in seiner Meditationspraxis insofern von Vorteil, als dieses Bild zwar einerseits die Eigenschaften einer Frau hat, aber andererseits auch nicht zu sehr einer realen Frau ähnelt. Der jugendliche Chenrezig mit seinem Mitgefühl und seiner symbolischen Assoziation mit der Mutter ist nach Paul »die ideale Mutter, die ein Mensch sucht ... eine idealisierte Version der eigenen Persönlichkeit.« (S. 150).
42. Ibid., S. 148.
43. Mary Daly, *Pure Lust* (Women's Press, 1984), S. 66; dt.: *Reine Lust*, (Frauenoffensive, 1986), S. 88.
44. Willy Fischle, *The Way to the Centre* (Robinson & Watkins, 1982), S. 29.
45. Joseph Campbell, *Myths and Symbols in Indian Art & Civilization*, a. a. O., S. 98.
46. Ibid.

4. Monastizismus und die Entstehung der Linie der Selbst-Geborenen

1. Die Nyingma-Schule (tibet.: *mying.ma.*) oder Alte Schule hat noch heute die klarsten Verbindungen zur Bön-Tradition. Ihre Lamas bevorzugen die »Haushälter«-Tradition gegenüber der klösterlichen. Die Übermittlungslinien der Nyingma-Schule gehen zurück auf die Zeit Padmasambhavas; sie pflegen die Praxis der *Terma* oder »offenbarten Wahrheit«.
2. Siehe Anmerkung 2 der Einleitung. Diese Praxis ist bis zum heutigen Tag erhalten geblieben. Sie beinhaltet, daß ein Lama, bevor er stirbt, seinen engsten Schülern schriftliche Angaben über seinen zukünftigen Geburtsort hinterläßt. Diese umfassen unter anderem Zeitpunkt und Ort der Geburt sowie den Namen der Eltern des Kindes, in dem er sich reinkarnieren wird. Nach seinem Tode wird das Kind gesucht, und wenn es gefunden worden ist, werden bestimmte Prüfungen durchgeführt, um sicherzustellen, daß es sich wirklich um die gesuchte Inkarnation handelt. Gab es mehrere Kandidaten – was bei Inkarnationen, denen hohe Machtpositionen zugedacht waren, häufig der Fall war –, so wurden alle in Frage kommenden Kindern gewissen Prüfungen unterzogen, um den »richtigen« Kandidaten zu ermitteln. In der tibetischen Geschichte ist es immer wieder vorgekommen, daß zwei oder mehr rivalisierende Wiedergeburten ihre Ansprüche anmeldeten und jeweils eine eigene Anhängerschaft bildeten, so daß die betreffende Übermittlungslinie gespalten wurde. Über die Auswahl des derzeitigen 14. Dalai Lamas liegen uns detaillierte Berichte vor. Der neutrale Kandidat, der aus einer Bauernfamilie stammte, identifizierte eine Gebetskette seines Vorgängers, und er erkannte auch Freunde aus seiner vorherigen Reinkarnation wieder.
3. H. V. Guenther (Übers.), *Kindly Bent to Ease Us*, a. a. O., Teil II, S. 100.
4. Chandra Das, *Tibetan-English Dictionary*, a. a. O., S. 900.
5. Ibid.
6. Siehe Riane Eisler, *The Chalice and The Blade*, a. a. O.
7. Julia Kristeva assoziiert das patriarchalische System mit dem Ausschluß der Frauen »vom einzigen wahren und gesetzgebenden Prinzip des Wortes als auch von seiner (stets väterlichen) Ober-

seite, die der Fortpflanzung einen sozialen Wert verleiht, dem Wissen und der Macht.« *Die Chinesin – Die Rolle der Frau in China* (Ullstein, 1982) S. 245.
8. Anne C. Klein, »Primordial purity and everyday life«, in C. Atkinson *et al.* (Hg.) *Immaculate and Powerful* (Crucible, 1987), S. 120.
9. Ibid.
10. Die sechs Bereiche sind: die (heißen und kalten) Höllen, in denen sich Wesen befinden, die in besonders schwerwiegender Weise gesündigt und abscheulichste Verbrechen begangen haben, beispielweise Morde; der Bereich der Hungergeister, die dazu verdammt sind, unermüdlich umherzuwandern und nach Nahrung zu suchen; weiterhin die Bereiche der Tiere, der Menschen, der eifersüchtigen Götter und der Götter. Die Wiedergeburt in den letzten drei Bereichen wird durch tugendhaftes Handeln ermöglicht. Doch sind alle sechs Bereiche dem Kreislauf der Existenz unterworfen, sogar der Bereich des Himmels, in dem die Götter weilen.
11. Kalu Rinpoche, *The Foundations of Buddhist Meditation* (Kagyu Kunkhyab, 1972), S. 7.
12. Ein Bodhisattva (tibet.: *Changchub Sempa / byangs.chub.sems.pa.*) schiebt das Erreichen des Nirvana zum Wohl anderer auf und nimmt es aus Mitgefühl auf sich, unablässig wiedergeboren zu werden, bis auch »der letzte Grashalm erleuchtet ist«.
13. Berichte über Wiedergeburten aus moderner Zeit strapazieren die Glaubensbereitschaft ziemlich stark. Kalu Rinpoche soll sich nach seinem Tode genau am gleichen Ort wieder reinkarniert haben, wo er zuvor lebte, und zwar als Sohn seines eigenen Neffen, der ihn seit seiner Flucht aus Tibet im Jahre 1959 ständig begleitet hatte. Dadurch wurde natürlich sichergestellt, daß die riesigen Reichtümer, die der Lama durch seine erfolgreiche Missionstätigkeit im Westen angesammelt hatte, in der Familie blieben und kein Außenstehender Anspruch auf sie sowie auf die Macht in seinem Kloster erheben konnte. Durch solche »Reinkarnationen« wird garantiert, daß die Macht in den Händen einer männlichen Elite bleibt, wobei diese selbst darüber entscheidet, ob es sich um den »richtigen« Kandidaten handelt. Auf diese Weise kann die Macht einer Dynastie erhalten werden, und falls das Risiko interner Machtkämpfe besteht, können Macht und Reichtum in »neutrale« Hände gelegt werden.

14. Fosco Maraini, *Secret Tibet* (Hutchinson, 1952), S. 124.
15. Robert A. Paul, *The Tibetan Symbolic World*, a. a. O., S. 7.
16. Joseph Campbell, *The Masks of God*, a. a. O., S. 160.
17. Ibid., dt. Fassung, *Die Masken Gottes*, (dtv, 1996), Bd. II, S. 242.
18. Ibid.
19. R. A. Paul, *The Tibetan Symbolic World*, a. a. O., S. 7.
20. Ibid., S. 37.
21. Ibid., S. 96.
22. Ibid.
23. Ibid., S. 12.
24. Ibid.
25. Luce Irigaray, *Genealogie der Geschlechter* (Kore, 1989) S. 192.

5. »Frei von den Unreinheiten des Schoßes« – Göttliche Geburt und die abwesende Mutter

1. Fosco Maraini, *Secret Tibet* (Hutchinson, 1952), S. 128.
2. Ibid.
3. Ibid., S. 129.
4. Dalai Lama, *Freedom in Exile* (Clio, 1991), S. 17.
5. Michael Aris, *Hidden Treasures and Secret Lives* (Routledge & Kegan Paul, 1989), S. 137.
6. Dalai Lama, *Freedom in Exile*, a. a. O., S. 17.
7. Samten G. Karmay, *The Treasury of Good Sayings* (London University Press, 1972), S. XXI.
8. Marija Gimbutas, *The Language of the Goddess* (Thames & Hudson, 1989), S. 321.
9. Willy Fischle, *The Way to the Centre* (Robinson & Watkins, 1982), S. 29.
10. Nik Douglas and Meryl Whyte, *Karmapa, The Black Hat Lama of Tibet* (Luzac, 1976), S. 83.
11. Ibid., S. 79.
12. Keith Dowman, *Sky Dancer* (Routledge & Kegan Paul, 1984), S. 10.
13. Ibid., S. 12.
14. Arya and Asanga Maitreya, *The Changeless Nature* (Karma Kagyu, 1979), S. 35.
15. Ibid., S. 36.

16. Dowman, *Sky Dancer*, a. a. O., S. 12.
17. Trungpa Tulku, *Born in Tibet* (Unwin, 1979), S. 44.
18. Trungpa Tulku, *Shambhala, The Sacred Path of the Warrior* (Shambhala, 1984), S. 94.
19. Ibid.
20. Ibid.
21. Trungpa Tulku (Hg.), *Garuda III*, a. a. O., S. 35.
22. Ibid.
23. Die Äußerung der Mutter eines der ersten westlichen Tulkus über die Art, wie ihr Sohn innerhalb der klösterlichen Gemeinschaft aufwächst, wird in Anmerkung 6 der Einleitung zitiert.
24. Diese Bilder erinnern an Geschichten, die zum literarischen Kanon der höchsten Lehren des buddhistischen Tantra zählen. In der sogenannten »geheimen Biographie« des »göttlichen Verrückten« Drugpa Kunley werden sexuelle Affären und Machtmißbrauch so dargestellt, als seien sie der Erleuchtung förderlich. Keith Dowman schreibt in seinem Vorwort zu Künleys Biographie, in welcher alle seine Ausschweifungen ausführlich beschrieben werden: »Es wird kein Unterschied gemacht zwischen äußeren Ereignissen und dem inneren Leben ... Er wirkt ohne jede Unterscheidung, Hemmung oder ich-hafte Motivation zum Wohl anderer Menschen ... Außerdem ist dies ein Geheimnis, ein Mysterium, weil die Existenz eines Buddha die Paradoxe und Dualitäten des Seins auflöst.« (Keith Dowman, *The Divine Madman*, Rider, 1980, S. 9).
25. R. A. Paul, *The Tibetan Symbolic World*, a. a. O., S. 272.
26. Tibetisch: *rang.byung*. Dies ist ein Name, der oft Tulkus von hohem Rang gegeben wird, beispielsweise Rangjung Ripe Dorje, der 16. Karmapa-Lama.
27. R. A. Paul, *The Tibetan Symbolic World*, a. a. O., S. 279.
28. Mary Daly, *Reine Lust* (Frauenoffensive, 1986), S. 88.
29. W. Y. Evans-Wentz (Übers. u. Hg.), *Tibet's Great Yogi Milarepa* (OUP, 1969), S. 175; dt.: *Milarepa, Tibets großer Yogi* (O.W. Barth, München 1971), S. 137.
30. Trungpa Tulku (Hg.) *Garuda III*, a. a. O., S. 23.
31. Ibid., Titelseite.
32. Ibid., S. 23.
33. Ibid.
34. Paul, *The Tibetan Symbolic World*, a. a. O., S. 59.

35. Ibid., S. 233.
36. Luce Irigaray, *Genealogie der Geschlechter*, a. a. O., S. 38.
37. Tsultrim Allione, *Women of Wisdom* (Routledge & Kegan Paul, 1984), S. 16; dt.: *Tibets weise Frauen*, Heyne, München 1987, S. 65.
38. Dowman, *Sky Dancer*, S. 272.
39. Irigaray, *Genealogie der Geschlechter*, a. a. O., S. 139.
40. Siehe Kapitel 6.

6. Vereint mit dem geheimen Anderen

1. Michael Aris, *Hidden Treasures and Secret Lives* (Routledge & Kegan Paul, 1989), S. 30.
2. Mircea Eliade, *Yoga* (Routledge & Kegan Paul, 1958), S. 152.
3. Miranda Shaw, *Erleuchtung durch Ekstase*, a. a. O., S. 13
4. Ibid., engl.: S. 201; deutsche Ausgabe S. 281.
5. Ibid., engl. Ausg.: S. 257.
6. Ibid.
7. Ibid., engl. Ausg: S. 16, dt. Ausg.: S. 13.
8. Ibid., S. 19; deutsche Ausgabe S. 17 f.
9. Kristeva, *Die Chinesin*, a. a. O.
10. Luce Irigaray, *Elemental Passions*, a. a. O., S. 2.
11. Mary Daly, *Reine Lust*, a. a. O., S. 314.
12. Siehe Peter Bishop, *Dreams of Power* (Athlone, 1993). Der Autor beschreibt in seinem Buch, weshalb der tibetische Buddhismus eine so große Faszination auf westliche Menschen ausübt.
13. Geoffrey Samuel, *Civilized Shamans: Buddhism in Tibetan Societies* (Smithsonian Institution, 1993), S. 351.
14. Der Dalai Lama, der in einem Artikel (Telegraph Magazine, 25. Februar 1995) im Zusammenhang mit dem mutmaßlichen Mißbrauch einer Schülerin durch Sogyal Rinpoche gefragt wurde, wie viele tibetische Lehrer in seinen Augen qualifizierte tantrische Meister seien, soll geantwortet haben: »Soweit mir bekannt ist keiner.«
15. Siehe David N. Gellner, *Monk, Householder and Tantric Priest* (CUP, 1992).
16. Tibetisch: *Lae Chi Chaja* (las.kgyi.phyag.gya.) hat die gleiche Bedeutung wie der Sanskritbegriff, nämlich »Handlungssiegel«.

17. Garma C. C. Chang, *The Hundred Thousand Songs of Milarepa* (Shambhala, 1977), Bd. II, S. 358.
18. H. V. Guenther, *Buddhist Philosophy in Theory and Practice* (Shambhala, 1976), S. 194.
19. H. V. Guenther, *The Life and Teachings of Naropa* (OUP, 1963), S. 182.
20. Keith Dowman, *Sky Dancer* (Routledge & Kegan Paul, 1984), S. 261.
21. Shaw, *Passionate Enlightenment*, S. 203; in der deutschen Ausgabe nicht enthalten. Der Satz lautet vollständig: »Buddhismus kann mit repressiven gesellschaftlichen Bedingungen koexistieren, doch muß die Beziehung zwischen dem Buddhismus und dem institutionellen Muster oder Zusammenhang in jedem Einzelfall untersucht werden.« (Anm. d. Übers.)
22. Ibid., deutsche Ausgabe: S. 284.
23. Luce Irigaray, *Genealogie der Geschlechter*, S. 193.
24. Dowman, *Sky Dancer*, S. 23.
25. Ibid., S. 24.
26. Chang, *The Hundred Thousand Songs of Milarepa*, Bd. II, S. 360.
27. Ajit Mookerjee, *Kundalini* (Thames & Hudson, 1982), S. 62.
28. Eliade, *Yoga*, dt. Ausg., a. a. O., S. 370.
29. Ibid., S. 280.
30. Kristeva, »Die Zeit der Frauen« in *Die neuen Leiden der Seele*, a. a. O., S. 233.
31. Tarthang Tulku, *Time Space and Knowledge* (Dharma, 1977), S. 125.
32. Ibid., S. 12.
33. Kristeva, »Die Zeit der Frauen«, a. a. O., S. 231.
34. Tarthang Tulku, *Time, Space and Knowledge*, S. 142.
35. Dowman, *Sky Dancer*, S. 226.
36. H. V. Guenther (Übers.), *Kindly Bent To Ease Us* (Dharma, 1975), Bd. II, S. 94.
37. Dowman, *Sky Dancer*, S. 248.
38. Ibid.
39. Ibid.
40. Shaw, *Erleuchtung durch Ekstase*, a. a. O., S. 222.
41. Ibid., S. 224.
42. Ibid., engl. Ausg. S. 158. Dieses Zitat fehlt in der deutschen Ausgabe. Der vollständige Zusammenhang, aus dem zitiert wurde,

lautet: »Das Sammeln der Sekrete der Frau durch den Mann, das auch im Hindu-Tantra zu finden ist, zeigt die Affinität zwischen dem tantrischen Buddhismus und dem hinduistischen Shaktismus. O'Flaherty ist der Ansicht, daß dies den relativen Status des Mannes und der Frau innerhalb des Rituals zum Ausdruck bringt, welches versinnbildlicht, daß die Macht von der Frau zum Manne fließt.« (Anm. d. Übers.)

43. Ibid., engl. Ausg. S. 199; die Seiten 198-200 fehlen in der deutschen Ausgabe vollständig.
44. Ibid., S. 187; deutsche Ausgabe S. 264.
45. Dowman, *Sky Dancer*, S. 156.
46. Thomas Cleary (Übers. und Hg.), *Immortal Sisters*; dt.: *Das Tao der Weisen Frauen*, a. a. O., S. 154.
47. R. A. Paul, *The Tibetan Symbolic World* (University of Chicago Press, 1982), S. 116.
48. Andrea Nye, *Feminist Theories and the Philosophies of Man* (Croom Helm, 1988), S. 183.
49. Dowman, *Sky Dancer*, S. 156.

7. Eine »Reisende im Raum«: –
Die Bedeutung der Dakini und ihr heiliger Bereich

1. Keith Dowman, *Sky Dancer* (Routledge & Kegan Paul, 1984), S. 220.
2. Ibid., S. 221.
3. Wie ihr Name vermuten läßt, bleibt der Sinn dieser esoterischen Sprache dem gewöhnlichen Praktizierenden aufgrund seines unerleuchteten Zustandes verborgen.
4. Kelsang Gyatso, *Guide to Dakini Land* (Tharpa, 1991), S. 4.
5. Arthur Anthony Macdonnell, *Practical Sanskrit Dictionary* (OUP, 1971), S. 104.
6. Margaret Whitford, *Luce Irigaray* (Routledge, 1991), S. 35.
7. Dowman, *Sky Dancer*, S. 273.
8. Die *Bhakti*-Bewegungen entwickelten sich um das 6. Jahrhundert in Südindien. Sie versuchten, sich als Gegensystem zu den brahmanischen Traditionen zu etablieren, die damals seit mehr als tausend Jahren tonangebend gewesen waren. Ihre Einstellung zur Rolle der

Geschlechter, zum Kastenwesen und zur Theologie unterschied sich völlig von derjenigen der patriarchalisch-brahmanischen Traditionen. Durch die Bhakti-Bewegungen lebte innerhalb des Hinduismus die Vorstellung rein weiblicher Übermittlungslinien wieder auf. Ihr wichtigster Aspekt ist zweifellos, daß sie Frauen ermöglichten, *im sozialen Bereich*, in ihrem alltäglichen Leben spirituelle Verwirklichung zu erlangen, da sie keinen Unterschied zwischen der religiösen und der sozialen Sphäre machten.

9. Dowman, *Sky Dancer*, S. 290.
10. Ibid., S. 292.
11. Geoffrey Samuel, *Civilized Shamans* (Smithsonian Institution, 1993), S. 196.
12. In der Sprache von Schriftstellern des 19. Jahrhunderts, die die Frau mit der Natur und den Mann mit Kultur und Wissenschaft assoziierten, taucht dieses Motiv häufig auf. Diese Autoren waren der Meinung, die »Geheimnisse« der Natur (die natürlich als weiblich angesehen wurde) müßten von Männern »erobert« werden, so wie sie eine Frau eroberten.
13. Dowman, *Sky Dancer*, S. 291.
14. Diana Paul, *Women in Buddhism* (University of California Press, 1985), S. 283.
15. Tsultrim Allione, *Tibets weise Frauen*, a. a. O., S. 92.
16. Ibid., S. 92.
17. Kristeva vertritt, daß der sozio-symbolische Vertrag, der unsere äußere Realität ausmacht, durch Ereignisse definiert und konstruiert wird, die in der individuellen Psyche stattfinden und deren Wurzeln in der geschlechtlichen Differenz liegen. Durch Erweiterung der psychoanalytisch/linguistischen Theorien von Jacques Lacan gelangt Kristeva zu der Überzeugung, daß jedes Kind eine prä-ödipale Beziehung zum Mütterlichen hat, die sich charakterisieren läßt als »eine noch ganz provisorische, im wesentlichen mobile Artikulation, die aus Bewegungen und deren flüchtigen Stasen besteht« (Toril Moi, *Sexus, Text, Herrschaft*, a. a. O., S. 188). Dieser Zustand, der semiotische, geht der Sprache voraus, und er wird mit dem Weiblichen assoziiert. Damit eine Bezeichnung erfolgen kann, muß eine Spaltung stattfinden, durch die das Kind zu unterscheiden beginnt, was es selbst und was »anderes« ist, und durch die es schließlich lernt, Differenz zu erkennen. Durch die-

sen Prozeß entwickelt sich die Sprache, deren Erwerb den Eintritt des Kindes in die symbolische Ordnung markiert, welche dem Gesetz des Vaters unterliegt. Das Mädchen erkennt während der ödipalen Phase einen Mangel (das Fehlen des Phallus) und muß sich infolgedessen entweder für die Identifikation mit der Mutter und dadurch mit dem semiotischen Weiblichen entscheiden, was zur Folge hat, daß sie innerhalb der symbolischen Ordnung zur Bedeutungslosigkeit verurteilt wird, oder sie identifiziert sich mit dem Vater, was zur Folge hat, daß sie von der symbolischen Ordnung akzeptiert wird, und zwar als weiblich und somit als »anders«.

18. Janice D. Willis, »Dakini: some comments on its nature and meaning«, in *Feminine Ground* (Snow Lion, 1987), S. 73.
19. Ibid., S. 72.
20. Ibid., S. 73.
21. Ibid., S. 73.
22. Ibid.
23. Ibid., S. 75.
24. Ibid., S. 74.
25. Ibid., S. 73.
26. Ibid., S. 68.
27. Ibid., S. 69.
28. Dowman, *Sky Dancer*, S. 250.
29. Ibid.
30. Siehe Tsultrim Alliones detaillierte Analyse des Symbolismus der Dakini in *Tibets weise Frauen*.
31. Francesca Freemantle (Übers.), »The Sutra on the essence of transcendent knowledge«, in Trungpa Tulku (Hg.), *Garuda III*, S. 3.
32. Dowman, *Sky Dancer*, S. 220.
33. Es gibt mehrere *Bardo*-Zustände (*Bardo* bedeutet »Lücke« oder »zwischen«), wobei es sich nach dem Glauben der Tibeter um verschiedene Phasen zwischen Tod und Wiedergeburt, den Traumzustand, den Zustand während der Meditation und die Zeit zwischen Geburt und Tod handelt.
34. Toril Moi, *Sexus, Text, Herrschaft*, a. a. O., S. 120.
35. Luce Irigaray, *Elemental Passions*, a. a. O., S. 3.
36. Luce Irigaray, *Genealogie der Geschlechter*, a. a. O., S. 158.
37. Ibid., S. 161.

38. Ibid., S. 161.
39. Dorje Phagmo, die schweinsköpfige Göttin, steht in einer entfernten Verbindung zur alten tantrischen Göttin Kali. Sie wird mit einem Gefolge von Dakinis visualisiert.
40. Im tibetischen Buddhismus gibt es drei Ebenen göttlicher Manifestation: den *Dharmakaya*, die nicht-duale Sphäre höchsten Gewahrseins; den *Sambhogakaya*, das Reich der Gottheit; und den *Nirmanakaya*, das Reich der inkarnierten Gottheit. Kuntu Zangmo gehört dem *Dharmakaya* an, und weil sie mit Leerheit assoziiert wird, wird sie nackt und ohne Schmuck dargestellt. Selbst im Reich des Nicht-Dualen erhalten die Tibeter erstaunlicherweise am *Yab-Yum*-Symbolismus von Kuntu Zangpo mit seiner Gefährtin Kunto Zangmo fest, wobei beider Vereinigung symbolisch zu verstehen ist.

8. Zur Frage der »Andersheit« in der weiblichen Repräsentation

1. H. V. Guenther, *Buddhist Philosophy in Theory and Practice* (Shambhala, 1976), S. 200.
2. Ibid.
3. Ibid., S. 195.
4. Ibid., S. 166.
5. Robert A. Paul, *The Tibetan Symbolic World* (University of Chicago Press, 1982), S. 272.
6. »Lokale« Gottheiten werden von höheren Gottheiten aufgrund der Tatsache unterschieden, daß erstere unerleuchtet und noch an den samsarischen Kreislauf der Existenz gebunden sind. Sie spuken in bestimmten Bereichen und haben eine dämonische Form, doch können sie zur buddhistischen Praxis bekehrt werden, und wenn dies gelingt, werden sie zu Hütern des Dharma.
7. Garma C. C. Chang, *The Hundred Thousand Songs of Milarepa* (Shambhala, 1977), Bd. I, S. 5.
8. Ibid.
9. Ibid.
10. Ibid., S. 307.
11. Ibid., S. 309.

12. Arnaud Desjardins, *The Message of the Tibetans* (Stuart & Watkins, 1969), S. 80.
13. Eine Erklärung dieses wichtigen Begriffs ist im *Prajnaparamita*-Sutra enthalten, in dem die Nicht-Wesenhaftigkeit aller Phänomene erläutert wird. In den Schriften des tibetischen Buddhismus wird »Leerheit« verstanden als »explizite Negation: Dinge existieren nicht als solche, unabhängig davon, daß wir sie dies oder das nennen« (Guenther, *Buddhist Philosophy in Theory und Practice*, S. 225).
14. Anne C. Klein, »Primordial purity and everyday life«, in C. Atkinson u. a. (Hg.), *Immaculate and Powerful* (Crucible, 1987), S. 134.
15. Ibid.
16. Luce Irigaray, *Speculum, Spiegel des anderen Geschlechts* (Suhrkamp, Frankfurt/M. 1980) S. 209.
17. Margaret Whitford, *Luce Irigaray* (Routledge, 1991), S. 154.
18. Ibid., S. 155.
19. Ibid., S. 153.
20. zit. nach M. Whitford, a. a. O., S. 71.
21. Irigaray, zitiert in Toril Moi, *Sexus, Text, Herrschaft*, a. a. O., S. 161.
22. Das *Chöd*-Ritual soll im 11. Jahrhundert von der tibetischen Mystikerin Machig Labdron entwickelt worden sein. In ihrer mythischen Biographie heißt es, daß ein männlicher Yogi in Indien sein Bewußtsein in einen weiblichen Fötus in Tibet transferiert habe und sie daraufhin mit wunderbaren Kräften ausgestattet geboren worden sei. Beim Lesen des *Prajnaparamita*-Sutras soll sie Einsicht in die Leerheit aller Dinge erlangt und daraufhin die *Chöd*-Praxis entwickelt haben, in welcher Dämonen visualisiert werden, um Ängste zu überwinden und den Glauben an ein eigenständiges Ich zu zerstören. In der Chöd-Praxis schlägt der Meditierende den Rhythmus des Gesangs mit einer großen Handtrommel und läutet im gleichen Rhythmus eine Glocke, die das Weibliche repräsentiert. In gewissen Abständen wird eine Knochentrompete geblasen, um die Dämonen zu einem Festmahl einzuladen, in dessen Verlauf sie das Ich des Meditierenden verzehren sollen.
23. Das Mandala-Opfer beinhaltet die symbolische Opferung von allem nur Vorstellbarem. Dabei symbolisiert ein kleiner Teller mit Reis ein Mandala des Universums und all dessen, was sich darin befindet.

24. Rita Gross, *Buddhism after Patriarchy* (State University of New York Press, 1993), S. 162.
25. Ibid.
26. Ibid.
27. Ibid.
28. Ibid.
29. Ibid.
30. Ibid.
31. Ibid., S. 221.
32. Ibid., S. 222.
33. Kelly Oliver, *Reading Kristeva* (Indiana University Press, 1993), S. 174.
34. Gross, *Buddhism after Patriarchy*. S. 165.
35. Ibid.
36. Dudley Young, *Origins of the Sacred* (Abacus, 1993), S. 91.
37. Oliver, *Reading Kristeva*, S. 177.
38. Val Plumwood, *Feminism and the Mastery of Nature* (Routledge, 1993), S. 144.
39. Willy Fischle, *The Way to the Centre* (Robinso & Watkins), S. 33, 49.
40. Zur Erklärung dieses Begriffs siehe Kap. 9, S. 257.
41. Keith Dowman, *Sky Dancer* (Routledge & Kegan Paul, 1984), S. 258.
42. Trungpa Tulku, *Glimpses of Abidharma* (Prajna, 1978), S. 75.
43. Ibid., S. 61.
44. Ibid., S. 60.
45. Margaret Whitford, *The Irigaray Reader* (Blackwell, 1991), S. 47.
46. Trungpa Tulku, *Glimpses of Abidharma*, S. 61.
47. Plumwood, *Feminism and the Mastery of Nature*, S. 146.
48. Luce Irigaray, *Genealogie der Geschlechter*, a. a. O., S. 120.
49. Dorje Phagmo wird in zorniger Erscheinung dargestellt und ebenso wie Kali mit Blut, unter anderem mit Menstruationsblut, assoziiert. Ihr nackter Körper mit deutlich sichtbaren Genitalien wird mit verschiedenen Schmuckstücken und Ritualgegenständen abgebildet und symbolisiert die archaische weibliche Macht. (Siehe Tsultrim Allione, *Women of Wisdom / Tibets Weise Frauen*, a. a. O.).
50. Ekajati ist eine einäugige Dharma-Beschützerin von zorniger Erscheinung. Zur Symbolik des Auges siehe Kapitel 3.
51. In einem Interview mit Davine Del Vale im Jahre 1992 hat Allione

gesagt, daß die Dakini-Übungen ihr in einer Vision offenbart worden seien und daß das Oberhaupt der Bön-Tradition später geäußert habe, es könne sich dabei um einen *Gongter* oder »Geistschatz« (siehe Kapitel 7) handeln. Allione ist überzeugt, daß diese spezifische weiblichen Praktiken »Teil des Übergangs des Buddhismus in den Westen« seien.
52. Whitford, *Luce Irigaray*, S. 157.

9. Perspektiven zu Kultur und Geschlechtsidentität

1. Peter Bishop, *Dreams of Power* (Athlone, 1993), S. 35.
2. Ibid., S. 41.
3. Ibid., S. 30.
4. Ibid., S. 46.
5. Ibid., S. 130.
6. Ibid., S. 122.
7. Ibid., S. 96.
8. Ibid.
9. Ibid., S. 60.
10. Ibid., S. 130.
11. Val Plumwood, *Feminism and the Mastery of Nature* (Routledge, 1993), S. 72.
12. Ibid.
13. Ibid., S. 41.
14. Agehananda Bharati, *The Tantric Tradition* (Rider, 1992), S. 212.
15. Ajit Mookerjee, *Kundalini* (Thames & Hudson, 1982), S. 62.
16. Bishop, *Dreams of Power*, S. 104.
17. Toril Moi (Hg.), *The Kristeva Reader* (Blackwell, 1990), S. 161.
18. Kelly Oliver, *Reading Kristeva* (Indiana University Press, 1993), S. 139.
19. Trungpa Tulku, *Empowerment* (Vajradhatu, 1976), S. 59.
20. Ibid. Die Vajra-Hölle ist besonders den Übenden vorbehalten, die ihre Gelübde brechen. Diejenigen, die in sie verbannt werden, erwartet nie endendes Leiden.
21. Geshe Ngawang Dhargyey, *Tibetan Tradition of Mental Development* (Library of Tibetan Works and Archives, 1974), S. 243.

22. Ibid., S. 244.
23. Trungpa Tulku, *Empowerment*, S. 66.
24. Ibid., S. 71.
25. Siehe Anmerkung 4 zur Einleitung.
26. Donna Haraway, *Simions, Cyborgs and Women* (Free Association, 1991), Vorwort.

Zum Abschluß

1. Nagarjuna, ein indischer Philosoph des 2. Jahrhunderts, begründete den Madhyamaka oder Mittleren Weg und versicherte, daß »jede philosophische Sicht widerlegt werden kann und daß man bei keiner Antwort oder Beschreibung der Realität verweilen sollte, ob extrem oder gemäßigt, einschließlich der ›Nur-Geist‹-Lehre« (Trungpa Tulku [Hg.], *Garuda III*, Shambhala, 1973, S. 47). Nagarjuna war der wichtigste Vertreter der *Prajnaparamita*-Lehren.
2. Charakteristisch für die epistemologische Yogacharin-Schule ist ihre »Nur-Geist«- und »Soheits«-Philosophie, der gemäß kein individueller Wissender existiert und Phänomene und Intelligenz in leuchtendem Erkennen vereinigt werden. Auf diese Weise »realisieren« Erleuchtete die falsche Dichotomie zwischen Geist und Phänomenen, wohingegen Unerleuchtete an der Dualität haften.
3. Julia Kristeva, *Fremde sind wir uns selbst* (Suhrkamp, 1990), S. 209.
4. Barbara Adam, *Time and Social Theory* (Polity, 1990), S. 60.
5. Ibid., S. 169.
6. Miranda Shaw, *Passionate Enlightenment* (Princeton University Press, 1994), S. 19; dt. Ausg. S. 18.
7. Oliver, »Politics of psychoanalysis«, in *Ethics, Politics and Difference in Julia Kristeva's Writing*, S. 12.

Glossar

Amitabha Der Buddha des Reinen Lichts. Einer der fünf Buddhas der Fünf Richtungen. Seine Familienfarbe ist Rot, und sein Symbol ist der Lotus.

Bön Die Religion, die vor dem Buddhismus in Tibet existierte. Die wichtigsten Strukturen und die Ikonographie des Bön wurden von den Buddhisten adaptiert.

Buddha Die historische Gestalt des Prinzen Siddhartha Gautama, der auch unter dem Namen Shakyamuni Buddha bekannt ist, geboren 583 v. u. Z. in Indien. Der Buddha lebte und lehrte in ganz Indien und in Nepal und erlangte in Bodhgaya im heutigen Bundesstaat Bihar, Indien, unter dem sogenannten Bodhi-Baum die Erleuchtung. Er wird von allen Schulen des Buddhismus als Begründer dieser Lehre verehrt.

Chenrezig Die zentrale tibetische Gottheit, der Buddha des Mitgefühls, dessen Inkarnation der jeweilige Dalai Lama sein soll. Sein Mantra, *Om Mani Padme Hum*, wird auf Felsen gemalt, auf Papierstreifen geschrieben, die in die sogenannten Gebetsmühlen gelegt und täglich von allen Tibetern rezitiert werden. Der Sanskrit-Name von Chenrezig ist *Avalokiteshvara*.

Dakini Weibliche Gottheit, in der Ikonographie als nackt und tanzend dargestellt. Sie soll Hindernisse auf dem spirituellen Pfad beseitigen und Einsicht in die Natur des Geistes ermöglichen. Sie kann eine

Vielzahl menschlicher Erscheinungsformen annehmen, die einer alten Frau, die einer Jungfrau oder die einer sexuellen Gefährtin. Ihr Name bedeutet buchstäblich »Die im Himmel (oder im Raum) reist«.

Dharma Die Lehre des Buddha, auch »Die Lehre«, »Das Gesetz«.

Dharmadhatu Der Bereich des Absoluten.

Dolma Die tibetische »Muttergottheit«, deren Sanskritname *Tara* ist.

Hinayana Das Sanskrit-Äquivalent für den tibetischen Begriff *Thegpa chungba* – buchstäblich: »kleines Fahrzeug«. Die Bezeichnung Hinayana wird gewöhnlich als Synonym für die auch unter dem Sammelnamen *Theravada* bekannten wichtigen buddhistischen Traditionen verwendet, die in Ländern wie Sri Lanka und Thailand praktiziert werden. In den Theravada-Schulen spielt das Mönchtum eine wichtige Rolle, und als Grundlage der buddhistischen Praxis wird das Ansammeln von »Verdienst« durch Meditation und Wohltätigkeit angesehen. Unter allen buddhistischen Richtungen entsprechen die Theravada-Schulen heute noch am stärksten den ursprünglichen Lehren des Buddha.

Karma Aktivität oder das Gesetz von Ursache und Wirkung.

Kuan-Yin Die chinesische Lotusgöttin und Göttin des Mitgefühls.

Lama Bezeichnung für einen Priester der tibetisch-buddhistischen Tradition, die oftmals auch *Tulku* (anerkannte Reinkarnationen) sind. Auch Mönche, die sich ein überragendes intellektuelles Wissen angeeignet haben oder die in der Meditation zu außergewöhnlichen Erfolgen gelangt sind, werden oft Lama genannt.

Leerheit Das zentrale Konzept der Mahayana-Traditionen, im Sanskrit *Shunyata*, im Tibetischen *sTong pa nyid* genannt. Der Begriff »Leerheit« beinhaltet, daß es allen Phänomenen an einem Wesenskern beziehungsweise an Beständigkeit mangelt und daß die Subjekt-Objekt-Dualität keine adäquate Beschreibung für sie ist.

Mahamudra Der Sanskrit-Begriff für den tibetischen Ausdruck *Chaja Chenpo*, der in der tibetischen Tradition die höchste Realisation bezeichnet. In diesem Zustand erfährt der Meditierende den »Einen Geschmack«, die Nicht-Unterschiedlichkeit von Geist und Phänomenen.

Mahayana Das Sanskrit-Äquivalent zum tibetischen Begriff *Thegpa Chenpo* oder »Großes Fahrzeug«; die Bezeichnung für die in Japan, China und bestimmten Gebieten Südostasiens praktizierten buddhistischen Traditionen. Im Mahayana-Buddhismus spielen die Konzepte Leerheit und Mitgefühl eine wichtige Rolle. Die Anhänger dieser Tradition geloben, so lange nicht ins *Nirvana* einzugehen, bis alle fühlenden Wesen erlöst sind.

Mantra Eine Sankrit-Formel, die wiederholt rezitiert oder gesungen und meist mit einer bestimmten Gottheit in Verbindung gebracht wird.

Mudra Sanskrit-Begriff, der sowohl eine Geste als auch eine Gefährtin bezeichnet.

Padmasambhava Der »Lotus-geborene« Lehrer, der den Buddhismus nach Tibet gebracht haben soll. In Tibet *Guru Rinpoche* (»Kostbarer Lehrer«) genannt.

Prajnaparamita Name des buddhistischen Sutras (Lehrrede), in dem das Wesen der Leerheit dargelegt wird.

Shakti Weibliches Prinzip oder weibliche Kraft, auch sexuelle Gefährtin.

Sutra Bezeichnung für Lehrreden, die meist dem Buddha selbst zugeschrieben werden.

Tantra Spirituelle Praxis, die Yoga, sexuelle Rituale und Meditation umfaßt. Tantra spielt in bestimmten Formen des Hinduismus und im tibetischen Buddhismus eine wichtige Rolle.

Tulku Ein Junge (nur selten handelt es sich um Mädchen), der als Reinkarnation eines verstorbenen Lamas oder einer Gottheit angesehen wird und dazu ausersehen ist, eine religiöse Machtposition zu übernehmen.

Vajrayana Das Sanskrit-Äquivalent zum tibetischen Ausdruck *Sang Nga Dorje Thegpa*, »Diamant-Fahrzeug«. Diese buddhistische Tradition, die hauptsächlich in Tibet praktiziert wird, umfaßt Hinayana und Mahayana sowie den tantrischen Buddhismus.

Bibliographie

Adam, Barbara: *Time and Social Theory*. Cambridge: Polity Press, 1990.
Allione, Tsultrim: *Women of Wisdom*. London: Routledge & Kegan Paul, 1984.
  dt. Ausg.: Allione, Tsultrim: *Tibets weise Frauen*. München: Heyne, 1994.
Amadiume, Ifi: *Männer-Töchter und Frauen-Männer*. Aus d. Engl. v. Karen Nölle-Fischer. Zürich: Rotpunktverlag, 1994.
Angus, Samuel: *The Mystery-Religions and Christianity*. London: Murray, 1928.
Arens, William: *The Original Sin*. New York, N.Y. [u. a.]: Oxford University Press, 1986.
Aris, Michael: *Hidden Treasures and Secret Lives*. London: Routledge & Kegan Paul, 1989.
Aris, Michael und Aung San Suu Kyi (Hrsg.): *Tibetan Studies*. Warminster: Aris & Phillips, 1980.
Atkinson, Clarissa u. a. (Hrsg.): *Immaculate and Powerful*. Wellingsborough: Crucible, 1987.

Bachofen, Johann J.: *Das Mutterrecht*. Hrsg. v. Hans J. Heinrichs. Frankfurt/M.: Suhrkamp, 1975.
Bachofen, Johann J.: *Mutterrecht und Urreligion*. Unter Benutzung d. Ausw. v. Rudolf Marx. Hrsg. v. Hans Kippenberg. 6., erw. Aufl. Stuttgart: Kröner, 1984.
Bechert, Heinz und Richard Gombrich (Hrsg.): *Der Buddhismus. Geschichte und Gegenwart*. 2., unveränd. Aufl. München: C.H. Beck, 1995.

Berg, Elizabeth L.: »The Third Woman«. In: *Diacritics*, 2, 2, 1982.
Berger, Pamela: *The Goddess Obscured*. Robert Hale, 1988.
Berzin, Alex (Übers.): *The Mahamudra*. Dharamsala: Library of Tibetan Works and Archives, 1978.
Beyer, Stephan: *The Cult of Tara*. Berkeley, Los Angeles: University of California Press, 1973.
Bharati, Agehananda: *The Tantric tradition*. London: Rider, 1992.
Bhattacharyya, Narenda N.: *Ancient Indian Rituals and their Social Contents*. London [u. a.]: Curzon, 1975.
Bhattacharyya, Narenda N.: *History of the Tantric Religion*. Dehlt: Manohar, 1982.
Bishop, Peter: *The Myth of Shangri-La*. London: Athlone, 1989.
Bishop, Peter: *Dreams of Power*. London: Athlone, 1993.
Black, David: «The Relationship of Psychoanalysis to Religion«. In: *Is Psychoanalysis Another Religion?* Hrsg. v. Evan Ward. Freud Museum Publications, 1993.
Blofeld, John: *In Search of the Goddess of Compassion*. Mandala, 1990.
Bose, Manindra M.: *Post Caitanya Sahajiya Cult*. Kalkutta: Calcutta University, 1930.
Breaux, Charles: *Reise ins Bewußtsein*. Aus d. Amerikan. v. Gislinde Müller. München: Droemer Knaur, 1991.
Briffault, Robert: *The Mothers*. London: Allen & Unwin, 1959.
Bucknell, Roderick S.: *The Twilight Language*. London: Curzon [u. a.], 1986.

Campbell, Joseph: *Myths and Symbols in Indian Art and Civilization*. Pantheon, 1947.
Campbell, Joseph: *Lebendiger Mythos: Wissenschaft – Musik – Poesie*. Aus d. Engl. v. Hans Goldmann. München: Goldmann, 1991.
Campbell, Joseph: *Die Kraft der Mythen*. Aus d. Engl. v. Hans U. Möhring. Düsseldorf; Zürich: Artemis & Winkler, 1994.
Campbell, Joseph: *The Masks of God*. London: Secker & Warburg, 1962.
  dt. Ausg.: Campbell, Joseph: *Die Masken Gottes*. 4 Bde. München: dtv, 1996.
Campbell, June: »Beyond Duality: A Buddhist Reading of Bessie Head's A Question of Power«. In: *Journal of Commonwealth Literature*, 24, 1, 1993.
Campbell, June (Übers.): »The 100 Verses of Advice to the People of Tingri by Padampa Sangye. In: (Kailash:) *Journal of Himalayan Studies*, 2, 3, 1974.

Chand, Attar: *Tibet: Past and Present*. New York: Sterling, 1982.
Chang, Garma C.C.: *The Hundred Thousand Songs of Milarepa*. 2 Bde. Boulder: Shambhala, 1977.
Cleary, Thomas: *Immortal Sisters*. Boston: Shambhala, 1989.
   dt. Ausg.: Cleary, Thomas: *Das Tao der weisen Frauen*. Übers. v. Jochen Eggert. München; Bern: O.W. Barth & Scherz, 1993.
Cles-Reden, Sibylle von: *The Realm of The Great Goddess*. London: Thames & Hudson, 1961.
Cumont, Franz: *Die Mysterien des Mithra*. Autoris. dt. Ausg. v. Georg Gehrich. 5., unveränd. Aufl., Nachdruck der v. Kurt Latte besorgten 3., verm. u. durchges. Aufl. v. 1923. Stuttgart: Teubner, 1981.

Dalai Lama, XIV: *Freedom in Exile*. Clio, 1991.
   dt. Ausg.: Dalai Lama, XIV: *Das Buch der Freiheit*. Bergisch Gladbach: Lübbe, 1992.
Daly, Mary: *Pure Lust*. London: Women's Press, 1984.
   dt. Ausg.: Daly, Mary: *Reine Lust*. München: Frauenoffensive, 1986.
Daly, Mary: *Webster's First New Intergalactic Wickedary of the English Language*. London: Women's Press, 1984.
Das, Chandra: *A Tibetan-English Dictionary*. Rinsen Book Company, 1979.
Dasgupta, Shashi B.: *An Introduction into Tantric Buddhism*. Vorw. v. H.V. Guenther. Boulder: Shambhala, 1974.
David-Neel, Alexandra: *Heilige und Hexer*. Neue Ausg. d. 1936 bei Brockhaus Leipzig ersch. 3. Aufl., übers. aus d. Franz. v. Ada Ditzen. Wiesbaden: Brockhaus, 1981.
Davis, Elizabeth: *Am Anfang war die Frau – The First Sex*. Berlin: Ullstein, 1990.
De Silva, P.: *An Introduction to Buddhist Psychology*. London: Macmillan, 1979.
Desjardins, A.: *The Message of the Tibetans*. Stuart & Watkins, 1969.
Dhargyey, Geshe N.: *Tibetan Tradition of Mental Development*. Dharamsals: Library of Tibetan Works and Archives, 1974.
Diop, C.N.: *Cultural Unity in Black Africa*. Karnak House, 1989.
Douglas, Nik und Meryl White (Hrsg.): *Karmapa: The Black Hat Lama of Tibet*. London: Luzac, 1976.
Dowman, Keith: *The Divine Madman*. Rider, 1980.
Dowman, Keith: *Masters of Enchantment*. Boston [u. a.] Arkana, 1988.
Dowman, Keith: *Sky Dancer*. London: Routledge & Kegan Paul, 1984.

Edkins, Joseph: *Chinese Buddhism*. London [u. a.]: Trübner, 1880.
Edwardes, Michael: *A Life of the Buddha*. Folio Society, 1959.
Eisler, Riane: *The Chalice and the Blade*. Pandora, 1990.
    dt. Ausg.: Eisler, Riane: *Kelch und Schwert*. München: Goldmann, 1993.
Eitel, Ernest J.: *Handbook of Chinese Buddhism*. London [u. a.]: Trübner, 1888.
Eliade, Mircea: *Yoga*. London: Routledge & Kegan Paul, 1958.
    dt. Ausg.: Eliade, Mircea: *Yoga – Unsterblichkeit und Freiheit*. Frankfurt/M.: Suhrkamp, 1985.
Eliade, Mircea: *Birth and Rebirth*. London: Harvill, 1961.
    dt. Ausg.: Eliade, Mircea: *Kosmos und Geschichte*. Aus d. Franz. v. Günther Spaltmann. 1. Aufl. Frankfurt/M.; Leipzig: Insel, 1994.
Eliade, Mircea: *Shamanism*. London: Routledge & Kegan Paul, 1964.
    dt. Ausg.: Eliade, Mircea: *Schamanismus und archaische Ekstasetechnik*. Frankfurt/M.: Suhrkamp, 1975.
Eliade, Mircea: *Schamanen, Götter und Mysterien: die Welt der alten Griechen*. Mit einer Einf. v. Werner Ekschmitt. Freiburg i. Br. [u. a.]: Herder, 1992.
Eliade, Mircea und Ioan P. Couliano: *Handbuch der Religionen*. Zürich: Artemis & Winkler, 1991.
Erndl, Kathleen. *Victory to the Mother: The Hindu Goddess of Northwest India in Myth, Ritual and Symbol*. New York: Oxford University Press, 1993.
Evans-Wentz, Walter Y. (Übers. u. Hrsg.): *Tibet's Great Yogi Milarepa*. New York: Oxford University Press, 1960.
    dt. Ausg.: Evans-Wentz, Walter Y.: *Milarepa – Tibets großer Yogi*. 4. Aufl. München; Bern: O.W.Barth & Scherz, 1978.
Evans-Wentz, Walter Y. (Hrsg.): *Das Tibetanische Totenbuch oder Die Nachtoderfahrungen auf der Bardo-Stufe*. 19. Aufl. Düsseldorf; Zürich: Walter, 1996.

Fischle, Willy: *The Way to the Centre*. Robinson & Watkins, 1982.
    dt. Ausg.: Fischle, Willy: *Der Weg zur Mitte*. Stuttgart; Zürich: Belser Verlag, 1980.
Fletcher, John u. a. (Hrsg.): *Abjection, Melancholia und Love*. London [u. a.]: Routledge, 1990.
Francke, August H.: *History of Western Tibet*. Partridge, 1907.
Francke, August H.: »The Meaning of Om Mani Padme-Hum«. In: *Journal of the Royal Asiatic Society*, 1915.

Francke, August H.: *Antiquities of Indian Tibet*. 2 Bde. Kalkutta, 1914 (1926).
Frazer, James G.: *Der goldene Zweig*. Reinbek bei Hamburg: Rowohlt, 1989.
Freemantle, Francesca (Übers.): »The Sutra on the Essence of Transcendent Knowledge«. In: *Garuda III.*, Hrsg. v. Tulku Trungpa. Boulder: Shambhala, 1973.
Fuller, Christopher J.: *Servants of the Goddess*. Cambridge [u. a.]: Cambridge University Press, 1984.

Gellner, David: *Monk, Householder and Tantric Priest*. Cambridge [u. a.]: Cambridge University Press, 1992.
Getty, Alice: *The Gods of Northern Buddhism*. Oxford, 1928.
[Dies.: *The Gods of Northern Buddhism*. Reprint d. 2. Ausg. Rutland [u. a.]: Tuttle, 1962.]
Gimbutas, Marija: *The Language of the Goddess*. London: Thames & Hudson, 1989.
 dt. Ausg.: Gimbutas, Marija: *Die Sprache der Göttin*. Mit e. Vorw. v. Joseph Campbell. Übers. v. Udo Rennert und Andrea von Struve. Frankfurt/M.: Zweitausendeins, 1995.
Gimbutas, Marija: *Die Zivilisation der Göttin*. Hrsg. v. Joan Marler, übers. v. Waltraud Götting und Ilse Strasmann. Frankfurt/M.: Zweitausendeins, 1996.
Goldenberg, Naomi: *Changing of the Gods*. Boston: Beacon, 1979.
Govinda, Lama Anagarika: *Grundlagen tibetischer Mystik*. 5. Aufl. München; Bern: O.W.Barth & Scherz, 1982.
Graves, Robert: *Mammon and the Black Goddess*. London: Cassell, 1965.
Gross, Rita: *Buddhism after Patriarchy*. Albany, N.Y.: State University of New York Press, 1993.
Guenther, Herbert V. (Übers.): *The Life and Teachings of Naropa*. Oxford: Oxford University Press, 1963.
Guenther, Herbert V. (Übers.): *Kindly Bent to Ease*. 3 Bde. Berkeley: Dharma, 1975.
Guenther, Herbert V.: *Buddhist Philosophy in Theory and Practice*. Boulder: Shambhala, 1976.
Guenther, Herbert V.: *Matrix of Meaning*. Boulder: Shambhala, 1984.
Guenther, Herbert V. und C. Trungpa: *The Dawn of Tantra*. Boulder: Shambhala, 1979.
Guise, Anthony (Hrsg.): *The Potala of Tibet*. Unter Mitarbeit v. Richard Kemp. London [u. a.]: Stacey International, 1988.

Guntrip, Harry: »My Experience of Analysis with Fairbairn & Winnicott (How Complete a Result Does Psycho-analytic Therapy Achieve?)«. In: *International Review of Psychoanalysis*, 2, 1975.
Gyatso, Janet: »Down with the Demoness«. In: *Feminine Ground*. Hrsg. v. J. Willis. Ithaca: Snow Lion, 1987.
Gyatso, Kelsang: *Guide to Dakini Land*. London: Tharpa, 1991.

Haraway, Donna: *Simions, Cyborgs and Women*. London: Free Association, 1991.
  dt. Ausg.: Haraway, Donna: *Die Neuerfindung der Natur*. Hrsg. u. eingel. v. Carmen Hammer und Immanuel Stiess. Aus d. Engl. v. Barbara Ege u. a. Frankfurt/M.; New York: Campus, 1995.
Hastings, James (Hrsg.): *Encyclopaedia of Religion and Ethics*. Unter Mitarb. v. John A. Selbie. 3 Bde. Edinburgh: Clark [u. a.], 1909-1926.
Havnevik, Hanna: *Tibetan Buddhist Nuns*. Oslo: Norwegian University Press, 1990.
Hiltebeitel, Alf: *The Cult of Draupadi*. 2 Bde. Chicago: University of Chicago Press, 1991.
Hodgson, B.H.: *Essays on the Language, Literature and Religion of Nepal and Tibet*. London [u. a.]: Trübner, 1874.
  [Ders.: *Essays on the Language, Literature and Religion of Nepal and Tibet*. Hrsg. v. Mahadeva Prasad Saha. Amsterdam: Philo Press, 1972.]
Hoffmann, Helmut: *The Religions of Tibet*. Sydney: Allen & Unwin, 1961.
  dt. Ausg.: Hoffmann, Helmut: *Die Religionen Tibets*. Freiburg; München: Verlag Karl Alber, 1956.
Homayouni, M.: *The Origins of Persian Gnosis*. Malvana Centre, 1989.
Hopkins, Jeffrey (Hrsg.): *Tantra in Tibet. Das geheime Mantra des Tsong-Ka-Pa*. Eingel. v. 14. Dalai Lama. Übers. nach der engl. Ausg. v. Burkhard Quessel. Düsseldorf; Köln: Diederichs, 1980.

Irigaray, Luce: *Das Geschlecht, das nicht eins ist*. Aus d. Franz. v. Eva Meyer u. a. Berlin: Merve Verlag, 1979.
Irigaray, Luce: *Speculum. Der weibliche Diskurs*. Aus d. Franz. v. Xenia Rajewsky. Frankfurt/M.: Suhrkamp, 1980.
Irigaray, Luce: *Genealogie der Geschlechter*. Aus d. Franz. v. Xenia Rajewsky. Freiburg i. Br.: Kore Verlag, 1989.
Irigaray, Luce: *Elemental Passions*. London: Athlone, 1992.
Irigaray, Luce: *Je, Tu, Nous*. New York [u. a.]: Routledge, 1993.

James, Edwin O.: *Origins of Sacrifice*. London: Murray, 1933 (1937).
James, Edwin O.: *The Cult of the Mother Goddess*. New York: Thames & Hudson, 1959.
Jardine, A.A. und A.M. Menke: *Shifting Scenes*. New York: Columbia University Press, 1991.
Jäsche, H.A.: *A Tibetan-English Dictionary*. Routledge & Kegan Paul, 1983.
Jayakar, Pupul: *The Earth Mother*. Neu Delhi [u. a.]: Penguin, 1989.
Jung, C.G.: *Gesammelte Werke*. Bd. 11., XI, Olten: Walter-Verlag, 1971.

Karmay, Heather: *Early Sino-Tibetan Art*. Warminster: Aris & Phillips, 1975.
Karmay, Samten G. (Hrsg. u. Übers.): *The Treasury of Good Sayings*. London [u. a.]: Oxford University Press, 1972.
Kerényi, Karl: *Die Mysterien von Eleusis*. Zürich: Rhein-Verlag, 1962.
Klein, Anne C.: »Primordinal Purity and Everyday Life«. In: *Immaculate and Powerful*. Hrsg. v. C. Atkinson u. a. Wellingsborough: Crucible, 1987.
Klein, Melanie: *Das Seelenleben des Kleinkindes u. a. Beitr. zur Psychoanalyse*. 4. Aufl. Stuttgart: Klett-Cotta, 1991.
Knight, Richard: *A Discourse on the Worship of Priapus*. George Redway, 1883.
Kongtrul, Jamgon: *The Torch of Certainty*. Boulder: Shambhala, 1977.
Krige, Eileen J. und J.D. Krige: *The Realm of a Rain-Queen*. New York: Oxford University Press, 1943.
Kristeva, Julia: *Die Chinesin – Die Rolle der Frau in China*. Berlin: Ullstein, 1982.
Kristeva, Julia: *Language the Unknown: an Initiation into Linguistics*. (Übers. v. Anne M. Menke). London [u. a.]: Harvester Wheatsheaf, 1989.
Kristeva, Julia: *Fremde sind wir uns selbst*. Frankfurt/M.: Suhrkamp, 1990.
Kristeva, Julia: »Women`s Time«. In: *The Kristeva Reader*. Hrsg. v. Toril Moi. Oxford: Blackwell, 1990.
   dt. Ausg.: Kristeva, Julia: »Die Zeit der Frauen«. In: *Die neuen Leiden der Seele*. Hamburg: Junius Verlag, 1994.
Kuznetsov, B.: »Who Was the Founder of the ›Bön‹ Religion? In: *Tibet Journal*, 1, 1, Juli/September 1975.

Landaw, Jonathan und A. Weber: *Images of Enlightenment*. Ithaca: Snow Lion, 1993.

Lawson, E. Thomas und Robert N. Mc Cauley (Hrsg.): *Rethinking Religion.* Cambridge [u. a.]: Cambridge University Press, 1990.
Lemesurier, Peter: *The Healing of the Gods.* Shaftesbury [u. a.]: Element, 1988.
Leroi-Gourhan, André: *Prähistorische Kunst.* Übertr. aus d. Franz. v. Wilfried Seipel. 3. Aufl. Freiburg i. Br. [u. a.]: Herder, 1975.
Levy, Gertrude R.: *The Gate of Horn.* London: Faber & Faber, 1948.
Levy, Gertrude R.: *The Sword from the Rock.* London: Faber & Faber, 1951.
Lovelock, James: *Das Gaia-Prinzip. Die Biographie unseres Planeten.* Aus d. Engl. v. Peter Gillhofer und Barbara Müller. Frankfurt/M.: Insel, 1993.
Lovelock, James: *Gaia: Die Erde ist ein Lebewesen.* München: Wilhelm Heyne Verlag, 1996.
Lowe, Lisa: »Des Chinoises«. In: *Ethics, Politics and Difference in Julia Kristeva's Writing.* Hrsg. v. Kelly Oliver. New York: Routledge, 1993.

MacCulloch, John A.: *The Religion of the Ancient Celts.* Edinburgh: T. & T. Clark, 1911.
MacDonald, K.: *Buddha, Buddhism and Hinduism.* Traill, Calcutta, 1890.
Macdonell, Arthur A.: *A Practical Sanskrit Dictionary.* New York: Oxford University Press, 1971.
Mackenzie, Vicki: *Die Wiedergeburt. Ein tibetischer Lama kehrt zurück.* Mit e. Vorw. v. Thomas Wertmann. Aus d. Engl. v. Sylvia Wetzel. 2. Aufl. Pfaffenhofen: Diamant-Verlag, 1994.
Maitreya, Arya und Asanga: *The Changeless Nature.* Karma Kagyu Trust, 1979.
Majupuria, Indra: *Tibetan Women.* Lashkar: Devi, 1990.
Maraini, Fosco: *Secret Tibet.* London: Hutchinson, 1952.
    dt. Ausg.: Maraini, Fosco: *Geheimnis Tibet.* Übers. v. Lotte Leber. München, Wien, 1953.
Matics, Marion L. (Übers.): *Entering the Path of Enlightenment.* Hg. v. Santideva. London: Macmillan, 1970.
Meyer, Johann J.: *Sexual Life in Ancient India.* Broadway Oriental Library, 1930.
    [Ders.: *Sexual Life in Ancient India.* London: Routledge & Kegan Paul, 1953.]
Michael, Franz: *Rule by Incarnation.* Boulder: Westview, 1982.
Milarepas gesammelte Vajra-Lieder. Berlin: Theseus, 1996.
Mitchell, J. (Hrsg.): *The Selected Melanie Klein.* Penguin, 1986.

Moeller, Walter O.: *The Mithraic Origin and Meanings of the Rotas-Sator Square.* Leiden: Brill, 1973.
Moi, Toril: *Sexus, Text, Herrschaft.* Bremen: Zeichen + Spuren, 1989.
Moi, Toril (Hrsg.): *The Kristeva Reader.* Oxford: Blackwell, 1990.
Monier-Williams, M.: *A Sanskrit-English Dictionary.* Oxford, 1899.
Mookerjee, Ajit: *Kundalini.* London: Thames & Hudson, 1982.
    dt. Ausg.: Mookerjee, Ajit: *Kundalini.* Aus d. Engl. Bern: Origo, 1984.
Mookerjee, Ajit: *Rituelle Kunst Indiens.* Aus d. Amerikan. v. Jürgen Saupe. München: Kösel, 1987.
Mookerjee, Ajit: *Kali, The Feminine Force.* London: Thames & Hudson, 1988.
Morgan, Robin: *The Demon Lover.* London: Mandarin, 1989.
Mullin, Glenn H.: *Death and Dying.* Boston [u. a.]: Arkana, 1986.

Nebesky-Wojkowitz, René von: *Oracles and Demons of Tibet.* New York: Oxford University Press, 1956.
Nye, Andrea: *Feminist Theories and the Philosophies of Man.* Croom Helm, 1988.

Oliver, Kelly: *Reading Kristeva.* Indiana University Press, 1993.
Oliver, Kelly (Hrsg.): *Ethics, Politics and Difference in Julia Kristeva's Writing.* New York: Routledge, 1993.
Onians, Richard B.: *The Origins of European Thought.* Cambridge [u. a.]: Cambridge University Press, 1987.
Orenstein, Gloria F.: *The Reflowering of the Goddess.* Oxford [u. a.]: Pergamon, 1990.
Orofino, Giacomella: *Sacred Tibetan Teachings.* Bridport: Prism, 1990.

Paul, Diana Y.: *Women in Buddhism.* Berkeley: University of California Press, 1985.
Paul, Robert A.: *The Tibetan Symbolic World.* Chicago: University of Chicago Press, 1982.
Plumwood, Val: *Feminism and the Mastery of Nature.* New York: Routledge, 1993.
Pythian-Adams, W.J.: *Mithraism.* Constable, 1915.

Rawson, Phillip: *The Art of Tantra.* London: Thames & Hudson, 1973.
Richardson, H.E.: *Ancient Historical Edicts at Lhasa.* Royal Asiatic Society, 1952.

Rinpoche, Berú Kyhentze: »Guru-devotion«. In: *The Mahamudra*. Hrsg. v. Alex Berzin. Dharamsala: Library of Tibetan Works and Archives, 1978.
Rinpoche, Kalu: *The Foundations of Buddhist Meditation*. Kagyu Kunkhyab Chuling, 1972.
Rockhill, William W.: *The Land of the Lamas*. Longmans, Green, 1891.
Roerich, George: *Tibetan Paintings*. Gian, 1985.

Said, Edward: *Orientalism*. London: Routledge & Kegan Paul, 1978.
    dt. Ausg.: Said, Edward: *Orientalismus*. Aus d. Engl. v. Liane Weisberg. Frankfurt/M.: S. Fischer, 1997.
Said, Edward: *Kultur und Imperialismus*. Aus d. Amerikan. v. Hans H. Henschen. Frankfurt/M.: S. Fischer, 1994.
Samuel, Geoffrey: *Civilized Shamans*. Washigton D.C. [u. a.]: Smithsonian Institution, 1993.
Sax, William: *Mountain Goddess*. New York [u. a.]: Oxford University Press, 1991.
Shaw, Miranda: *Passionate Enlightenment*. Princeton: Princeton University Press, 1994.
    dt. Ausg.: Shaw, Miranda: *Erleuchtung durch Ekstase*. Aus d. Amerikan. v. Thomas Geist u. Heike Münnich. Frankfurt/M.: Wolfgang Krüger Verlag, 1997.
Sjöö, Monica: *The Great Cosmic Mother*. Harper & Row, 1987.
    dt. Ausg.: [...]
Snellgrove, David: *Buddhist Himalaya*. Oxford: Cassirer, 1957.
Snellgrove, David: *The Hevajra Tantra*. New York [u. a.]: Oxford University Press, 1959.
Snellgrove, David (Hrsg.): *Nine Ways of Bön*. Oxford University Press, 1967.
Snellgrove, David: *Indo Tibetan Buddhism*. London: Serindia, 1987.

Talim, M.: *Woman in Early Buddhist Literature*. 1972.
Tarthang, Tulku: *Time, Space and Knowledge*. Dharma, 1977.
    dt. Ausg.: Tarthang, Tulku: *Raum, Zeit und Erkenntnis*. Aus d. Amerikan. v. Matthias Dehne. Reinbek bei Hamburg: Rowohlt, 1986.
Thompson, W.I.: *The Time Falling Bodies Take to Light*. Rider/Hutchinson, 1981.

Thondup, Tulku: *Buddhist Civilization in Tibet*. New York [u. a.]: Routledge & Kegan Paul, 1987.
Trungpa, Chögyam: *Born in Tibet*. Unwin, 1979.
Trungpa, Chögyam: *Empowerment*. Vajradhatu, 1976.
Trungpa, Chögyam: *Glimpses of Abhidharma*. Prajna, 1978.
    dt. Ausg.: Trungpa, Chögyam: *Jenseits von Hoffnung und Furcht. Gespräche über Abhidharma*. Wien: Octopus-Verlag, 1978.
    dt. Ausg.: Trungpa, Chögyam: *Ich komme aus Tibet*. Aufgez. v. Esmé Cramer Roberts. Olten [u. a.]: Walter-Verlag, 1970.
Trungpa, Chögyam: *Der Mythos Freiheit und der Weg der Meditation*. Hrsg. v. John Baker und Marvin Casper. Übers. v. Sylvia Luetjohann. Mit Illustr. v. Glen Eddy. 3. Aufl. Berlin: Theseus, 1996.
Trungpa, Chögyam: *Shambhala, the Sacred Path of the Warrior*. Boulder: Shambhala, 1984.
    dt. Ausg.: Trungpa, Chögyam: *Das Buch vom meditativen Leben: die Shambhala-Lehren. vom Pfad des Kriegers zur Selbstverwirklichung im täglichen Leben*. Bern [u. a.]: Scherz-Verlag, 1986.
Trungpa, Chögyam: *Spirituellen Materialismus durchschneiden*. Hrsg. v. John Baker und Marvin Casper. Übers. v. Sylvia Luetjohann. Mit Illustr. v. Glen Eddy. 3. Aufl. Berlin: Theseus, 1996.
Trungpa, Chögyam (Hrsg.): *Garuda III*. Boulder: Shambhala, 1973.
Tucci, Giuseppe: *Die Religionen Tibets und der Mongolei*. Von G. Tucci u. Walther Heissig. Stuttgart [u. a.]: Kohlhammer, 1970.

Ulansey, David: *The Origins of the Mithraic Mysteries*. New York [u. a.]: Oxford University Press, 1989.
Usher, Jane: *The Psychology of the Female Body*. New York: Routledge, 1989.

Walker, Barbara: *The Woman's Encyclopedia of Myths and Secrets*. Harper & Row, 1983.
    dt. Ausg.: Walker, Barbara: *Das geheime Wissen der Frauen. Ein Lexikon*. München: dtv, 1995.
Walker, Barbara: *Die weise Alte*. Aus d. Amerikan. v. Susanne Kahn-Ackermann. München: Frauenoffensive, 1986.
Ward, Evan (Hrsg.): *Is Psychoanalysis Another Religion?* Freud Museum Publications, 1993.
Wayman, Alex: *The Buddhist Tantras*. London: Routledge & Kegan Paul, 1973.

Werner, Edward T. C.: *Myths and Legends of China*. Sinclair Browne, 1984.
Werner, Karel (Hrsg.): *Symbols in Art and Religion*. Richmond, Surrey: Curzon, 1990.
Whitford, Margaret: *Luce Irigaray*. London [u.a]: Routledge, 1991.
Whitford, Margaret (Hrsg.): *The Irigaray Reader*. Oxford: Blackwell, 1991.
Williams, Charles A.S.: *Outlines of Chinese Symbolism and Art Motives*. Dover, 1976.
Willis, Janice D. (Hrsg.): *Feminine Ground*. Ithaca: Snow Lion, 1987.
Willis, Janice D.: »Dakini: Some Comments on its Nature and Meaning«. In: *Feminine Ground*. a.a.O.
Wittig, Kurt: *The Scottish Tradition in Literature*. Mercat, 1978.

Young, Dudley: *Origins of the Sacred*. Abacus, 1993.